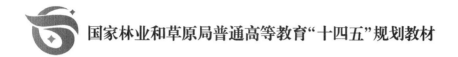
国家林业和草原局普通高等教育"十四五"规划教材

自然保护地生态旅游

邱守明　冯艳滨　等编著

中国林业出版社
China Forestry Publishing House

内 容 简 介

本书是我国第一部专门针对自然保护地生态旅游的教材，全书共分为6章：自然保护地概述、生态旅游基础理论、自然保护地生态旅游规划、自然保护地生态旅游产品、自然保护地生态旅游管理、自然保护地生态旅游设施。本书具有3个"新"特点：一是选题上属于"新教材"，目前市面上还没有同名教材，本书是该领域的创新和尝试。二是编排上具有"新体例"，一方面，本书的编写理念紧扣我国自然保护地发展实际，是基础理论、前沿理论和实践需求的结合；另一方面，本书编写以成果导向教育理念（outcome based education，OBE）为指导，希望通过创新的编写体例有效提升学生的学习成效。三是内容上具有"新观点"，本书在已有理论的基础上，创新性提出了一些观点，如生态旅游系统的"新四体说"。

本书可以作为旅游管理、国家公园建设与管理、野生动物与自然保护区管理等本科专业的专业课教材和相关专业研究生的参考书，也可以作为自然保护地工作人员的工具书。

图书在版编目(CIP)数据

自然保护地生态旅游 / 邱守明等编著. -- 北京：中国林业出版社, 2024.8. -- (国家林业和草原局普通高等教育"十四五"规划教材). -- ISBN 978-7-5219-2781-8

Ⅰ. F592.3

中国国家版本馆 CIP 数据核字第 2024ZB8182 号

责任编辑：范立鹏
责任校对：苏　梅
封面设计：周周设计局

出版发行：中国林业出版社
　　　　　（100009，北京市西城区刘海胡同7号，电话 83143626）
电子邮箱：cfphzbs@163.com
网　址：https://www.cfph.net
印　刷：北京中科印刷有限公司
版　次：2024年8月第1版
印　次：2024年8月第1次
开　本：787mm×1092mm　1/16
印　张：11.5
字　数：280千字
定　价：45.00元

《自然保护地生态旅游》
编著者名单

邱守明(西南林业大学)

冯艳滨(西南林业大学)

成　海(西南林业大学)

杨晓云(西南林业大学)

董宵娥(西南林业大学)

施佳梅(西南林业大学)

徐安东(西南林业大学)

刘　溪(西南林业大学)

刘　传(池州学院)

张婉尧(云南林业职业技术学院)

黄　丽(西南林业大学)

王金龙(中南林业科技大学)

王　烁(陇东学院)

前 言

"生态旅游"(Eco-tourism)一词是由世界自然保护联盟(IUCN)的特别顾问谢贝洛斯·拉斯喀瑞(Cebllos Lascurain)于1983年首次提出的。1986年,这一术语在墨西哥召开的国际环境会议上得以正式确认,继而受到世界各国的重视。1995年,由中国旅游协会生态旅游专业委员会等单位在云南省西双版纳傣族自治州共同举办了中国首届生态旅游研讨会,对生态旅游的定义、内涵、与自然保护的关系、环境教育等展开了研讨并发表了《发展我国生态旅游的倡议》。一般认为,这是我国关于生态旅游研究的起点。

我国是世界上12个生物多样性最为丰富的国家之一,在全球生物多样性及其保护中具有十分重要而独特的地位。1956年,我国即在广东省建立了第一个自然保护区——鼎湖山国家级自然保护区。经过60余年努力,我国已建立各级各类自然保护地超过1.18万个,其中包括自然保护区2 750个、森林公园3 548个、风景名胜区1 051个、国家级湿地公园898个、地质公园650个和其他各级各类保护地(数据统计截至2018年),保护面积覆盖我国陆域面积的18%、领海的4.6%。自然保护地在维护国家生态安全、保护生物多样性、保存自然遗产和改善生态环境质量等方面发挥了重要作用。从20世纪90年代开始,我国逐步重视自然保护地的建设管理,并鼓励在保护地适度开展生态旅游活动。2008年,国家旅游局将2009年确定为"中国生态旅游年"。我国的自然保护区、森林公园、风景名胜区以及地质公园(2001年起建立)等自然保护地逐渐成为开展生态旅游活动的重要场所。

党的二十大报告指出,大自然是人类赖以生存发展的基本条件。尊重自然、顺应自然、保护自然,是全面建设社会主义现代化国家的内在要求,必须牢固树立和践行绿水青山就是金山银山的理念,站在人与自然和谐共生的高度谋划发展。习近平总书记强调,要正确把握生态环境保护和经济发展的关系,探索协同推进生态优先和绿色发展新路子。在自然保护地适度开展生态旅游活动,就是践行习近平生态文明思想中"生态保护、绿色发展、改善民生相统一"的合适路径。在自然保护地开展生态旅游活动与大众旅游活动存在指导思想、理论基础、产品开发、规划设计、运营管理、设施建设等诸多方面的不同,编者编写本教材的目的之一就是将这些差别介绍给读者。

本教材编写时,我国正在着力构建以国家公园为主体、自然保护区为基础、各类自然公园为补充的中国特色自然保护地体系,国家林业和草原局开展的自然保护地整合优化工作尚未完全结束。基于此,本教材的编写以现行自然保护地体系为基础,兼顾未来整合优化后的自然保护地体系框架。本教材具有3个"新"特点:一是选题上属于"新教材",根据我国政府文件和世界自然保护联盟对自然保护地的定义,自然保护地需要为人类提供生态系统服务,生态旅游是生态系统的服务类型之一,是自然保护地实现保护和利用双重目标的重要手段,然而,自然保护地由于早期缺少科学系统的理论认知和实践指导,生态旅游开发与传统大众旅游趋同,高等院校对人才的培养也缺乏针对性,因而目前缺少关于自然保护地生态旅游相关教材,本教材是该领域的一种创新和尝试。二是编排上具有"新体例",一方面,本教材的编写体例紧扣我国自然保护地发展实际,详细介绍了自然保护地生态旅游的基础理论、实践案例,同时详细梳理了相关政策约束;另一方面,本教材编写以成果导向教育理念(outcome based education,OBE)为指导,在每一章开始前详细说明了学习本章的知识目标、能力目标,提供了教学设计的建议,在每一章结束后提供了慕课学习、延伸阅读的建议,同时安排了课外作业供学生在课外巩固学习成效,希望通过创新的编写体例有效提升学生的学习成效。三是内容上具有"新观点",编者在充分梳理已有理论的基础上,结合自然保护地生态旅游发展的特殊性,提出了一些新观点,如生态旅游系统的"新四体说",新的观点有助于更好地理解和指导自然保护地生态旅游活动。

全书共分为6章:第1章自然保护地概述由冯艳滨编写,主要介绍国内外自然保护地发展历程、分类体系以及我国正在开展的自然保护地整合优化工作。第2章生态旅游基础理论由成海、徐安东编写,主要介绍几种主流的生态旅游系统说,并详细说明了自然保护地生态旅游的主体、客体、媒体和载体的具体内容。第3章自然保护地生态旅游规划由邱守明、董宵娥、王金龙编写,主要介绍国内各类自然保护地生态旅游规划的政策要求。第4章自然保护地生态旅游产品由邱守明、董宵娥、张婉尧、王烁编写,主要介绍国内各类自然保护地开展生态旅游规划的空间约束、政策限制和生态旅游产品类型。第5章自然保护地生态旅游管理由邱守明、施佳梅、黄丽、刘传编写,主要介绍自然保护地游客管理、社区管理和安全管理。第6章自然保护地生态旅游设施由杨晓云、刘溪编写,主要介绍生态旅游设施分类、建设原则以及常见的生态旅游设施。全书最后由邱守明、董宵娥、冯艳滨统稿、定稿。

本教材是一种尝试,更是一种探索。国家林业和草原局森林旅游管理办公室副主任陈鑫峰、国家林业和草原局林草调查规划院生态旅游规划设计处处长乔永强、国家林业和草原局森林资源管理司综合处副处长徐骁巍、西南林业大学地理与生态旅游学院教授唐雪琼、中国科学院青藏高原研究所副研究员赵敏燕、云南省文化和旅游厅办公室范建荣以及云南省迪庆藏族自治州旅游集团有限公司普达措旅业分公司总经理冯建华、行政管理部部长李尧以不同形式启发和帮助了编写团队,在此表达最深的谢意!本教材的第2章为生态旅游的基础理论和知识,主要参考了杨桂华、钟林生、明庆忠编写的《生态旅游》(第3版),在此向前辈们致以崇高的敬意!此外,本书还参考了众多专家学者的相关著作和文献中的内容,对他们的智力付出表示由衷的感谢!

本教材可以作为旅游管理、国家公园建设与管理、野生动物与自然保护区管理等本科专业的专业课教材和相关专业研究生的参考书,也可以作为自然保护地工作人员的工具书。

由于作者水平所限,书中疏漏、错讹之处在所难免,在此恳请广大学者、专家、从业人员批评指正!

编著者

2024年6月于昆明

目　录

前　言

第1章　自然保护地概述 (1)
1.1　自然保护地的定义 (1)
1.2　自然保护地设立条件 (2)
1.3　自然保护地发展历程 (3)
1.3.1　自然保护地的产生 (3)
1.3.2　自然保护地的发展 (4)
1.4　自然保护地分类 (6)
1.4.1　世界自然保护联盟保护区管理分类体系 (6)
1.4.2　中国自然保护地体系分类 (8)
1.4.3　自然保护地分级 (11)
1.5　自然保护地的保护与利用 (12)
1.5.1　自然保护地的保护目标 (12)
1.5.2　自然保护地的利用 (13)
1.5.3　自然保护地的生态旅游开发 (14)

第2章　生态旅游基础理论 (16)
2.1　生态旅游的兴起 (16)
2.1.1　人类生存环境的恶化 (16)
2.1.2　人类生态意识的觉醒 (17)
2.1.3　传统大众旅游的生态化 (19)
2.1.4　生态旅游是旅游业的必然选择 (20)
2.2　生态旅游的理论基础及概念内涵 (20)
2.2.1　生态旅游的基础理论 (20)
2.2.2　生态旅游的概念演变 (22)
2.2.3　生态旅游的核心内涵 (27)
2.2.4　生态旅游分类 (30)
2.3　生态旅游系统说 (33)
2.3.1　六要素说 (34)
2.3.2　旅游产业说 (34)
2.3.3　游憩说 (35)

　　　　2.3.4　三体说 …………………………………………………………………… (35)
　　　　2.3.5　四体说 …………………………………………………………………… (39)
　　　　2.3.6　新四体说 ………………………………………………………………… (42)
　　2.4　自然保护地生态旅游 ………………………………………………………………… (42)
　　　　2.4.1　自然保护地生态旅游的概念及内涵 …………………………………… (43)
　　　　2.4.2　自然保护地生态旅游特征 ……………………………………………… (43)
　　　　2.4.3　自然保护地生态旅游的"四体" ………………………………………… (44)

第3章　自然保护地生态旅游规划 …………………………………………………………… (48)
　　3.1　生态旅游规划一般原理 ……………………………………………………………… (48)
　　　　3.1.1　生态旅游规划概述 ……………………………………………………… (48)
　　　　3.1.2　生态旅游规划的程序和内容 …………………………………………… (52)
　　3.2　中国自然保护地生态旅游规划编制 ………………………………………………… (55)
　　　　3.2.1　自然保护地生态旅游相关制度 ………………………………………… (55)
　　　　3.2.2　自然保护地生态旅游规划编制的内容及程序 ………………………… (64)
　　3.3　国外自然保护地生态旅游规划案例 ………………………………………………… (102)
　　　　3.3.1　肯尼亚生态旅游开发案例 ……………………………………………… (102)
　　　　3.3.2　美国黄石国家公园生态旅游开发案例 ………………………………… (103)
　　　　3.3.3　加拿大班夫国家公园生态旅游开发案例 ……………………………… (107)

第4章　自然保护地生态旅游产品 …………………………………………………………… (110)
　　4.1　自然保护地生态旅游产品设计准则 ………………………………………………… (110)
　　4.2　自然保护地生态旅游产品类型 ……………………………………………………… (112)
　　4.3　各类自然保护地生态旅游产品体系 ………………………………………………… (114)

第5章　自然保护地生态旅游管理 …………………………………………………………… (121)
　　5.1　自然保护地生态旅游游客管理 ……………………………………………………… (121)
　　　　5.1.1　生态旅游游客教育 ……………………………………………………… (121)
　　　　5.1.2　生态旅游游客行为管理 ………………………………………………… (124)
　　　　5.1.3　生态旅游游客满意度反馈 ……………………………………………… (127)
　　5.2　自然保护地生态旅游社区管理 ……………………………………………………… (130)
　　　　5.2.1　自然保护地生态旅游社区管理的意义 ………………………………… (130)
　　　　5.2.2　自然保护地生态旅游社区保护与生计之间的问题 …………………… (130)
　　　　5.2.3　自然保护地生态旅游为社区带来的机遇与挑战 ……………………… (131)
　　5.3　自然保护地生态旅游安全管理 ……………………………………………………… (132)
　　　　5.3.1　自然保护地生态旅游安全管理概念及现状 …………………………… (132)
　　　　5.3.2　自然保护地生态旅游安全管理内容 …………………………………… (133)
　　　　5.3.3　自然保护地生态旅游安全管理的建议 ………………………………… (134)

第6章　自然保护地生态旅游设施 …………………………………………………………… (137)
　　6.1　自然保护地生态旅游设施概述 ……………………………………………………… (137)
　　　　6.1.1　自然保护地生态旅游设施定义 ………………………………………… (137)

         6.1.2 自然保护地生态旅游设施分类 …………………………………… (138)
         6.1.3 自然保护地生态旅游设施建设原则 ……………………………… (138)
         6.1.4 自然保护地生态旅游设施建造应考虑的方面 …………………… (139)
    6.2 自然保护地生态旅游设施规划与设计 …………………………………… (140)
         6.2.1 自然保护地生态旅游保护管理设施 ……………………………… (140)
         6.2.2 自然保护地生态旅游保障设施 …………………………………… (142)
         6.2.3 自然保护地科研监测设施 ………………………………………… (149)
         6.2.4 自然保护地科普宣教设施 ………………………………………… (151)
         6.2.5 自然保护地安全及导示设施 ……………………………………… (155)
         6.2.6 自然保护地环境卫生设施 ………………………………………… (157)
    6.3 自然保护地生态旅游设施规划管理方法 ………………………………… (159)
         6.3.1 选址、布局 ………………………………………………………… (159)
         6.3.2 市场及用户需求分析 ……………………………………………… (160)
         6.3.3 保护地生态旅游设施管理方法 …………………………………… (160)

参考文献 ………………………………………………………………………………… (172)

第1章

自然保护地概述

1. **知识目标**
   - 理解自然保护地的定义及其内涵。
   - 了解自然保护地的发展历史,掌握重要事件。
   - 熟悉自然保护地的分类体系,能够按照分类标准进行分类。
   - 了解自然保护地的分级体系,了解典型代表。
   - 熟悉自然保护地开发的相关内容。
2. **能力目标**
   - 能够了解设立自然保护地的条件。
   - 能够使用世界自然保护联盟(IUCN)保护区管理分类体系对自然保护地进行分类。
   - 能够了解中国自然保护地体系分类,并描述以国家公园为主体的自然保护地体系。
   - 能够说明自然保护地的保护目标与利用方式,并了解自然保护地的生态旅游开发。
3. **教学设计**
   - 课堂讲授(5学时):自然保护地的定义与设立条件(1学时);自然保护地发展历程(1学时);自然保护地分类(2学时);自然保护地保护与利用(1学时)。
   - 翻转课堂(2学时):讨论世界自然保护联盟保护区管理分类体系与我国以国家公园为主体的自然保护地体系有何异同。

1.1 自然保护地的定义

自然保护地(nature protected area)是指一个明确划定的地理空间区域,得到法律或者其他有效方式承认,并获得相应投入和管理,以实现长期自然保护及与之相关的生态系统服务和文化价值。自然保护地是一切保护区域的统称,是保护地球上生物多样性以及有关自然与文化资源的地域。

联合国教育、科学及文化组织(United Nations Educational, Scientific and Cultural Organization, UNESCO,简称联合国教科文组织)在《生物圈保护区技术准则》(2022)将生物圈保护区定义为"具有重要生态、生物、文化和社会价值的区域,通过科学研究、教育和可持续发展来实现人与自然的和谐共存"。生物圈保护区是自然保护地的一种,此外自然保护区、国家公园等也属于自然保护地的范畴。我国《自然保护区条例》将自然保护区定义为"对有代表性的自然生态系统、珍稀濒危野生动植物物种的天然集中分布区、有特殊意义的自然遗迹等保护对象所在的陆地、陆地水体或者海域，依法划出一定面积予以特殊保护和管理的区域"。在美国，自然保护地被认为是一种以自然保护地的属性为主要特征，强调自然保护地是具有公共利益和公共责任的区域。如美国《国家公园法》将国家公园定义为"为了保存国家历史遗产和自然资源，并为人民提供教育、娱乐和灵感而设立的公共区域"。不同类型的自然保护地的不同定义表明，自然保护地的内涵和属性是非常复杂的，对自然保护地给出完整和准确的定义十分困难。目前，公认的最为权威的自然保护地的定义出自世界自然保护联盟(International Union for Conservation of Nature，IUCN)。世界自然保护联盟将保护地(protected area)定义为："通过法律或其他有效手段，致力于生物多样性、自然资源以及相关文化资源保护的陆地或海洋。"2008年，世界自然保护联盟再次提出："自然保护地是一块清晰界定的，被国家或相关组织(团体或个人)所承认的，并受法律或其他规范性文件约束的，通过实施积极的管理能够实现自然以及相关生态服务和文化价值的长期有效保存的地理空间。"

1.2 自然保护地设立条件

自然保护地作为地球上的特定区域，应具有明确的保护对象、保护目标和清晰的定位。这是一个区域符合自然保护地定义的前提。

(1) 有明确的保护对象

保护是自然保护地最基本、最重要的功能。自然保护地的保护对象是指那些在自然环境中独立生存的众多生态系统以及其中的动植物、微生物、气候和土壤等各种自然生态要素。这些生态系统主要包括陆地生态系统、水生生态系统等各种生态系统，不仅有生物多样性的价值，而且涵盖人文、景观等多方面的价值。

保护旨在对这些具有重要意义的生态环境、自然和人文资源、生物多样性以及人文景观价值进行动态和持续的保护工作，以促进自然生态系统和人文景观的持续发展，实现对自然生态系统的适度利用。自然保护地的保护对象是自然保护地建设的基础和依据，为了保障保护对象的安全和完整，需要制定相应的保护计划和措施。

同时，保护对象的不同特征也决定了自然保护地的类型、范围和等级。因此，自然保护地需要根据其保护对象的特征来制定和采取合适的保护措施，如加强巡护、开展科学研究、推动环境教育等，以便更好地保护这些珍贵的生态系统和自然资源。

(2) 有明确的保护目标

自然保护地的保护目标是指为了实现保护目的和效果而制定的一系列具体措施和政策。这些措施和政策的核心内容包括：维持和恢复自然生态系统的健康稳定，保持和提升生物多样性和地质地貌景观多样性，提供优质生态产品和公共服务，实现人与自然的和谐共生等。1994年，世界自然保护联盟出版的《保护地管理类别指南》列举了保护地应予实现的9种保护目标，分别包括科学研究、荒地保护、物种和遗传多样性的保护、环境设施的维护、独特的自然和人文景观的保护、旅游和重建、教育、自然生态系统中资源的可持续利用以及文化和传统习俗的保护。这些保护目标都需要进行长期仔细的策划和规划，综合考虑自然资源可持续利用和人类在区域内的合理使用，同时要确保自然生态系统的完整性和可持续发展。保护目标是自然保护地规划设计、管理监督和评估考核的导向和依据，决定了自然保护地的管理措施、服务功能和发展方向。

(3) 有清晰的功能定位

世界各地的自然保护地在不同国家生态安全体系、区域发展战略和社会公益事业中所扮演的角色和地位不尽相同，但共同的一点是必须具有清晰的功能定位。自然保护地旨在保护地球上最重要的自然区域，首要功能在于保护，还包括科研、教育等功能。例如，全球面积占比最大、分布最广的自然保护地类型——国家公园，是自然保护地中功能最为清晰的类型，主要功能定位包括保护、科研、环境教育、游憩4个方面，对于一些人口稠密地区或者发展中国家而言，国家公园还承载着社区发展的功能。在我国，国家公园是最重要、最独特、最精华的自然生态系统，是国家生态安全的基石，是国家象征，是国民认同感的体现。此外，自然保护区的定位也需要考虑人类活动的影响，如破坏生态环境、资源过度开发等问题。为了维持生态系统的稳定性和完整性，自然保护地的定位需要结合经济和社会发展、生态环境的变化来进行调整和升级。只有不断适应新的挑战和变化，才能更好地发挥自然保护地的作用，实现自然生态系统和人类社会的可持续发展。

1.3　自然保护地发展历程

1.3.1　自然保护地的产生

人类建立自然保护区已有百余年的历史。19世纪初，德国博物学家亚历山大·冯·洪堡(Alexander von Humboldt)首倡建立天然纪念物以保护自然生态。国际上，一般将美国政府1872年批准建立的第一个国家公园——黄石国家公园(Yellowstone National Park)看作世界上最早的自然保护区。

黄石国家公园，简称为黄石公园，坐落于美国怀俄明州、蒙大拿州和爱达荷州的交界处，大部分位于怀俄明州境内，是世界上第一个国家公园，也是世界上最为壮观的国家公园之一。美国政府以法律的形式明确规定了国家公园是全体美国人民所有的，并由联邦政府直接管辖，保证"完整无损"地留给后代，永续享用。国家公园设立的初衷主要是把一些具有国家和民族象征意义的壮丽景观划为国家公园加以保护，用来凝聚国家和民族的共同意识，但这一想法无形中促成了世界上第一个保护区的建立。事实上，国家公园的建立与当时人们保护思想的产生也有密切联系。19世纪初，以艺术家、探险家和文学家为代表的美国东部知识分子开始认识到西部大开发对西部原始自然环境造成的威胁。铁路公司也发现了西部景观作为旅游资源的潜在价值，于是保护自然的理想主义者和强调旅游开发的实用主义者联手敦促美国国会保护西部的奇特景观，并成功促使国会通过立法建立了黄石国家公园。19世纪末，随着美国西部荒野的逐渐消失，人们保护荒野的呼声高涨，在自然保护主义者和资源保护主义者的共同努力下，一大批的国家公园建立起来。1906年，美国国会通过了*Antiquities Act*。美国政府开始大量而有效地保护史前和历史遗迹。1916年，国家公园管理局成立，国家公园体系开始建立。随后，国家公园体系逐步从美国传播至拉丁美洲、亚洲和非洲，1882年，墨西哥埃尔奇科国家公园（El Chico National Park）建立；1925年，柬埔寨吴哥窟（Angkor Wat）成为亚洲第一个现代国家公园；1926年，南非克鲁格国家公园（Kruger National Park）建立。国家公园在全球各地发展起来。

1.3.2 自然保护地的发展

(1) 世界自然保护地发展

20世纪以来，自然保护地事业发展很快，特别是第二次世界大战后，全球自然保护地建设呈现快速增长势头。自1962年第一届世界公园大会之后，世界各国积极融入世界自然保护联盟的管理分类体系，全球自然保护地快速发展。同时，由于野生动物保护区经常成为旅游景点和重要的经济支柱，20世纪70年代后，世界各地保护区呈现扩张趋势。1993年，世界多国签署了《生物多样性公约》，为实现公约目标，168个成员国在17年的时间里使其保护区面积几乎翻了一番（Abdul, 2019）。截至2021年5月，全球保护面积超过 $5\,050 \times 10^4\,km^2$（图1-1），至少17%的陆地和内陆水域以及10%的沿海和海洋区域纳入自然保护地范围。在世界范围内也成立了许多保护地相关机构和组织，从事自然保护区的宣传、协调和科研等工作，如世界自然保护联盟和大自然保护协会（The Nature Conservancy, TNC）。全世界自然保护区的数量和面积不断增加。保护地数量也成为一个国家文明与进步的象征之一。

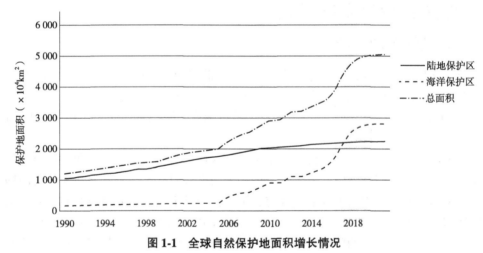

图1-1 全球自然保护地面积增长情况
（联合国环境规划署世界保护区监测中心，2021）

从2015年的统计看，全球已有188个国家和地区参照世界自然保护联盟的保护地分类体系划定了生态保护地范围，但各国在保护地的命名、面积大小等方面均存在较大的差异。大多数国家的保护面积比例低于5%，说明在全球范围内自然保护地规模和面积仍有待提高。目前，从陆域保护地占国土面积的比例来看，主要分为3个等级：①具有较高生态保护地面积比例的国家，其保护地所占比例超过20%，如中美洲和南美洲国家。②中等生态保护地面积比例国家，主要分布在北美、东亚、东南亚、非洲东南部、加勒比地区及巴西，其自然保护地占国土面积的比例一般在为10%~20%。《2021中国生态环境状况公报》显示，我国处于中等生态保护地面积比例国家（保护地占比为18%）。③生态保护地面积比例较少的国家，大洋洲、北非和中东、北亚及南亚等国家属于这一类，其陆域自然保护地占国土面积的比例低于10%。

(2) 我国自然保护地发展

我国是世界上12个生物多样性最为丰富的国家之一，在全球生物多样性及其保护中具有十分重要而独特的地位。我国的自然保护地建设起步较晚，1956年才开始在广东省的鼎湖山建立第一处自然保护区。从发展历程来看，我国自然保护地大致经历4个发展时期，分别为起步阶段、稳步发展阶段、快速发展阶段和深化改革阶段(高吉喜，2019)。

①起步发展阶段(1956—1978)。这一时期，我国建立了第一个自然保护地——广东鼎湖山自然保护区，并在浙江天目山、海南尖峰岭、广西花坪、云南西双版纳小勐养、吉林长白山等地陆续建立自然保护区，填补了我国自然科学发展中的空白。到1978年年底，全国共建立自然保护区34个，总面积1.265×10^4 km²，约占国土面积的0.13%。

②稳步发展阶段(1979—1993)。这一时期，我国颁布并实施了《森林和野生动物类型自然保护区管理办法》。这是我国自然保护区建立、管理方面的第一部法规。同时，我国还制定了《中国自然保护纲要》，这是我国第一个保护自然资源和自然环境的宏观指导性文件。到1993年，全国共建立各类自然保护区763处，总面积66.18×10^4 km²，占国土面积的6.84%。

③快速发展阶段(1994—2012)。这一时期，我国加入了《生物多样性公约》，制定了《中华人民共和国野生动物保护法》《中华人民共和国自然保护区条例》等法律法规，为自然保护地建设提供了更加完善的法律依据。同时，我国还加快了风景名胜区、地质公园、森林公园、湿地公园、海洋公园等各类自然公园的建设，并积极申报世界遗产、世界生物圈保护区等国际认可的自然保护地。截至2012年年底，全国共建立各类自然保护地2720处，总面积143.9×10^4 km²，占国土面积的14.86%。

④深化改革阶段(2013—)。这一时期，我国提出了生态文明建设的重大战略，启动了生态保护红线、生态功能区划、主体功能区划等重大工程。2015年，我国启动了国家公园体制改革试点工作，于2017年出台了《建立国家公园体制总体方案》。2019年，《关于建立以国家公园为主体的自然保护地体系的指导意见》提出了建立分类科学、布局合理、保护有力、管理有效的以国家公园为主体、自然保护区为基础、各类自然公园为补充的中国特色自然保护地体系。截至2021年年底，全国已建立国家级自然保护区474处，总面积约98.34×10^4 km²；国家级风景名胜区244处，总面积约10.66×10^4 km²；国家地质公园281处，总面积约4.63×10^4 km²；国家海洋公园67处，总面积约0.737×10^4 km²。全国各级各类自然保护地总面积约占全国陆域国土面积的18%(生态环境部，2022)。

由于历史原因，我国自然保护地体系未完全参照世界自然保护联盟体系，而是按照资源的类型，将自然保护地主要划分为自然保护区、风景名胜区、地质公园、森林公园、海洋公园、湿地公园、沙漠(石漠)公园、水产种质资源保护区、野生植物原生境保护区(点)、自然保护小区、野生动物重要栖息地等类型，由林业、环保、农业、海洋、国土、住建、水利等相应的职能部门进行管理。由于各类资源无法严格地划分边界，资源划分的标准也不统一，造成了自然保护地生态系统未得到完整性保护、管理目标定位不精准、"一地多牌"、管理部门权责不明确等一系列问题。为解决这些问题，2015年，我国开始了建立以国家公园为主体的自然保护地体系改革,尝试建立以国家公园为主体、保护区为基础,各类自然公园和风景名胜区为补充的自然保护地分类系统。我国步入自然保护地体系探索发展的新阶段。

1.4 自然保护地分类

1.4.1 世界自然保护联盟保护区管理分类体系

(1)分类体系

1962年,世界自然保护联盟成立了国家公园和保护区委员会(Commission on National Parks and Protected Areas,CNPPA),现在称为世界保护区委员会(World Commission on Protected Areas,WCPA),向在美国西雅图举办的世界自然保护联盟第一届世界公园大会提交了《国家公园和保护区世界名录》;1966年世界自然保护联盟出版了第二版《联合国保护区名录》;1975年,世界自然保护联盟开始建立了基于管理目标的一个保护区分类系统,最终在1994年,世界自然保护联盟与世界保护监测中心在总结前期工作经验,与世界各地自然保护地管理人员广泛讨论的基础上,出版了《自然保护地分类指南》,正式制定了全球通用的自然保护地分类体系,基于不同的管理目标,将自然保护地划分为6类:严格的自然保护区/原野保护地、国家公园、自然纪念、栖息地/物种管理地、陆地/海洋景观保护地、资源保护地(表1-1)。它开始时仅作为一个简单的统计工具,但很快就影响到了保护区的规划、管理、政策和法律的制定,甚至影响保护区与自然保护的基本理念。

表1-1 世界自然保护联盟自然保护地管理分类

自然保护地类别		名称
I	Ia	严格的自然保护区(Strict Nature Reserve)
	Ib	原野保护地(Wilderness Area)
II		国家公园(National Park)
III		自然纪念(Natural Monument)
IV		栖息地/物种管理地(Habitat Species Management Area)
V		陆地/海洋景观保护地(Protected Landscape Seascape)
VI		资源保护地(Managed Resource Protected Area)

严格的自然保护区(Ia)和原野保护地(Ib)的原始状态最强,人类活动对环境的改造程度也最低,管控措施的严格程度最高,在严格的自然保护区仅允许少量科学研究或环境监测等活动,禁止旅游等开发建设活动,原野保护地适当允许步行或划船的自我放松式的旅游活动;而陆地/海洋景观保护地(V)的原始状态最低,人类活动对环境改造的程度最高,管理程度也相应较为宽松,允许适当的娱乐及旅游开发等建设活动。可见世界自然保护联盟的管理并不是所有自然保护地都被严格保护、不许进行开发建设活动,而是实行分级分类管控,把对维持生态环境与人类发展进行合理的平衡。

严格的自然保护区（Ⅰa）：为保护生物多样性或地质地貌而严格保护的区域，为了确保各种价值的保护，区内严格控制和限制人类进入、资源利用及其影响，可作为科学研究和监测的重要"对照"区。

原野保护地（Ⅰb）：大面积保持原有自然状态，没有或仅有轻微改变但没有永久或明显人类居住的自然保护地，保护和管理的目的是保存其自然状态。

国家公园（Ⅱ）：划建的大面积的、自然或近自然的用于保护大尺度生态过程、代表性物种和生态系统的自然保护地，在不破坏环境和文化的情况下，提供精神、科研、教育和休闲娱乐机会。

自然纪念（Ⅲ）：为保护地貌、海山、洞穴等独特的自然遗迹、洞穴，甚至仅存的小片古树等地质特征而划建的自然保护地。这类自然保护地的面积往往不大，但旅游价值较高。

栖息地/物种管理地（Ⅳ）：为保护和管理特定物种或栖息地而划建的自然保护地，大多需根据物种或栖息地的保护要求，定期予以积极干预，但这也并非必需的。

陆地/海洋景观保护地（Ⅴ）：划建这类自然保护地是保护那些人与自然协同演进而造就的具有重要的生态、生物、文化和美学价值的独特特征。保护和维持这类自然保护地及其自然环境和价值是守护人与自然良好互动的根本。

资源保护地（Ⅵ）：划建这类自然保护地是保护生态系统、栖息地及其附属的文化价值和传统的自然资源管理体系。这类自然保护地面积通常较大，大部分地区处于原始自然状态，部分地区允许低强度、非商业性的自然资源利用。资源保护地合理自然保护是主要管理目标。

目前，这个新的世界自然保护联盟保护区分类体系正越来越被世界各国所普遍使用，有些国家还将此分类系统纳入国家的法规之中。但有些国家根据本国的情况进行了调整，在名称和内涵上都与世界自然保护联盟体系有一定的差异，例如，美国严格的自然保护区相当于世界自然保护联盟的Ⅰ类自然保护地，原野保护地相当于世界自然保护联盟的Ⅰb类自然保护地，而国家公园则相当于世界自然保护联盟的Ⅱ类自然保护地。新西兰自然保护地体系主要以国家公园为主体，国家公园大致划归为世界自然保护联盟归类体系的第Ⅱ类，但国家公园的特别保护区（数量极少）、原野区和设施区则分别类似于世界自然保护联盟归类体系的Ⅰa类、Ⅰb类和Ⅴ类。巴西自然保护地体系划分为生物保护区和生态站、国家公园、自然纪念地、野生动物庇护所等类型，从名称和内涵上分析，巴西的自然保护地类型在世界自然保护联盟的自然保护地分类体系中找不到相对应的自然保护地类型。德国自然保护地体系主要包括国家公园、生物圈保护区、自然保护区、景观保护区、自然纪念地、景观保护小区和保护小区，其自然保护地体系中的国家公园相当于世界自然保护联盟的Ⅱ类保护地，但与其他国家的国家公园的不同在于，德国的国家公园建在遭受过农业垦种或森林采伐等开发过的土地上，用于自然修复人为影响，重塑自然过程。

(2) 分类依据

自然保护区体系的首要目的是增加生物多样性就地保护的有效性。世界自然保护联盟认为就地保护要取得长远成功，就要求保护区全球体系中涵盖世界各种不同生态系统类型的代表性样本（Davey，1998）。世界自然保护联盟保护区分类体系具有以下5种相关联的特点(Davey, 1998)。

①代表性、综合性和平衡性。保护区作为一个国家完整生态系统类型最高质量的代表,保护区应包括代表所有生态系统类型的平衡样本。

②适当性。完整、足够的空间范围和相关组成单元的保护,辅之以有效管理,用来保护构成国家生物多样性的生态过程、物种、种群、群落和生态系统的长久生存能力。

③连贯性和互补性。每个自然保护区都为国家确定整个自然保护和可持续发展目标提供积极的支持。

④一致性。管理目标、政策和在可比较的条件下通过标准化方式分类的应用,使该体系内每一保护区的目标明确、清晰,并尽最大可能利用各种管理和利用的机会支持总目标的实现。

⑤成本、效率和平等性。保持适当收支平衡、收益分配上的平等;注重效率:以最少的数量、最小的面积来实现保护体系的总目标。

1.4.2 中国自然保护地体系分类

1.4.2.1 自然保护地类型

目前我国的各类自然保护地类型和数量多,其管理也大多遵循此原则,如我国已建立的各类自然保护地有国家公园、自然保护区、风景名胜区、地质公园、水利风景区、森林公园、湿地公园、沙漠公园、水产种质资源保护区、保护小区等(表1-2),其中仅自然保护区数量就多达2 750处。各类自然保护地归属林业、农业、环境保护等多部门管理。

表1-2 中国自然保护地类型

类型	定义	保护对象
国家公园	国家公园是指由国家批准设立并主导管理,边界清晰,以保护具有国家代表性的大面积自然生态系统为主要目的,实现自然资源科学保护和合理利用的特定陆地或海洋区域	具有国家代表性的大面积自然生态系统
自然保护区	对有代表性的自然生态系统、珍稀濒危野生动植物物种的天然集中分布、有特殊意义的自然遗迹等保护对象所在的陆地、陆地水域或海域,依法划出一定面积予以特殊保护和管理的区域	典型自然生态系统、珍稀特有动植物资源、自然历史遗迹等
风景名胜区	具有观赏、文化或者科学价值,自然景观、人文景观比较集中,环境优美,可供人们游览或者进行科学、文化活动的区域	自然景观、人文景观、革命纪念地、历史遗址
地质公园	以具有特殊地质科学意义,较高的美学观赏价值的地质遗迹为主体,并融合其他自然景观与人文景观而构成的一种独特的自然区域	以地质遗迹景观为主体,融合其他自然景观与人文景观
水利风景区	是指以水域(水体)或水利工程为依托,具有一定规模和质量的风景资源与环境条件,可以开展观光、娱乐、休闲、度假或科学、文化、教育活动的区域	以水域或水利工程为依托,具有一定规模和质量的风景资源与环境条件
森林公园	是指森林景观优美,自然景观和人文景物集中,具有一定规模,可供人们游览、休息或进行科学、文化、教育活动的场所	森林风景资源、自然景观和人文景观

(续)

类型	定义	保护对象
湿地公园	是指以湿地良好生态环境和多样化湿地景观资源为基础，以湿地的科普宣教、湿地功能利用、弘扬湿地文化等为主题，并建有一定规模的旅游休闲设施，可供人们旅游观光、休闲娱乐的生态型主题公园	湿地生态系统及景观
沙漠公园	沙漠公园是以沙漠景观为主体，以保护荒漠生态系统为目的，在促进防沙治沙和保护生态功能的基础上，合理利用沙漠资源，开展公众游憩、旅游休闲和进行科学、文化、宣传和教育活动的特定区域	沙漠景观、沙漠生态系统
水产种质资源保护区	为保护水产种质资源及其生存环境，在具有较高经济价值和遗传育种价值的水产种质资源的主要生长繁育区域，依法划定并予以特殊保护和管理的水域、滩涂及其毗邻的岛礁、陆域	重要水产种质资源及其生存环境
保护小区	包括由县级以下（含县级）的行政机关设定保护的自然区域、在自然保护区的主要保护区区域以外划定的保护地段和由于历史文化或传统等因素自发形成的小型保护区	自然、湿地、植物极小种群

我国重要的生态系统、栖息地、物种和景观得到全面保护。全国 89% 的国家重点保护野生动植物种类以及大多数重要自然遗迹在自然保护区内得到保护，部分珍稀濒危物种野外种群逐步恢复。

1.4.2.2　自然保护地体系的更新

目前，虽然我国已经建立起多类型、多样化的自然保护地体系，并且划定了大量类似于自然保护地的各种特定受保护区域，但是随着社会和经济发展步伐的加快，这些现行自然保护地体系主要是按照资源要素设立，对自然生态的系统性和完整性保护不够，加之各类自然保护地依据各自的法规建立、运行，缺乏国家法律统一协调，我国的自然保护地不可避免出现产权不明晰、区域重叠、职能交叉、保护标准不清晰、公益属性不明确、多头交叉管理、权责不落实、自然生态区域被部门因素割裂、保护成效低下等问题。同时，生态保护与资源利用的协同性相对较低，保护管理与资源利用存在较多矛盾冲突，使生态保护难以达到预期效果。面临着管理体制、资金投入、分类标准、设置方法、保护措施等诸多方面的障碍，在功能作用方面普遍存在没有保护好、没有服务好、没有经营好等共性问题。

2013 年，党的十八届三中全会明确提出建立国家公园体制。2015 年，中共中央、国务院印发《生态文明体制改革总体方案》，进一步明确建立国家公园体制。加强对重要生态系统的保护和利用，改革各部门分头设置自然保护区、风景名胜区、文化自然遗产、森林公园、地质公园等的体制，对上述自然保护地进行功能重组，合理界定国家公园范围，构建保护珍稀野生动植物的长效机制；国家公园实行严格的资源保护，在不损害自然生态系统的前提下，保留原住民的生活生产方式，允许开展观光旅游和科研教育活动。近年来，建立国家公园新型保护地模式，已经成为我国推进自然保护地制度改革、弥补现行自然保护地体系管理缺陷的重大举措。我国《国民经济和社会发展第十三个五年规划纲要》提出，要设立统一规范的国家生态文明试验区。建立国家公园体制，整合设立一批国家公园，进一步指明了我国自然保护制度改革发展的方向。

2019年，为了解决自然保护地重叠设置、多头管理、边界不清、权责不明、保护与发展矛盾突出等问题，中共中央办公厅、国务院办公厅印发了《关于建立以国家公园为主体的自然保护地体系的指导意见》，提出按照自然生态系统原真性、完整性、系统性及其内在规律，将自然保护地划分为国家公园、自然保护区和自然公园新的分类系统。

1.4.2.3 以国家公园为主体的自然保护地体系

根据《关于建立以国家公园为主体的自然保护地体系的指导意见》，我国逐步实现自然保护地体系的转型和改造。一方面，我国启动了国家公园体制改革试点工作，于2017年出台了《建立国家公园体制总体方案》，明确了国家公园建设目标、范畴和标准，并在三江源、武夷山、海南热带雨林等10个试点区开展了探索实践；另一方面，我国加快了对现有各类自然保护地的整合归并优化工作，并制定了《关于开展全面清理整顿各类自然保护地工作方案》，对存在重叠设置、多头管理等问题的自然保护地进行了清理整顿。从2019年开始，我国将自然保护地按生态价值和保护强度高低依次分为3类：国家公园、自然保护区和自然公园。新的自然保护地体系正在逐步建成。

(1) 国家公园

国家公园是指由国家批准设立并主导管理，边界清晰，以保护具有国家代表性的大面积自然生态系统为主要目的，实现自然资源科学保护和合理利用的特定陆地或海洋区域。国家公园是我国自然保护地的最重要类型之一，属于全国主体功能区规划中的禁止开发区域，纳入全国生态保护红线区域管控范围，实行最严格的保护。除不损害生态系统的原住民生活生产设施改造和自然观光、科研、教育、旅游外，禁止其他开发建设活动。与一般的自然保护地相比，国家公园的自然生态系统和自然遗产更具有国家代表性和典型性，面积更大，生态系统更完整，保护更严格，管理层级更高。目前，我国已经设立了5个国家公园：三江源国家公园、大熊猫国家公园、东北虎豹国家公园、海南热带雨林国家公园和武夷山国家公园(2021年)，并有一批国家公园体制试点单位正在全国各地进行试点实践。

(2) 自然保护区

自然保护区是指保护典型的自然生态系统、珍稀濒危野生动植物种的天然集中分布区、有特殊意义的自然遗迹的区域，具有较大面积，确保主要保护对象安全，维持和恢复珍稀濒危野生动植物种群数量及赖以生存的栖息环境。目前，我国共建立各种类型、不同级别的自然保护区2 750个(不含港、澳、台地区)，总面积约147×10^4 km^2，占我国陆地面积的14.88%，其中国家级自然保护区474处(国家林业和草原局，2020)。这部分作为保护地体系中历史最为长久、体系最为成熟的一类，整体保留和延续。

(3) 自然公园

自然公园是指保护重要的自然生态系统、自然遗迹和自然景观，具有生态、观赏、文化和科学价值，可持续利用的区域，确保森林、海洋、湿地、水域、冰川、草原、生物等珍贵自然资源，以及所承载的景观、地质地貌和文化多样性得到有效保护。各类风景名胜区、森林公园、地质公园、海洋公园、湿地公园、草原公园、沙漠公园等都是自然公园。截至 2020 年，我国拥有风景名胜区、森林公园、湿地公园、地质公园、海洋公园、沙漠（石漠）公园等自然保护地 9 190 处，总面积 18 535×10^4 hm^2（扣除重叠面积），其中国家级自然保护地 2 996 处（国家林业和草原局等，2021）。

1.4.3 自然保护地分级

全球自然保护地按照空间地域范围分级，主要分为 3 级：世界级、国家级、地方级。世界级自然保护地主要包括被世界认可的或者具有世界级别的保护地；国家级自然保护地指的是国家内部具有全国意义和价值的保护地；地方级自然保护地主要指具有区域意义和价值的保护地。

(1) 世界级自然保护地

目前，世界级自然保护地主要有被联合国教科文组织认定的世界遗产，世界地质公园；《湿地公约》（又称《拉姆塞尔公约》）认定的国际重要湿地；被联合国教科文组织"人与生物圈计划"认定的世界生物圈保护区以及由联合国粮食及农业组织（FAO，简称联合国粮农组织）认定的全球重要农业文化遗产等。

①世界遗产。是指被联合国教科文组织和世界遗产委员会确认的人类罕见的、目前无法替代的财富，是全人类公认的具有突出意义和普遍价值的文物古迹及自然景观，包括世界自然遗产、世界文化遗产、世界文化和自然遗产 3 类。

②世界地质公园。是指以具有特殊地质科学意义，稀有的自然属性、较高的美学观赏价值，具有一定规模和分布范围的地质遗迹景观为主体，并融合其他自然景观与人文景观而构成的一种独特的自然区域。

③国际重要湿地。是指具有国际重要意义，符合《湿地公约》的国际重要湿地标准，并被列入《湿地公约》的国际重要湿地名录的湿地。列入国际重要湿地名录是一种荣誉。一国列入该名录的湿地越多，说明该国保护意识越强。列入名录的湿地将接受国际湿地公约相关规定的约束。1992 年，中国政府加入了《湿地公约》。

④世界生物圈保护区。是一种新型的自然保护区，是根据"世界生物圈保护区网络章程框架"设立，在联合国教科文组织人与生物圈计划范围内得到国际上承认的地区。人与生物圈计划（MAB），是联合国教科文组织科学部门于 1971 年发起的一项政府间跨学科的大型综合性的研究计划。

⑤全球重要农业文化遗产（Globally Important Ingenious Agricultural Heritage Systems，GIAHS）。是指农村与其所处环境长期协同进化和动态适应下所形成的独特的土地利用系统和农业景观，这种系统与景观具有丰富的生物多样性，而且可以满足当地社会经济与文化发展的需要，有利于促进区域可持续发展。

(2) 国家级自然保护地

国家级自然保护地是指由国家或国家级政府的行政主管部门批准设立的保护地，国家级自然保护地的管理一般由国家主导，其保护价值一般也为国家级或者具有国家代表性。如美国国家自然保护地体系就建立起包含有国家公园、国家荒野保护地、国家森林（包括国家草原)、国家野生生物避难地、国家海洋避难地和江河口研究自然保护地、国家自然与风景河流等6种自然保护地体系为核心,以土地利用等管理为辅助的自然生态保护体系。美国作为世界上最早建立自然保护区的国家,目前的陆地自然保护地区域约 $150×10^4~km^2$,相当于美国陆地面积的16%(Wade et al., 2011)。

我国的自然保护地系统由我国境内一切受到保护的自然地构成。我国的国家级自然保护地体系建立较晚,但类型较多,并且为多个国家级管理部门所主导,包括国家级自然保护区、风景名胜区、森林公园、地质公园和湿地公园等。与世界自然保护联盟保护地的概念相似,它涵盖了我国境内目前一切受到保护的自然地域。

(3) 地方级自然保护地

地方级自然保护地是指由省、市、县等地方政府依法划定或确认,对具有一定代表性或重要性的自然生态系统、自然遗迹、自然景观及其所承载的自然资源、生态功能和文化价值实施长期保护的陆域或海域。地方级自然保护地的建立通常由省、州、市、县级政府或行政主管部门负责。地方级自然保护地包括省级自然保护区、市级自然保护区和县级自然保护区3个层次,按照保护对象的不同,又分为森林生态系统、草原生态系统、荒漠生态系统、湿地生态系统、海洋生态系统、野生动物、野生植物、地质遗迹等多种类型。地方级自然保护地是中国自然保护地体系的重要组成部分,是国家级自然保护地的有效补充,也是地方政府履行生态文明建设责任的重要载体。地方级自然保护地在维护国家生态安全、保护生物多样性、提供生态服务、促进区域发展等方面发挥了重要作用。

地方级自然保护地更加注重本地区物种和生态系统的保护。地方级自然保护地虽然保护级别较低,管理严格程度较弱,但地方保护地为区域生态保护和生物多样性保护提供了坚实的基础。如云南建立了省级自然保护区38个、州市级自然保护区57个和区县级自然保护区46个(云南省人民政府,2013),为云南省生态保护提供了广阔空间。

1.5 自然保护地的保护与利用

1.5.1 自然保护地的保护目标

自然保护地是人类为了维持自然生态系统功能和服务,以及保存自然遗产和生物多样性而设立并实施有效管理措施的特定区域。自然保护地既是人与自然和谐共生的重要载体,也是实现可持续发展目标和全球环境治理目标的重要手段。根据世界自然保护联盟对自然保护地定义中所包含的6个必备条件,所有自然保护地都应该致力于实现以下两类目标。

(1) 生态目标

生态目标,即以维持或恢复自然系统为主要目标,具体包括以下方面:

①保护生物多样性的组成、结构、功能与进化潜力。在基因、种群、物种、群落、生态系统等不同层级上维持或增加物种丰富度、遗传能力,以及在空间和时间上保持或增强生态系统的稳定性、抵抗力和适应性。保护生态系统的物质循环、能量流动、生态过程和功能,以及生物多样性对环境变化的响应和调节能力。

②为区域保护策略作出贡献(作为核心保护区、缓冲区、走廊带和迁徙物种停歇地

等)。在景观或区域尺度上考虑自然保护地的作用和地位,以及与周边区域的联系和影响,从而实现生态系统的连通性和完整性。

③维护景观或栖息地及其包含的物种和生态系统的多样性。保护具有代表性、特殊性、稀有性或濒危性的自然景观或栖息地类型,以及其中所包含的物种和生态系统。

④具备足够大的面积,确保特定的保护目标的完整性和长久维持,或者具有实现这一目标的不断增长的能力。根据自然保护地的目标、类型、位置等因素,确定合理的空间范围和边界,以及可能需要扩大或缩小的条件和方式。

⑤永久维护所拥有的价值。确保自然保护地在法律、政策、制度等方面具有长期有效的保障,以及在社会、经济、文化等方面具有广泛认可的支持。

⑥在管理计划以及监测评估项目的指导之下能够实现适应性管理的正常运转。根据自然保护地的目标和现状,制定科学合理的管理计划,并定期进行监测评估,以便及时发现问题,调整措施,增强效果。

⑦拥有明确和公平的管理体制。明确自然保护地的管理机构、职责、权限、规则等方面,以及与其他相关方(如政府部门、社区居民、利益相关者等)之间的关系、沟通、协作等方面,从而实现有效合理的管理运作。

(2)文化保护目标

文化保护目标,即 IUCN 提出的所有保护区云岗具有保护文化、精神价值的目标,具体为:保护重要的景观特征、地质和地貌;提供具有调节性的生态系统服务,例如减缓气候变化的影响;保护具有国家重要文化、精神和科研价值的自然生态和风景名胜区;根据其他的管理目标,为居民和当地社区带来益处;根据其他的管理目标,提供休闲娱乐的机会;协助开展具有较低生态影响程度的科研活动,进行与自然保护区价值相关和一致的生态监测工作;采用具有可调整性的管理策略,从长远来提升管理的有效性和质量;帮助提供教育机会(包括管理办法);帮助获得公众对保护工作的支持。

1.5.2 自然保护地的利用

自然保护地是一种特殊的土地利用方式,它旨在通过法律、行政或其他有效的手段,对具有自然价值的区域进行保护和管理,以维持其生态完整性和功能。自然保护地的主要目的是为了保护生物多样性、自然生态系统和特定的受关注区域的独特景观,通常还包含具有历史或文化价值的珍贵遗址。这些目的反映了自然保护地的保护价值,即其对于维持全球生态安全、促进科学进步、传承人类文明和提高人类福祉的重要性。

然而,自然保护地也应该有一定程度的开放,以供科学研究、公众游憩和教育、增加当地社区的收益,以及从生态旅游活动中获得收入,以支持保护地的保护管理。这些目的反映了自然保护地的利用价值,即其对于满足人类多元化需求、促进经济发展、增强社会凝聚力和提升环境意识的作用。自然保护地的保护价值和利用价值是相互联系、相互制约、相互促进的,它们构成了自然保护地的综合价值。

自然保护地永远不应被视为孤立的岛屿,因为在更广泛的社会经济体系中,作为贡献者和整体的一部分,它们正变得越来越重要(Suksawang et al.,2015)。自然保护地与周边环境之间存在着复杂的相互作用和影响,包括生态联系、经济联系、社会联系和文化联系。因此，自然保护地的规划和管理应该遵循生态系统方法，即在考虑自然保护地内部因素的同时，也要充分考虑外部因素，实现自然保护地与周边环境之间的协调发展。

生态旅游作为保护合理利用的途径之一，被各国自然保护地管理机构所认可。生态旅游是指在对环境影响最小、对当地社区有益、对参与者有教育意义的前提下，在自然环境中进行的旅游活动。生态旅游的核心理念与保护地保护思想不谋而合，生态旅游强调保护性、可持续发展和保护目标，这正符合了自然保护地的保护理念，正是这样的契合，生态旅游活动才如此广泛地在自然保护地中开展。世界各国的自然保护实践说明，自然保护不是要创造一个无人禁区，不能把人排斥在自然之外。人类保护自然的终极目的是要实现人与自然和谐共处，实现人类社会可持续发展，因此必须让人类融入自然、回归自然，使人类文化的多样性融入自然生物的多样性，从而重构人类文明与天地自然的共融关系。

1.5.3 自然保护地的生态旅游开发

根据世界旅游组织（World Tourism Organization，UNWTO）统计数据显示，2019年，全球国际旅游收入达到1.7万亿美元，其中约20%来自生态旅游的收入。生态旅游的发展不仅有利于促进旅游业的多样化和高质量发展，也有利于推动自然保护地的保护和管理。

首先，自然保护地为旅游业发展提供条件。参观自然保护地可提高幸福感，丰富的生物多样性提供的自然教育机会，让儿童有机会与大自然互动，能够更加快乐地成长，更容易在社会中均衡发展。当人们靠近水时，人们的幸福感会提高，瀑布、溪流和湖泊对游客非常有吸引力。旅游以及配套的餐饮、住宿、文化、娱乐、休闲等方面的服务，能够最好地发挥保护地的价值，为当地居民提供就业机会和创造经济效益。在经济利益驱动下，当地社区也将更愿意通过自己的行动来维护和改善生态旅游目的地和社区的生态环境。除了经济效益和环境效益之外，保护地有利于当地文化遗产的传承。当地的风俗文化与当地独特的景观、生态系统和动植物之间的关系非常密切。生态旅游活动的参与和获益，能够激发当地社区对自然资源和社区文化的自豪感和荣誉感，从而更加积极主动地推广生态保护和文化传承的发展（国际自然保护地联盟，2018）。我国的自然保护地数量众多，类型丰富，涵盖了大量的野生动植物和自然景观，这些资源为我国自然保护地的生态旅游开发提供了坚实的基础。

其次，生态旅游有利于保护地的目标实现。生态旅游可以为保护地提供经济收入，用于支持保护地的管理和监测，同时也可以为当地社区带来就业和收入，提高当地居民的生活水平和参与保护的积极性。生态旅游还可以为保护地提供教育功能，通过向游客传播保护知识和理念，增强游客的环境意识和责任感，同时也可以促进科学研究和监测，为保护地的管理提供数据和信息。生态旅游还可以为保护地提供游憩功能，通过满足人类对自然美景和野生动植物的欣赏和体验，增强人类对自然的感情和尊重，同时也可以促进人与人之间的交流和理解，增强社会和谐。

当然，生态旅游在自然保护地中的开展，也会带来一些负面影响和风险。包括可能会对保护地的自然环境造成破坏和干扰，对土壤、水质、植被、野生动物等资源的消耗和污染，以及对生态系统结构和功能的改变。生态旅游还可能会对保护地的社会文化环境造成冲突和矛盾，包括对当地社区的经济结构、社会结构、文化传统等方面的影响，以及对当地居民和游客之间的利益分配、权利认知等方面的影响。因此，生态旅游在自然保护地中的开展，必须遵循一定的原则和标准，以确保其对保护地的综合价值有正面作用而非负面作用。随着我国社会对生态环境保护意识的不断提升，人们越来越重视自然保护地的保护和管理，这也为自然保护地的生态旅游开发提供了更好的条件和环境。同时，国家政策的支持和引导，也促进了自然保护地生态旅游的加速发展和提升。

中国的保护地生态旅游产业发展呈现上升趋势。2021年，我国各类自然保护地、林草专类园、国有林场、国有林区等区域共接待游客超20亿人次，同比增长超过11.5%。根据调查显示，我国大多数保护地开展了生态旅游，生态旅游产品趋于多样化。

慕课学习

《自然保护与生态安全：拯救地球家园》(黄柏炎，暨南大学)：第1章自然保护的发展与生态危机；第2章自然保护的基础理论；第8章自然保护区。

延伸阅读

1. 唐芳林，2021. 国家公园在中国[M]. 北京：中国林业出版社.
2. 张荣祖，李炳元，张豪禧，等，2012. 中国自然保护区区划系统研究[M]. 北京：中国环境科学出版社.
3. 朱春全，李叶，赵云涛，2017. IUCN自然保护地治理——从理解到行动[M]. 北京：中国林业出版社.
4. 国家林业局野生动植物保护司，国家林业局政策法规司，2007. 中国自然保护区立法研究[M]. 北京：中国林业出版社.
5. 徐卫华，欧阳志云，2022. 中国国家公园与自然保护地体系[M]. 郑州：河南科学技术出版社.
6. 杨锐，2022. 中国国家公园和保护区体系理论与实践研究[M]. 北京：中国建筑工业出版社.
7. 理查德·巴特勒，斯蒂芬·博伊德，2019. 旅游业与国家公园——问题与影响[M]. 武汉：华中科技大学出版社.
8. 唐芳林，2022. 国家公园体系研究[M]. 北京：中国林业出版社.

课外作业

1. 选择一个自然保护地，撰写一篇介绍其基本情况、保护目标和利用方式的报告。
2. 选择一个自然保护地，设计一个科普展览，包括展板设计和展示内容的构建。

第 2 章

生态旅游基础理论

1. **知识目标**
- 掌握生态旅游的理论基础及概念内涵。
- 了解几种主流的生态旅游系统说。
- 深刻理解自然保护地生态旅游的主体、客体、媒体和载体的具体内容。

2. **能力目标**
- 能够准确分析自然保护地生态旅游"四体"之间的关系。
- 能够准确分析自然保护地生态旅游各利益主体间的关系。

3. **教学设计**
- 课堂讲授(6学时)：生态旅游的兴起(1学时)；生态旅游基础理论及概念内涵(2学时)；生态旅游系统说(2学时)；自然保护地生态旅游(1学时)。
- 翻转课堂(2学时)：

(1)讨论：生态旅游是特殊历史时期的产物吗？随着生态文明的逐渐完善，生态旅游概念会不会逐渐消亡？

(2)讨论：传统"四体说"发展变化为"新四体说"，有何意义？

2.1 生态旅游的兴起

生态旅游的产生有其深刻的社会、经济及文化背景。它与全球性环境问题导致的人类生存环境的恶化、人类生态意识的觉醒、传统大众旅游业的生态化等因素都有着密切的联系。生态旅游是人类生态意识和生态理性日益增强，旅游业可持续发展需要等多重背景下的必然选择。

2.1.1 人类生存环境的恶化

(1) 空气不洁

洁净的空气是维持人类健康生存的基础。一旦空气中的氧气因过度消耗而减少，或混入其他有害物质，人类的健康将面临严峻挑战。自从人类步入工业文明，人类面临的空气质量问题愈发凸显。一方面，城市人口的急剧增长导致城区氧气含量显著下降，加之人类日常生产和生活中的化学过程(如煤炭燃烧、燃油车辆运行等),加剧了氧气的消耗,多种因素共同作用,使得城市中的氧气浓度远低于自然环境;另一方面,这些生产和生活活动所排放的大量污染气体和颗粒物不断涌入空气,致使空气质量恶化,空气被严重污染。

(2) 水质不净

由于水体具有一定的自净能力,因此在人口稀少且生产力不发达的人类社会早期,生产和生活的废水排入江河湖泊也不会导致环境问题。随着工业文明的兴起,人口迅速膨胀,生产力发达,大量未经处理的污水被排入水域,当这些污水的排放量超出水体的自然净化极限时,水质污染的问题便会凸显出来。水质污染是城市生态环境中一个十分重大的问题,它加剧了城市的水荒。寻求新的洁净水源不易,污染了的水又于人类健康不利,而人工净化污染水体却需巨额资金。在此情况下,为城市居民提供足够的洁净水成了不少城市的一大难题。

(3) 食品不"绿"

在人类文明的早期,食物均源于大自然的馈赠,绿色、纯净且天然。随着工业化的推进,环境污染问题日益严重,加之化肥、杀虫剂、激素等化学制品的广泛应用,食物链中逐渐累积了诸多对人体有害的污染物。这些污染物使得原本纯净的食物逐渐失去了"绿色"的属性,给人类的健康带来了潜在的威胁。

(4) 噪声污染

噪声主要指由工业、交通、建筑和社会生活所发出的与环境不协调,人们感到厌烦而不需要的声音。噪声对人的身体健康有巨大影响,超过 50 dB 的噪声会影响睡眠和休息,疲劳难以消除,正常的生理功能就会受到一定影响。70 dB 以上的噪声干扰谈话造成心烦意乱,精神不集中,影响工作和学习,甚至发生事故。长期生活和工作在 90 dB 以上的噪声环境中,会严重影响听力。近年研究发现,噪声还会引起高血压、冠心病、神经官能症、影响大脑信息传递功能,给人们特别是青少年的智力发育带来不良影响。随着城市化和工业化的推进,城市噪声问题日益严重。

(5) 垃圾围城

人类发展早期的生活废弃物,主要是生物有机物和无机物,经自然分解重新成为大自然的一部分。随着城市化和工业化的推进,城市垃圾中出现了很多难以分解的化工产品如塑料等,使生活和工业垃圾成了真正无用的废弃物。而且随着物质和精神生活水平的提高,城市的人均日产垃圾量也在不断增加,巨量的垃圾运到郊外堆积,出现了垃圾围城的困境。垃圾的堆放臭气熏天,即使压实掩埋也会造成地面和地下水的污染,有的城市建焚烧炉焚烧垃圾又会增加空气污染。虽然人类已经找到使固体垃圾再循环后重新加以利用的方法,但由于种种主客观原因使这一先进技术难以发挥作用,大、中城市仍然存在垃圾围城的问题。

2.1.2 人类生态意识的觉醒

(1) 此起彼伏的"环境公害"

由于人类活动而引起的环境污染和破坏,对公众的安全、健康、生命、财产和生活舒适性等造成的危害称为环境公害。因环境污染和破坏造成在短期内人群大量发病和死亡的事件称为环境公害事件。20 世纪以来,马斯河谷烟雾事件、多诺拉烟雾事件、伦敦烟雾事件、日本水俣病事件和痛痛病事件等各种各样的环境公害事件层出不穷，人类生存环境受到严重的破坏。除了影响较大的环境公害事件外，还有很多看不见的环境污染对人体健康和生命安全造成长期的危害，生活在出了问题的环境中的人类随时都在忍受着缓慢的、肉眼看不见的毒害作用，使人类的持续生存面临严峻的环境危机。

(2) 对生态环境问题的关注

1962年，美国海洋生物学家蕾切尔·卡逊的《寂静的春天》可以说是人类对生态环境问题开始关注的标志。她在书中描写了一个没有鸟鸣的寂静春天，并回答了其寂静的原因，由此她向人类发出了警告：正是人类乱用有机农药，引起了毒物在土壤、河流、空气和食物链中转移，这种情况如果持续下去将导致一个没有鸟儿鸣叫的寂静春天。她进一步提出了人类应该与其他生物共同分享地球，在人与生物之间建立合理的协调关系，这样才能维持人类健康的观点。该书的出版在全世界引起了轰动效应，引发了一代人对人与自然关系的重新审视和思考。

(3) 对解决环境问题的思考

1972年3月，罗马俱乐部发表了由德内拉·梅多斯主持的研究报告《增长的极限》。该报告通过研究世界人口增长、工业增长、环境污染、粮食生产和资源消耗之间的动态关系，认为人类不应该以现在的方式继续发展下去，必须停止经济和技术的增长，才能使全球系统走向一个零度增长的均衡社会，人类才能持续生存下去。同年6月，联合国在瑞典首都斯德哥尔摩召开了由114个国家参加的第一次人类与环境会议，把人们对生态环境问题的认识大大地向前推进了一步。大会提出了人类面临的多方面的环境污染和广泛的生态破坏问题，并揭示了它们之间的关系，在此基础上提出了防治环境污染的技术方向和社会改革措施。会议通过了著名的《人类环境宣言》，提出了"只有一个地球"的口号，要求人类采取大规模的行动保护环境、保护地球，使地球不仅成为现在人类生活的场所，而且也适合将来子孙后代的居住。

(4) 解决环境问题的社会行动——绿色运动

随着人类对环境问题的思考，20世纪六七十年代，环境保护已发展成为一种绿色运动。这种运动发展出许多组织和政党，如法国的生态党、英国的地球之友、意大利的环境联盟和生态党、比利时的生态价值党和生态绿党、新西兰的价值党、加拿大的生态党、日本的绿党、欧洲的绿色组织及生态联盟世界性的绿色和平组织等。有的绿色组织和政党还分出不少派别，如德国的绿党又分为绿党整体派、绿党生态派、绿党和平派、绿党激进派。这些绿色组织形成了一股强大的政治力量。由这些绿色组织和政党领导的绿色运动，尽管各自有不同的特殊目的，但在追求环境保护的绿色思想方面是一致的，汇成了波涛汹涌的"绿色思潮"。

(5) 绿色消费潮

随着环保思想的普及，公众逐渐认识到地球环境问题不仅是一个学术问题，还是一个与每个人生存相关的现实问题，从而对吃穿住行甚至空气质量产生怀疑。为了健康地生存，人们开始形成一股绿色消费潮。吃"绿色食品"，喝无污染的"矿泉水"或经净化处理的"纯净水"，穿追求纯自然的棉、毛、麻，对于难以用交通工具运输来的清洁空气和大自然的宁静，人们则愿意利用闲暇时间到大自然中去享受，形成了旅游消费的绿色化趋势，即生态旅游。

2.1.3 传统大众旅游的生态化

(1) 传统大众旅游为生态旅游奠定了坚实的基础

传统大众旅游业的兴起有两个前提：一是剩余物质，二是剩余时间，即有钱有闲。产业革命以前，生产力低下，只有少数富裕的人才有可能享受旅游。当经济发展了，物质生产满足大众的基本生活需要并有富余，同时在生产实现机械化、电子化之后，人们可以从繁重的劳动中解脱出来，有了比较多的闲暇时间，传统大众旅游才有可能实现。传统大众旅游的开端源于老牌工业国——英国，就是这个原因。随着旅游业的发展和旅游需求的个性化，旅游者已不满足走马观花的观光旅游，具有绿色消费特征的生态旅游也顺理成章地成为一种选择。

(2) 传统大众旅游的不足

传统大众旅游在处理人与自然的关系上存在不足，主要是不注意对旅游对象的保护。从开发管理者来看，这是因其承袭了产业革命的管理思想和方法，实施掠夺式旅游开发；从旅游者角度来看，旅游作为一种物质和精神享受，自己付了金钱就应该无限制地享受一切，无须过多考虑环保问题。在旅游区内，不少珍稀动植物在栖息地受到干扰，甚至成为桌上美味，而且"围城的垃圾"又被带到了旅游区，"不善待自然"成为普遍现象。早在1968年，美国《基督教科学箴言报》驻华盛顿记者罗伯特·卡恩就发表了一篇题为《救救国家公园》的评论，提出美国国家公园过度开发旅游导致各种生态环境问题。如果不转向生态旅游，传统大众旅游业将以自我终结的方式丧失发展机会。

(3) 生态旅游是人类文明的追求

人类经历了原始文明和农业文明后步入工业文明，进入了一个能够创造巨大物质财富的时代，但也带来了生物多样性丧失和环境破坏的生态危机。工业文明理念导向下的人类，对矿石、石油等各种不可再生的矿产资源开发的广度和深度都已经达到极限，对原本具有自然恢复能力的土壤、陆地、海洋等资源的使用也正在接近极限，全球物种灭绝速度不断加快，生物多样性丧失和生态系统退化对人类生存和发展构成重大风险。在全球性风险和挑战面前，人类普遍意识到，在人与自然的矛盾和冲突中，如果继续走工业文明的老路，人类社会的前途将不是继续自然历史的进程，而是终止人类文明的进程。为了实现人与自然和谐发展，人类文明面临一场伟大的根本性变革，必须转向遵循人、自然、社会和谐发展规律的生态文明。在生态文明建设背景下，发展生态旅游是旅游业可持续发展的内在要求，同时也是生态文明建设的重要内容。

(4) "无烟工业"的再认识

20世纪60年代，大众旅游作为旅游产业的主要形式，因蓬勃的发展生机和巨大的市场开发潜力，被称为"朝阳产业"。在很长一段时间里，人们只看到旅游业所产生的巨大经济效益，认为旅游业是"无烟工业""低投入高产出的产业""非耗竭性资源消费产业"，是一种对环境影响极低的理想产业，因而其发展受到各国政府的鼓励，纷纷把旅游业作为国家或地方的重要产业、支柱产业来发展。到20世纪90年代，旅游业已经一跃而成为超过钢铁、汽车和石油产业的世界第一大产业。由于传统的旅游业过分注重旅游的经济效益，追求利润的最大化，开发者采用了产业革命的管理思想和方法，对旅游资源采用的是"掠夺式"的开发利用模式、粗放式的经营管理模式，再加上生态意识的淡薄，一定程度上重蹈了"以牺牲环境为代价"的工业化发展模式，导致旅游地的自然景观和人文景观被迅速破坏。事实证明，旅游业并非无污染工业，对生态环境和旅游目的地文化同样具有巨大的破坏力，人们将旅游描述为"一只会下金蛋，但同时也会把自己的巢搞脏的鹅"是不无道理的。

2.1.4　生态旅游是旅游业的必然选择

为促进旅游业可持续发展，联合国教科文组织、环境规划署和世界旅游组织于1995年在西班牙召开了"可持续旅游世界发展会议"。会议制定并通过的《可持续旅游发展宪章》《可持续旅游发展行动计划》两个文件为旅游业的可持续发展指明了方向，并提供了具体的行动纲领。在这种背景下，生态旅游作为一种以可持续发展为目标，将科学发展观充分体现于旅游业各个层面的全新的旅游发展模式和旅游价值观，就成了促进旅游可持续发展的战略选择。生态旅游强调以生态环境为基础，注重生态环境保护，主张开发和保护相结合，消费和责任相结合，除受到旅游者的青睐外，也受到了旅游地政府和居民的高度认可。

总之，生态旅游的产生，是人类认识、重新审视自我行为的必然结果，是人类克服生态环境危机、追求生态文明和可持续发展的智慧选择，是一个时代"生态觉醒"的产物，是旅游业负面效应日益显现而面临转型的必然选择。发展生态旅游，既是旅游业可持续发展的内在要求，也是国民环境教育和满足人民美好生活需要的市场要求。

2.2　生态旅游的理论基础及概念内涵

生态旅游的产生有其深刻的社会、经济及生态环境背景，是顺应时代发展的产物，在发展中基础理论是构成学科存在和发展的基础保证。作为一门新兴的交叉学科，基础理论主要来源于生态经济学、生态学和旅游学等相关和相近的学科；其概念一经提出，迅速在全球引起了很大的反响，各国纷纷在生态旅游的开发实践中理解、丰富和发展了生态旅游的内涵。生态旅游的内涵和外延不断拓展，但其基本概念及内涵保持相对稳定。

2.2.1　生态旅游的基础理论

(1)生态系统理论

生态系统(ecosystem)是指在一定区域内共同栖居着的所有生物与其环境之间，由于不断进行物质循环和能量流动过程形成的统一整体。生态系统是生物与环境之间进行能量转换和物质循环的基本功能单位。为了生存和繁衍，每一种生物都要从周围环境中吸取空气、水分、阳光、热能和营养物质；生物生长、繁育和活动过程中又不断向周围的环境释放和排泄各种物质，死亡后的残体也复归环境。生态系统在生物与环境的相互作用下产生能量流和信息流，并促成物种的分化和生物与环境的协调。组成生物群落的一切有机体，将这些有机体联结在一起的各种食物关系或分布关系，以及它们和环境之间的一切相互影响共同组成了生态系统。因此生态系统是一个具有功能的系统，此系统是由生物群落及其环境所组成。生态系统是有边界、有范围、有层次的。尽管边界是人为的，但明确边界可以确定系统的范围，研究系统内各组成成分之间的联系，并使该系统相对独立于其他系统。任何一个系统都可以和周围环境组成一个更大的系统，成为较高一级系统的组成成分；而且它本身可以分成许多子系统和亚系统。当前，人类与环境的关系已发展为全球性的重大问题，生态旅游资源的合理开发与利用已成为生态旅游的中心课题，而所有这些问题的解决都有赖于对生态系统的研究，诸如生态系统的演替、生态系统的多样性与稳定性以及生态系统对于干扰的恢复能力和自我调节控制的能力等。

(2) 环境伦理学

环境伦理学是关于人与环境关系的道德研究，是环境道德的基本原则和行为规范的总和。环境道德是一种保护环境和保护地球的道德。因为环境问题是超越国界的，因而它又是一种世界道德，一种新的世界道德。环境道德的核心思想是关心他人，尊重生命和尊重自然，因为人、生命和自然界都是有价值的和有生存权利的。破坏生态环境的行为损害他人和其他生命的权利，因而是不道德的。环境伦理学关心的是存在于人和栖息于其中的所有动物和植物的义务、职责和责任。环境伦理学研究的主要内容，是研究人类对自然环境的道德关系与道德责任和义务。它的定义决定了它必然包含对三大主题的研究，即自然的价值和权利、人对自然道德原则的确定与道德行为规范、现实生活中的环境伦理问题，其中，自然的价值和权利是环境伦理的核心，它是确立人对自然界责任的重要依据，也是确立人对自然的道德和行为规则的理论依据。

人与自然环境系统有着密切的关系。人类的生存发展，是建立在自然环境系统的存在和发展之上的。人类生存的所有活动场所，包括生态旅游活动场所，都是直接或间接地与自然环境系统存在着一定的关系。为了更加适应生态旅游活动的需要，人类曾对这个自然环境系统进行改造和变革，在变革和改造的过程中，人类与这个系统之间，除了有生产力的物质关系外，还存在一定的感情关系——伦理道德关系，这是其他一切生命个体与这个系统间所没有的关系。人类和自然环境之间这种相互依赖又相互排斥的关系日益紧张，像以往一样依靠科学技术的力量，以先破坏自然再保护自然的原则，是不能解决人类与自然的关系。在很大程度上，目前人和自然环境尖锐的矛盾，正是因为科学技术不断进步的结果，使人们向自然索取的力量和范围无限扩张，不懂得适当原则，不懂得维护自己的母亲，若想能够更好地解决人和自然环境的矛盾，缓和人类与自然的关系，人类对自然环境所做的一切活动必须考虑到人类活动对自然造成的负面影响，理性地看待和处理人类与自然的关系，只有这样，人类与自然的关系才能够和谐，产生的矛盾才有望得到解决。

环境伦理学为生态旅游提供了理论基础。旅游业赖以发展的基础条件是自然环境，一旦破坏了这些基础条件，旅游业就不可能发展。因此，旅游业作为一个涉及人类和自然环境的行业，必须强调生态环境保护，生态旅游活动必然追求人与自然的和谐。

(3) 可持续发展理论

可持续发展包括下面几层含义：

①经济可持续发展。可持续发展的最终目标就是要不断满足人类的需求和愿望，保持

经济的持续发展是可持续发展的核心内容。

②社会可持续发展。可持续发展实质上是人类如何与自然和谐共处的问题。人们首先要了解自然和社会变化规律才能达到与自然的和谐共处，同时，人们必须有很高的道德水准，认识到自己对自然、对社会和对子孙后代所负有的责任。因此，增强全民族的可持续发展意识，认识人类的生产活动可能对人类自身环境造成的影响，提高人们对当今社会及后代的责任感，增强参与可持续发展的能力，也是实现可持续发展的不可缺少的社会条件。

③环境可持续发展。可持续发展也十分强调环境的可持续性，并把环境建设作为实现可持续发展的重要内容及衡量发展质量、发展水平的主要标准之一，因为现代经济、社会的发展越来越依赖环境系统的支撑，没有良好的环境作为保障，就不可能实现可持续发展。

可持续发展理论为生态旅游提供了理论基础，在这个基础上，生态旅游追求生态、经济和社会文化的平衡发展，强调环境与经济的协调，追求人与自然的和谐。旅游业赖以发展的基础条件是自然资源和文化遗产，一旦破坏了这些基础条件，旅游业就不可能持续地发展。因此，旅游业作为一个涉及经济、环境和社会文化的综合性行业，必须走可持续发展道路，用可持续发展理论指导旅游业，并实现旅游业的可持续发展，是世界范围内旅游业关注的焦点。可持续旅游的开发有各种方式，生态旅游是其中之一，也是首选的有效途径。它强调环境保护，目的地居民参与，社区利益和旅游者的个人体验等，能较好地解决环境保护和产业发展之间的矛盾，因此生态旅游是实现旅游可持续发展的重要途径。

2.2.2 生态旅游的概念演变

生态旅游(ecotourism)是生态性旅游(ecological tourism)的缩写合成词。1983年，世界自然保护联盟特别顾问谢贝洛斯·拉斯喀瑞(Cebllos Lascurain)正式提出"生态旅游"一词：有两个基本含义，一是旅游对象是生态环境，二是旅游方式是不对生态环境造成破坏。1988年，他又进一步给出了生态旅游的定义："生态旅游作为常规旅游的一种特殊形式，旅游者在欣赏和游览古今文化遗产的同时置身于相对古朴、原始的地域，尽情研究野生动物和享受旖旎的风光。"随后，中外专家和各种旅游组织纷纷从各自的研究领域出发，对生态旅游做出了不同角度的定义。表2-1列出了学界比较有代表性的定义。

表 2-1 生态旅游定义

序号	作者或组织	定义
1	伊丽莎白·布(1990)	生态旅游是以自然为基础，为学习、研究、欣赏、享受风景和那里的野生动植物等特定目的而受到干扰比较少或者没有受到污染的自然区域所进行的旅游活动
2	加拿大环境顾问委员会(1992)	生态旅游是一种具有启发性自然旅行经历，它有助于保护生态环境，尊重旅游目的地社区的完整性
3	第一届旅游与环境世界大会(1992)	生态旅游是进行自然保护的旅行。进一步说，生态旅游是以欣赏和研究自然景观、野生动植物以及相关的文化特色为目标，通过保护地筹集资金，为地方居民创造就业机会，为社会公众提供教育环境等方式而有助于自然保护和持续发展的自然旅游

(续)

序号	作者或组织	定义
4	瓦伦丁(1992)	具有生态可持续性的自然资源旅游,以相对未被侵扰的自然区域为基础,其活动不破坏环境,不会导致自然环境退化,并直接促进保护区的持续保护与管理,遵循适当的与合理的管理方式
5	国际生态旅游协会(1993)	为了解当地环境的文化与自然知识,有目的地到自然区域开展的旅游活动,这种旅游活动的开展在尽量不改变生态系统完整的同时,创造经济发展机会,让自然资源的保护在财政上使当地居民收益
6	生态旅游协会(1993)	生态旅游是对自然区域负责任的旅游,它将保护环境并提高当地社区居民的福利
7	第一届东亚国家公园保护地会议(1993)	倡导爱护环境的旅游,或者提供相应的设施及环境教育,以便旅游者在不损害生态系统或者地域文化的情况下访问、了解、鉴赏、享受自然及文化地域
8	澳大利亚旅游委员会(1994)	生态旅游是以大自然为根本的旅游业,它把旅游与关于环境的教育和讲解结合起来,在经营管理上以维护生态环境的稳定为宗旨,把开发旅游资源同保护生态环境结合起来
9	日本自然保护协会(1994)	生态旅游是旅游业的一种形式,它意味着游客不再破坏自己所观光地区的生态系统和文化,而是去理解并且欣赏该地区的环境;为了使他们从自己的经历中获得乐趣,要对他们进行环境教育,还要组建与环境有关的机构,最终目的是使游客全力保护该地区的文化、自然以及经济状况
10	李绪萌(1995)	生态旅游是在生态学的观点和理论指导下,享受、认识、保护自然和文化遗产,带有生态科教、生态科普色彩的一种特殊形式的专项旅游活动
11	卢云亭(1996)	生态旅游是以生态学原则为指针,以生态环境和自然资源为取向,所展开的一种既能获得经济效益,又能促进生态环境保护的边缘性生态工程和旅行活动
12	张延毅(1997)	从广义上讲,生态旅游是指对环境和旅游地文化有较小的影响,有助于创造就业机会,同时保存野生动植物的多样性,对文化和生态有着特别感受的带有责任感的旅游;从狭义上讲,生态旅游是指人们为了追求融进大自然奇特环境刺激性所进行的一种冒险性生态空间的跨越行为和过程,同时也对保护环境、维护生态平衡和促进人类与生物共同繁荣承担责任的旅游活动
13	郭来喜(1997)	生态旅游是以大自然为舞台,以高雅科学文化为内涵,以生态学思想为设计指导,以休闲、度假、保健、求知、探索为载体,旅游者参与性强,品位高雅,形式多样,不仅使旅游者身心健康、知识增益,而且能增强热爱自然,珍视民族文化,保护环境的意识,弘扬文明精神,实现可持续发展的旅游体系
14	王宪礼(1999)	发生在那些具有独特的风景、特殊的生态价值和具有纯粹自然性的受保护区域的旅游活动
15	芬内尔(1999)	生态旅游是一种以自然资源为依托的可持续旅游形式,其核心是体验与了解自然。生态旅游应该进行合乎生态理论道德的管理,以促进其低影响、非消耗性的特点,而且主要定位于社区(控制、利益与规模)。它主要发生在自然区域,并将促进这类地区保护与保存

(续)

序号	作者或组织	定义
16	吴章文(2001)	生态旅游是按生态学要求实现环境优化,使物质、能量良性循环,经济和社会优良、高效、和谐地发展,并有丰富的值得观赏的生态项目,以不破坏环境为特征的风景旅游项目
17	王永安(2003)	生态旅游是在被保护的自然生态系统内,以自然景观为主体,融合地域内人文、社会景观为对象的郊野型旅游。旅游者通过与自然的接近,达到了解自然、享受自然生态功能的好处,产生回归自然的意境,从而自觉保护自然、保护环境的一种高雅、科学、文明的旅游方式
18	印开蒲(2003)	生态旅游就是把旅游和环境保护紧密结合起来的旅游。具体来讲,生态旅游是可持续发展理论在旅游业上的应用,是在不破坏环境的前提下,以自然环境为主要活动舞台所进行的一种对生态和文化负责任的旅游
19	澳大利亚生态旅游协会(2003)	通过体验大自然来培养人们对环境与文化的理解、欣赏和保护,从而达到生态上可持续的旅游
20	宋伟良(2003)	生态旅游是一种依赖当地资源的旅游,是一种带责任感的高品位型旅游活动
21	唐建军(2004)	生态旅游是一种以可持续旅游为原则,以人与自然和谐共生的生态系统为对象,通过对它的保护性开发,使开发商、游客和当地居民受益,使大众受到环境教育的旅游形式
22	程占红(2005)	生态旅游是以大自然为基础,以生态旅游思想为指导,在保持基本的生态过程和社区整体完整及其稳步发展的前提下,通过生态工程的实施和环境教育,最终实现人地和谐的一种旅游形式
23	吴楚材(2007)	生态旅游是城市和集中居民区的居民为了解除城市恶劣环境的困扰,为了健康长寿,追求人类理想的生存环境,在郊外良好的生态环境中去保健疗养、度假休憩、娱乐,达到认识自然、了解自然、享受自然、保护自然的目的
24	卢小丽(2006)	生态旅游是以可持续旅游和伦理道德规范原则为指导,在旅游过程中强调环境教育、影响管理和社区受益,并为其所依赖的环境做贡献的、负责任的自然之旅
25	鲁小波(2008)	由一种对自然资源不可持续的经营方式转换为一种对自然更加友好的以旅游为主的活动,并且在该种旅游活动中不论是出自旅游者、旅游区的经营者或者管理者还是当地政府以及非政府组织等的原因能保证不断降低联谊活动对环境的影响从而使经营活动朝着可持续的发展的方向发展的旅游
26	国际生态旅游协会(2015)	具有保护环境、维系当地人民生活、解说与教育等负责任的旅行活动
27	张建萍(2017)	生态旅游不仅是一种单纯的生态性、自然性的旅游,更是一种强调保护当地资源的旅游,是通过旅游来加强自然资源的保护的旅游活动,甚至是能直接提供环境保护实际贡献的旅游活动

注：引自陈秋华,2017。

生态旅游的定义提出至今已有 40 余年，但其内涵界定依然模糊。据不完全统计，国际上包括世界自然保护联盟、世界银行以及澳大利亚、美国、日本等国家的旅游机构提出的生态旅游概念就有 160 多种，国内学者提出的概念也有近 110 种，但至今还没有令大多数人信服的统一定义。这些概念的表述或层次不同，或出发点不同，或范围不同，或角度不同，或目标不同。此外，与生态旅游概念几乎同一时期出现的相关概念和词汇也很多，由于这些概念本身也未完善，因而极易造成概念的混淆。正如 Orams 所说，生态旅游的概念就像是画在沙滩上的一条线，其边界是模糊的，而且被不断地冲刷、修改。促使生态旅游定义演变的原因主要有两点：一是生态旅游的不同发展阶段需要有不同的定义来更准确地反映变化的环境；二是人们对生态旅游内涵的理解日益深入。

目前，关于生态旅游的概念，归纳起来主要有以下 2 种类型。

(1) 保护型

这类概念认为"生态旅游＝观光旅游+保护"，其核心内容是强调对旅游资源的保护，要求旅游者在旅游过程中保护自然、保护文化。例如，美国生态旅游协会(1992)认为，生态旅游是保护环境和维护当地居民良好生活的负责任的旅游。1995 年，在中国生态旅游研讨会上有学者认为，生态旅游是在利用资源供人们观赏的同时，又对环境进行保护的一种活动。实际上，如果一味地强调保护，生态旅游就仅仅是一种理念，而没有实践可操作性。这类概念忽略了旅游者的旅游动机和需求。由于生态旅游的保护要求与旅游者追求愉悦、享受、求知等体验动机矛盾，如果不考虑旅游者的动机和需求，生态旅游只能是空中楼阁。

(2) 回归型

这类概念认为生态旅游等同于自然旅游，其核心内容是回归大自然，认为生态旅游就是回归大自然，只要旅游者走进大自然的怀抱就属于生态旅游的范畴。例如，Kutay(1989)认为，生态旅游就是直接或间接促进保护并支持经济可持续发展的旅游；世界旅游组织(1993)认为，生态旅游是以生态为基础的旅游，是专项旅游的一种形式，强调组织小规模旅游团(者)参观保护地，或者具有传统文化吸引力的地方；澳大利亚国家生态旅游战略(1994)认为，生态旅游就是涉及对环境的解释和教育的旅游，该旅游按照生态可持续的方式经营；张林源(1996)认为，生态旅游是人们开始追求一种回归自然、自我参与式的旅游活动，渴望与大自然融为一体，体验天人合一的高雅享受。

这类定义将生态旅游的范围扩大到所有的户外旅游，包括探险旅游、登山旅游、科考旅游、度假旅游、休闲旅游等多种类型，容易扰乱人们习惯了的旅游类型体系，给旅游者造成认知和识别上的混乱，让机会主义者将生态旅游的标签随处粘贴，这也正是前些年生态旅游泛化、泛滥的主要根源。

(3) 社区参与型

上述定义均是从旅游者的角度强调了旅游活动的性质与目的，只涉及了旅游者对环境的欣赏、感受等，却没有涉及旅游者应对环境承担的责任和作出的贡献。同时，在实践中，随着生态旅游理念的逐渐普及，人们"回归自然"热情的日益高涨，为吸引更多的旅游者，很多旅游活动都贴上了时髦的生态旅游标签，一些负面问题开始暴露。为此，人们认识到有必要对生态旅游进行严格的定义，开始从更高的角度探求什么是真正意义上的"生态旅游"。

在此背景下，1990年，国际生态旅游协会（The International Ecotourism Society）把生态旅游定义为："为了解当地环境的文化与历史知识，有目的地到地域所做的旅游，这种旅游活动的开展在尽量不改变生态系统完整的同时创造经济发展机会，让资源的保护在财政上使当地居民受益。"这一定义首次把当地社区居民及其在发展中的权利保护提出来，以此为基础，生态旅游逐步演化为社区参与的模式。需要指出的是，2015年，国际生态旅游协会在其成立25周年之际，将生态旅游定义修订为"具有保护环境、维系当地人民生活、解说与教育等责任的旅游活动"。1992年，世界自然基金会（WWF）研究人员伊丽莎白·布将自己原有定义修订为："生态旅游是以欣赏和研究自然景观、野生生物及相关文化特征为目标，为保护区筹集资金，为当地居民创造就业机会，为社会公众提供环境教育，有助于自然保护和可持续发展的旅游。"世界自然保护联盟也在1996年提出了生态旅游的定义："在一定地域中进行的有责任的旅游行为，为了享受和欣赏历史的和现存的自然文化景观，这种行为应该在不干扰地域、保护生态环境、降低旅游的负面影响和为当地人提供有益的社会、经济活动的情况下进行。"这些概念在同样强调了保护性理念和自然性理念的基础上，进一步增加了生态旅游维系当地人民生活的理念，强调了生态旅游是一种负责任的旅游，除了保护旅游对象不受危害外，还应在为当地居民创造就业机会、使当地居民受益、为当地人口提供有益的社会活动和经济活动等方面承担责任。

从后来各国生态旅游的实践来看，不论是在发达国家还是发展中国家，社区参与都是其生态旅游活动的重要内容，是生态旅游履行维系当地人民生活责任的最好方式。它们通过发展以社区参与为基础的生态旅游活动，调动了社区全体成员的积极性，实现了收益最大化，在发展目的地社区经济、维护当地环境、保护当地文化方面都取得了良好的效果，从而证明了社区参与生态旅游在实践上是可行的。社区参与可以为旅游者提供更真实的体验，可以促进当地社会文化资源的保护，同时，也有利于维护社区居民的利益，达到多赢的效果。

（4）环境教育型

生态旅游的环境教育理念与维系当地人民生活理念基本上在同一时期提出。如前所述，在2015年国际生态旅游协会的定义和1992年伊丽莎白·布的定义中，生态旅游应该"为当地居民创造就业机会"的同时"为社会公众提供环境教育"。1993年9月，在北京召开的第一届东亚地区国家与保护自然会议上，提出要倡导增加对大众关注的旅游活动。提供必要设施，实行环境教育以便旅游者能参观、理解、珍视和享受和文化资源，同时并不对生态系统或当地社区产生无法接受的影响。1994年，澳大利亚联邦旅游部提出，生态旅游是以大自然为基础，进行环境教育、解释与管理，使之在生态上可持续的旅游。1997年，《昆士兰生态旅游规划》将生态旅游定义为一种包含了环境教育和解说的旅游。

2016年，国家发展和改革委员会与国家旅游局联合发布的《全国生态旅游发展规划（2016—2025）》借鉴国际生态旅游定义，结合中国实践，将生态旅游界定为："以可持续发展为理念，以实现人与自然和谐为准则，以保护生态环境为前提，依托良好的自然生态环境和与之共生的人文生态，开展生态体验、生态认知、生态教育并获得身心愉悦的旅游方式。"

在人类面临生存环境危机的今天,拯救人类的只有人类自己,靠的是全人类树立正确的生态观。生态旅游通过让旅游者走进大自然,学习和认识大自然的价值,增强生态环境保护意识,树立正确生态观,达到自觉保护生态环境的目的。

2.2.3 生态旅游的核心内涵

2.2.3.1 生态旅游的三大要点

(1) 对象具有特殊性

在生态旅游最初的概念中,生态旅游的对象主要限定为自然景观,然而,随着生态旅游实践的深入进行,人们对生态旅游对象的具体理解出现了地域上和认识上的差异,具体表现在对自然景观和人文景观的认知方面。

①自然景观。对于西方及受西方思想影响的学者来说,生态旅游的对象是自然景观,这是没有争议的,但到具体实践中,在"自然景观"的理解上存在着很大的分歧。分歧之一是关于纯自然和人工重建自然的争议,不少学者认为生态旅游的对象应该是没有受到或少受人为干扰的原始自然系统,而有的学者则认为只要具有优美生态环境,无论是天然形成,还是人工重建的自然生态系统均可作为生态旅游的对象,如生态农业地、人工次生林、植物园的人工生态系统等。分歧之二是关于顺境自然景观和逆境自然景观的争议。绝大多数专家认为生态旅游对象应该是山清水秀的优良生态系统,在这种生态系统中充满着自然美和生态美,能够充分发挥生态旅游的"求乐"功能,并在享乐中发挥其"求知"功能。但有的专家则认为荒原、沙漠、戈壁、沼泽等所体现的苍凉、悲壮、神秘的美感对生态旅游者也有很大吸引力;同时,虽然大自然和人类干扰形成的逆境景观如滑坡、泥石流景观的美学价值不高,但隐于之内的环境教育价值极高,旅游者可以从中更深刻地体验到人与自然的关系,反思和约束自己的行为。因此,生态旅游并非一定要在环境优美、生态良好的地域开展,只要该地域具有鲜明的生态特色,能给旅游者带来启发和教育,就可以作为生态旅游的基地,也应视为生态旅游对象。

②人文景观。生态旅游的概念传到东方,尤其是在历史悠久的国家(如中国),有了新的含义。在实践中,我国的学者发现,大自然在有五千年文明的中国被赋予了浓厚的文化韵味、不少胜景,例如,"五岳"、四大佛教名山、四大道教名山都注入了文化内涵,与文化交织在一起,我国效法大自然修建的园林景观同样融自然与文化于一体。另外,在一些社会经济不发达的地区,人与自然和谐共生,形成了优良的生态系统;我国的"天人合一"哲学思想使人们难以将自然与文化割裂开来思考问题,于是就产生了具有中国特色的生态旅游新观点,即我国的生态旅游对象除了原生的自然景观外,还包括人与自然和谐共生的人文景观。

按照杨桂华等(2000)的观点,只有人与自然和谐共生的文化范畴才是生态旅游的对象,换句话说,只有具有生态美的人文景观才属此范畴,如传统的农村田园风光、植物园、动物园、古代园林、名山胜水等。

(2) 强调保护

生态保护一直是生态旅游的一大特点,也是生态旅游开展的前提,还是生态旅游区别于传统大众旅游的最本质特征。随着生态旅游概念的扩展,生态保护的内涵也不断发展,至少应该分为3个层次。第一个层次是保护的对象，包括两个方面：一是保护自然，即保护自然的景观、自然的生态系统；二是保护传统文化。第二个层次是谁来保护。理论上一切受益于生态旅游的人都有责任来保护，如旅游者、旅游开发者、开发决策者、当地受益的社区居民及政府人员等。第三个层次是保护的动力。动力源于利益，各类人的受益方式和受益程度决定了保护动力的大小。旅游者主要受旅游利益驱使，他们的保护动力更多的是源于环境意识；外地投资开发者主要追求短期经济利益，保护动力难以寻找；当地社区，尤其是把旅游作为重要产业的社区，其发展希望在旅游，追求的是一种持续的综合效益，对能使旅游业可持续发展的资源与环境的保护有着强劲的动力。

(3) 强调社区参与

生态旅游除了是对环境保护负有责任，也有繁荣地方经济、提高当地居民生活品质的责任。旅游为社区谋利的最佳模式是使社区参与旅游开发。旅游开发的主体是当地的企业或社团。社区参与旅游业具有4个方面的作用：一是可使居民从旅游业中直接获得经济收益；二是可以渲染原汁原味的文化氛围，增加旅游吸引力；三是可以促进当地社会全面发展；四是可以为保护提供强大动力。

2.2.3.2 生态旅游的四大功能

(1) 旅游功能

生态旅游作为一种旅游活动本质上还是旅游，它是对传统自然旅游的生态修正，目的是满足旅游者需求的同时实现旅游业的可持续发展。也就是说，生态旅游仍然具有旅游功能，只是为了实现对旅游对象的保护，不主张一味满足旅游者的需求，而是基于保护要求对旅游者行为实行一定的限制。

(2) 保护功能

生态旅游的保护功能是其区别于传统大众旅游的最大特点。从生态旅游概念的提出至今，保护一直是生态旅游的核心特征。生态旅游的保护功能体现在方方面面，既体现在开发过程中，也体现在利用过程中；既体现在人的意识上，更体现在人们的行为上。生态旅游的保护功能既包括不降低生态旅游对象的原有质量，也包括对其进一步的改善。

(3) 经济功能

生态旅游的经济功能是通过旅游功能实现的，其中社区参与是实现生态旅游"维系当地人民生活"责任的主要方式。为社区参与提供有效的途径和机会，实现生态旅游收益分配的公平化和合理化是生态旅游的核心内容之一。

生态旅游资源富集的地区往往也是社会文化相对落后、经济比较贫困的地区，它们往往因为自然条件的限制，如山高坡陡而得以完整保护。从生态上讲，这些地区往往又是生态系统极为脆弱的地区。资源的丰富、社会经济的贫困和生态环境的脆弱，使其在发展地域经济时，可以将生态旅游作为主要产业来发展。通过社区参与生态旅游，增加当地的就业机会，从而增加当地的经济收入，实现脱贫致富，促进社会进步和稳定。

(4) 环境教育功能

生态旅游地是良好的科普教育和科学考察场所，除了为旅游者带来一般意义上的旅游体验之外，还能为旅游者带来相应的环境知识，具有显著的环境教育功能。生态旅游有助于培育人们的环保意识，提高和丰富生态知识，提高相关的科学研究水平，加深人们对生态规律的认识。

随着生态旅游实践的进一步开展，生态旅游的环境教育功能内涵逐渐得到充实，具体表现在3个方面：一是教育对象的扩大，从仅是教育旅游者发展为对所有旅游受益者如开发者、决策者、管理者等均有教育功能。二是教育手段的提高，从单纯的旅游者用心去感受的教育方式，发展为充分利用现代科学、技术、艺术等知识展示，使人能够更为直观形象地接受教育，教育的效果大大提高。三是教育意义更大，个人环境素养的提高固然重要，而全民环境素养的提高将是人类解决生存环境危机的希望所在。

2.2.3.3 生态旅游的五大特征

(1) 普及性

生态旅游是建立在传统大众旅游基础上的，因此，从参与活动的旅游者量上看，是大众参与；旅游者不仅仅只限于经济和社会地位较高的人士，普通的工人、职员、学生等均可成为生态旅游者。随着社会经济的发展、大众环境意识的提高，到大自然中呼吸新鲜空气、修身养性的生态旅游将成为人们如吃穿住一样的基本生活需求，生态旅游者的队伍还将不断扩大。

由于生态旅游产生的特有社会经济背景，在绿色消费潮中，绿色旅游在发达国家和地区已成为一种时尚、一种消费潮流，这种潮流将随着社会经济、旅游业的飞速发展而席卷全球，成为一种势不可挡的全球性旅游时尚。在1995年我国召开第一次全国生态旅游研讨会之后的短短几年时间里，生态旅游在全国各地的广泛开发充分说明普及性是生态旅游的一大发展特点。

(2) 保护性

与传统的旅游活动相比，生态旅游的最大特点是保护性。生态旅游的保护性体现在旅游业的方方面面，对于旅游开发规划者来说，保护性体现在遵循生态规律和人与自然和谐统一的旅游产品开发设计；对于旅游开发商来说，保护性体现在充分认识旅游资源的经济价值，将资源的价值纳入成本核算，在科学的开发规划基础上谋求持续的投资效益；对于管理者而言，保护性体现在资源环境容量范围内的旅游利用，杜绝短期经济行为，谋求三大效益的可持续协调发展；对于旅游者来说，保护性则体现在环境意识和自身的素质，珍视自然赋予人类的物质及精神价值，把保护旅游资源及环境作为一种自觉行为。

(3) 多样性

生态旅游建立在现代科学技术基础上，其旅游活动的形式是多种多样的。尽管与产业革命后的大众旅游相比，生态旅游由于受到较多限制，活动的种类总体来看还显单调，但是在发达国家和地区的多样性已表现出来，除了传统大众旅游的观光、度假娱乐等旅游活动方式外，根据现代人的精神需求出现了如观鸟、徒步、滑雪、探险、科考等一系列特种生态旅游。另外，如前所述，除了优良的生态环境外，一些逆境生态景观同样对高素质的生态旅游者具有较强的吸引力。例如，有着"大漠孤烟直，长河落日圆"深邃隽永意境的我国宁夏沙坡头,在世界治沙、生态、环保三大科学高峰上取得的辉煌成绩成为世界想了解沙坡头的主要动因,治沙成果所引发的环保之旅拉开了宁夏旅游的序幕并已成为沙坡头享誉海内外的主打旅游产品之一;徒步穿越腾格里沙漠探险,乘坐古老羊皮筏的黄河漂流以及沙坡头治沙生态环保之旅,已被宁夏列为最重要的旅游产品。由大众旅游脱胎而来的生态旅游,在广阔的大自然空间中,在满足大众回归大自然的各种旅游需求下,其旅游活动的形式必将日益丰富多样。

(4) 专业性

由于生态旅游所提倡的环境教育理念,生态旅游活动的内容要求具有较深的科学文化内涵,这就需要活动项目的设计及管理均要有专业性。由大众传统旅游演化而来的生态旅游,为了满足旅游者回归大自然的精神享受,使旅游对象得以真正的保护,无论从旅游开发管理还是旅游产品上均应体现出专业性。首先,旅游者回归大自然是整个身心的回归,开发出来的旅游产品应使旅游者在短暂的旅游活动中融入大自然,享受大自然,感悟大自然,学习大自然,从而自觉地保护大自然。这样的旅游产品开发没有专业知识的人是难以完成的。同时,生态旅游活动的管理也需要专业性,否则生态旅游特有的旅游对象的保护,三大效益的协调发展将成为一句空话。

(5) 精品性

"品"即"产品"或"商品"。生态旅游产品或商品应该是高质量、高品位的精品。随着旅游业的发展、旅游消费心理的成熟,传统的大众旅游提供的产品无论从质量上还是品位上均满足不了旅游者的需求,成熟的旅游者需要的是真品,是精品。生态旅游产品的精品性首先体现在"真"上,移置的、仿制的旅游景观将被视为旅游市场上的伪品,旅游者追求的是原汁原味的旅游真品。精品性也体现在质量上,粗放式开发的旅游产品被视为旅游市场上的"劣品",旅游者追求的是货真价实的高品位的产品。精品性还体现在其利用价值上,精品能经受时间的考验,不会因为时间的变迁而降低或丧失其价值。

2.2.4 生态旅游分类

(1) 环境影响分类系统

按照生态旅游的开展对环境质量的改善状况划分,可以分为积极主动型生态旅游和消极被动型生态旅游;按照资源开发强度和可能造成的环境影响程度划分,参考澳大利亚国家公园管理局的标准可以分为0~5级生态旅游(表2-2)。

(2) 旅游者属性分类系统

按照参与生态旅游者的人数及其消费档次划分,可以分为严格的(hard)生态旅游和一般的(soft)生态旅游两种类型;按照生态旅游者专业化程度,可以分为中坚型(hardcore)生态旅游和热衷型(dedicated)生态旅游(表2-3)。

(3) 资源属性分类系统

按照资源的类型划分,可以分为自然生态旅游、宗教生态旅游、文化生态旅游3种类型;按照生态系统类型及旅游活动类型划分,可以分为森林休憩生态旅游、草原风情

表 2-2 环境影响程度分类系统

分类依据	分类结果		划分者
生态旅游的开展对环境质量的改善状况	积极主动型生态旅游	有着更为严格标准的生态旅游，它的开展有利于环境质量的提高，代表着强调资源基础得以改善的可持续发展的形式	Orams(1995)
	消极被动型生态旅游	仅仅以维持资源现状，不对自然或人文环境造成负面影响的模式	
资源开发强度和可能造成的环境影响程度	0级生态旅游	生态旅游的初级阶段，要求旅游者意识到旅游地生态系统的脆弱性；偶发的旅游就属于这一级	澳大利亚国家公园管理局
	1级生态旅游	要求生态旅游者与游览地的生态系统间存在货币流动，如机场建设税等资金	
	2级生态旅游	要求生态旅游者从自身实际出发，从事一些环境保护工作，如种植树木、清理垃圾	
	3级生态旅游	要保证具体的旅游系统对环境是有益的。该系统应包括国际航空旅行与当地交通和住宿设施。此层次要求旅游者对环境的影响是中性或积极的	
	4级生态旅游	要求旅游者对环境的影响是积极的。当地应当努力采用合适的技术，如低能耗、循环利用、生态农业等，对生态系统恢复作出贡献	
	5级生态旅游	要求包括旅游广告、交通运输、住宿接待设施及废弃物处理等方面在内的整个生态旅游系统都在遵循环境保护原则的前提下运行。这是旅游经营者、公众与资源管理机构等生态旅游倡议者追求的最终目标	

注：引自杨桂华等，2017。

表 2-3 旅游者属性分类系统

分类依据	分类结果		划分者
旅游者数量及消费档次	严格的生态旅游	环境主义者们的特别旅行，他们组团人数较少，长时间沉浸在相对原始的环境中，对服务要求较低	Lawton et al. (2000)
	一般的生态旅游	普通旅游者的旅行，他们组团人数较多，旅游兴趣不断转换，生态旅游只是他们旅游活动中的一个项目而已，旅游者在规定的地域内活动，需要较高水平的服务	
旅游者专业化程度	中坚型生态旅游	科研人员参加的生态旅游，或者专门为教育、清理垃圾或类似目的而组织的生态旅游	Lindberg (1991)
	热衷型生态旅游	专门去游览保护地或希望了解当地和文化历史的生态旅游	

注：引自杨桂华等，2017。

生态旅游、湿地观鸟生态旅游、沙漠探险生态旅游、农业体验生态旅游、海洋度假生态旅游(表2-4)。

表2-4 旅游资源属性分类系统

分类依据	分类结果	划分者
资源的类型	自然生态旅游	杨桂华(2002)
	宗教生态旅游	
	文化生态旅游	
生态系统类型及旅游活动类型	森林休憩生态旅游	卢宏升等(2004)
	草原风情生态旅游	
	湿地观鸟生态旅游	
	沙漠探险生态旅游	
	农业体验生态旅游	
	海洋度假生态旅游	

注：引自杨桂华等，2017。

(4)活动属性分类系统

按照生态旅游活动的专业性强度可以分为主流型(mainstream)生态旅游和随意型(casual)生态旅游；按照生态旅游开展的场所可以分为人工自然的亲近自然、返回自然、天然"自然"的回归大自然；按照生态旅游活动的目的或内容可以分为风景名胜观光生态旅游、追寻绿色休闲生态旅游、科学考察探险生态旅游；按照生态旅游活动的目的及形式可以分为动植物观赏、自然景观旅游、生态文化旅游、城市绿色旅游；按照生态旅游活动的具体形式可以分为观鸟、野生动物旅游、自行车旅游、漂流旅游、沙漠探险、保护环境、自然生态考察、滑雪旅游、登山探险、香格里拉*探秘游、海洋之旅(表2-5)。

表2-5 活动属性分类系统

分类依据	分类结果		划分者
生态旅游活动的专业性强度	主流型生态旅游	与众不同的旅行，很能体现生态旅游特色的旅行	Lindberg(1991)
	随意型生态旅游	在主要旅程中偶尔也会顺带感受一下的旅行	
生态旅游开展的场所	人工自然的亲近自然		陈传康(1993)
	返回自然		
	天然"自然"地回归大自然		

* 香格里拉一词源自20世纪30年代英国作家詹姆斯·希尔顿的小说——《消失的地平线》，书中描绘了一个远在东方群山峻岭之中的永恒和平宁静之地，后被世人广为传颂。

(续)

分类依据	分类结果	划分者
生态旅游活动的目的或内容	自然风景名胜观光生态旅游	黄耀丽(1996)
	追寻绿色休闲生态旅游	
	科学考察探险生态旅游	
生态旅游活动的目的及形式	动植物观赏	白光润(2002)
	自然景观旅游	
	生态文化旅游	
	城市绿色旅游	
生态旅游活动的具体形式	观鸟	国家旅游局(1999)
	野生动物旅游	
	自行车旅游	
	漂流旅游	
	沙漠探险	
	保护环境、自然生态考察	
	滑雪旅游	
	登山探险	
	香格里拉探秘游	
	海洋之旅	

注：引自杨桂华等，2017。

由以上分析可以看出，在对生态旅游的类型进行研究时，国内外学者的研究视角存在一定差异。国外学者主要是依据生态旅游者的活动对环境的影响程度和参与的生态旅游者的数量及消费档次等进行分类，偏重前者；国内学者则多以旅游资源和旅游活动的属性作为分类依据。

2.3 生态旅游系统说

对于现代旅游这样一个影响广、要素多、变化快、地位高、动全局的纷繁复杂的大产业，传统的研究方法和手段难以把握和驾驭，只能借助系统论这样的方法和思路加以研究和分析。系统论的观点要求研究者把旅游视为一个相互依赖又相互作用的综合体，而该综合体又成了对旅游业进行系统论改造的对象，这样旅游系统就成了旅游学研究的对象。国内外不同学科背景的研究者出于不同的研究目的，从不同角度提出了不同的旅游系统模型，主要包括六要素说、旅游产业说、游憩说、三体说、四体说和新四体说，其中新四体说是本书的观点。

2.3.1 六要素说

生态旅游系统的六要素说是生态旅游学科中较为传统的学说,它以生态旅游者为中心,将生态旅游者在生态旅游活动中的旅游行为归纳为"吃""住""行""游""购""娱"六要素。为满足生态旅游者的旅游行为需求,旅游业往往以这六要素来规划和发展,即满足生态旅游者从常住地到旅游目的地及目的地内的空间位移的"行"的需求,是规划发展旅游交通的依据;满足生态旅游者基本生活需求的"住"和"吃",是规划建设旅游宾馆等食宿条件的依据;满足生态旅游者在旅游目的地观光、游览及度假等"游"的需求,是规划发展旅游景点及旅行社的依据;满足生态旅游者从旅游地带回有纪念意义的物品的"购"的需求,是生态旅游目的地发掘、设计、生产旅游商品的依据。正因为这一学说对生态旅游业发展具有指导性和可操作性,在各国无论是政府文件,还是研究报告及教科书中均能找到这一学说的存在。但这一学说也存在明显不足,即六要素并不能将生态旅游者在旅游活动中的全部因素归纳概括进去,如生态旅游者在生态旅游活动中接触到的自然、社会环境就没有在六要素中得以反映,而这些环境条件对生态旅游活动的产生及影响是不可忽视的。

2.3.2 旅游产业说

"旅游产业说"将旅游活动理解为产业经济现象,从经济学的角度出发,将旅游业作为旅游系统的核心,按照旅游的市场供求关系来进一步划分旅游子系统(图 2-1)。

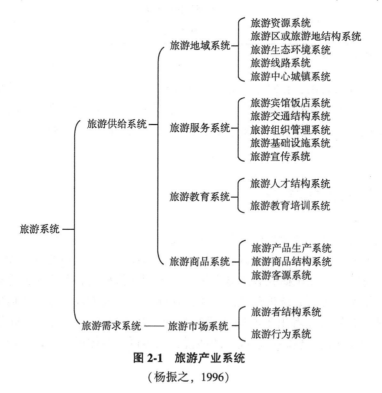

图 2-1 旅游产业系统

(杨振之,1996)

2.3.3 游憩说

吴必虎教授在分析国内外旅游发展的基础上,认为旅游学的研究对象的范畴应扩大,旅游系统应理解为游憩系统,包括了 B. G. Boniface 和 C. P. Cooper 的"游憩活动谱"上的家庭内游憩、户外日常休闲、一日游、过夜游及较长时间段的度假等活动。从系统的角度出发,游憩活动(旅游活动)被视为一个开放的复杂的系统,包括客源市场系统、出行系统、目的地系统和支持系统(图 2-2)。

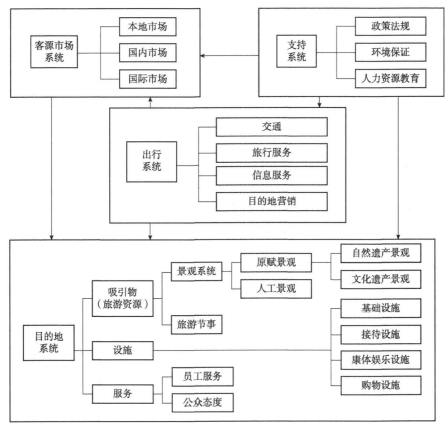

图 2-2 游憩(旅游)系统
(吴必虎,1998)

2.3.4 三体说

生态旅游系统的三体说也是一种较为传统的学说,在旅游学的教科书中反映最为明显,许多旅游学概论相关著作均以此作为理论构架。该学说以生态旅游活动为中心,将生态旅游活动必不可少的因素概括为主体、客体和媒体三大方面。

(1) 主体

主体即生态旅游者,指离开自己常住地到旅游目的地旅游的人,是生态旅游活动中的主要因素,是生态旅游活动得以实现的主体因素,对生态旅游地的环境保护和经济发展负有责任的旅游者,它与传统旅游者具有一定的区别(表 2-6)。生态旅游者除了具有一般旅游者目的地的异地性、经济上的消费性、时间安排上的业余性、地域上的差异性等共同特点外,还具有自然性、责任性、特定性。

表 2-6 传统旅游者与生态旅游者的区别

对象	传统大众旅游者	生态旅游者
旅游目的	对旅游目的地、历史和文化的认识与享用	对旅游目的地、历史和文化的认识与理解
消费准则	让渡价值最大化	生态伦理道德
旅游体验	传统美学意义上的享受	生态美的体验
行为责任	体现旅游消费合法	体现自然与人文关怀

注:引自杨桂华等,2017。

自然性不但指生态旅游者对自然环境要求原生态,而且指对文化传统也要求原汁原味。责任性指生态旅游者的旅游活动是具有促进环境保护和社区经济发展责任的活动,在旅游活动中自觉要求自己的行为不对生态环境产生破坏,尊重和维护人与自然和谐的特色文化,并为所在社区经济发展作出应有的贡献。特定性指对生态旅游者应具备的素质要求,包括身体素质、道德素质、环保知识及文化修养等各个方面素质。

由于个性差异,不同的生态旅游者的生态旅游活动规律也不一样,对生态旅游者进行分类,有利于更好地开拓生态旅游者市场,促进生态旅游业的健康发展。如同旅游者分类一样,对于生态旅游者的分类,无论是学术理论界还是实际工作部门,目前尚未形成统一的划分标准。由于人们研究问题的角度和目的不同,其标准也各异(表 2-7)。

表 2-7 生态旅游者分类标准

分类标准	类型
生态意识	严格的生态旅游者、一般的生态旅游者、组织性生态旅游者
国境国界	国际生态旅游者、国内生态旅游者
组织形式	团体生态旅游者、散客生态旅游者
目的方式	观光型生态旅游者、参与型生态旅游者、专门型生态旅游者、综合型生态旅游者
旅游对象	生态旅游者、文化生态旅游者
费用来源	自费生态旅游者、公费生态旅游者
旅游内容	宗教生态旅游者、考古生态旅游者、生态旅游者、民俗风俗生态旅游者、探险生态旅游者、登山生态旅游者、森林生态旅游者、野生动物观赏生态旅游者、科学考察生态旅游者、乡村生态旅游者
年龄特征	青少年生态旅游者、中年生态旅游者、老年生态旅游者

注:引自杨桂华等,2017。

(2)客体

客体是指吸引旅游者进行生态旅游活动的客观存在物,即旅游资源或旅游吸引物等。生态旅游资源是指以生态美吸引旅游者前来进行生态旅游活动,为旅游业所利用,在保护的前提下,能够产生可持续的生态旅游综合效益的客体,生态旅游资源具备吸引功能、效益功能、客体属性和保护需要 4 个基本点，它与传统大众旅游资源有着巨大的差异(表 2-8)。

表 2-8 生态旅游资源与传统旅游资源区别

内容		生态旅游资源	传统大众旅游资源
要点数量		4 个	3 个
要点内容		吸引功能；效益功能；客体属性；保护需要	吸引功能；效益功能；客体属性
吸引功能	吸引动力	生态美(人与自然关系上的真、善、美)	美、奇、特
	满足旅游者旅游需要	回归大自然	疲劳身心的恢复
效益功能	效益内涵	经济、社会、生态	经济、社会、生态
	效益关系	三大效益横向上的协调发展与三大效益时间纵向上的可持续发展同时考虑	三大效益横向上的协调发展
客体属性	性质	一切具有生态美，又能经开发利用产生效益的自然生态系统及天人合一的人文生态系统	一切对旅游者有吸引力，又能开发利用产生效益的客体
	范畴举例	自然保护区、森林公园、风景名胜区、动植物园、田园风光、古朴民族风情等	历史文化名城、历史遗迹、城市风光、自然保护区、森林公园、风景名胜区、动植物园、田园风光、民族风情等
保护需要	保护目的	旅游业可持续发展	不提或提得少
	保护对象	生态旅游资源、生态旅游环境、旅游目的地社区利益	
	保护措施	贯穿于规划、开发、利用、管理各方面	

注：引自杨桂华等，2017。

为了能够系统地认识、开发利用及有效保护生态旅游资源，有必要对其进行系统的分类，生态旅游资源根据不同的分类方法将生态旅游资源分为 3 个级别，一级分为 3 个大类，二级分为 8 类，三级分为 26 小类(表 2-9)。

(3) 媒体

媒体是指联系生态旅游主体和生态旅游客体之间的媒介物，即生态旅游业，包括旅游交通线路、宾馆等各个环节，在推动生态旅游的发展方面起到了供给、组织和便利的作用。生态旅游业是一个具有经济性、文化性和生态性等性质的行业。

①经济性。发展生态旅游业不仅能增加外汇收入、回笼货币，而且能促进轻工业、手工业、交通运输业等有关部门和行业的发展，对繁荣当地经济，促进地方经济的发展具有重要意义。

②文化性。在整个生态旅游的过程中，生态旅游者在物质享受的同时得到精神享受，在精神追求中得到物质享受，精神活动和物质活动相互依存，互为条件。因此，生态旅游者所进行的一切活动实际上都是社会文化活动，生态旅游者在生态旅游活动过程中可以陶

表 2-9 生态旅游资源分类

第一级(大类)	第二级(类)	第三级(小类)
自然生态旅游资源	陆地生态旅游资源	森林生态旅游资源
		草原生态旅游资源
		荒漠生态旅游资源
	水体生态旅游资源	海滨生态旅游资源
		湖泊生态旅游资源
		温泉生态旅游资源
		河流生态旅游资源
人文生态旅游资源（人与自然共同营造）	农业生态旅游资源	田园风光生态旅游资源
		牧场生态旅游资源
		渔区生态旅游资源
		农家生态旅游资源
	园林生态旅游资源	中国园林
		外国园林
	科普生态旅游资源	植物园
		野生动物园
		自然博物馆
		世界园艺博览会
保护生态旅游资源	自然保护生态旅游资源	北极生态旅游资源
		南极生态旅游资源
		山岳冰川生态旅游资源
	文化保护生态旅游资源	宗教名山生态旅游资源
		水源林生态旅游资源
	法律保护生态旅游资源	世界遗产
		自然保护区(国家公园)
		森林公园
		风景名胜区

注：引自杨桂华等，2017。

冶情操，丰富文化知识，增长见识。

③生态性。生态旅游作为一种以协调旅游开发和环境保护之间的关系为核心内容的新型旅游方式和经营理念，其产业具有生态的性质。

另外，生态旅游业还具有综合性、动态性和可持续性等特点。

①综合性。生态旅游业是综合性的产业，这是由其生产、产品及效益的综合性决定

的。生态旅游业的生产是综合的，需要多个相关部门或者相关因素协调配合，共同努力，既涉及旅游部门的旅行社，住宿业和交通客运业，又涉及国民经济中的一些物质资料生产部门和一些非物质资料生产部门。生态旅游业提供的生态旅游产品也是综合的。所凭借的资源既有人文的，又有自然的；既有历史遗留的，又有今人创造的；所需要的设施条件，既包括旅行社设施，又包括以饭店为代表的餐饮住宿设施和交通客运设施；所提供的服务不是某一单项服务，更不是某一具体物品，而是由吃、住、行、游、娱、购等多种服务项目构成的综合体。其产生的效益也是综合的，追求的是经济、社会、生态及游憩四大效益的综合。

②动态性。生态旅游业的动态性表现在空间与时间的动态变化，空间的动态变化主要是指生态旅游者的生态旅游活动与旅游目的地生态环境之间的互动过程，即相互影响、相互关联、相互制约的动态关系，认识这种动态关系有利于更清楚地认识到生态旅游活动可能对环境造成的负面作用，以便及时调控；时间的动态变化是指生态旅游业的季节性，这是由生态旅游活动的季节性所决定的，而生态旅游活动的季节性主要是由旅游目的地的自然条件所造成的。旅游目的地的纬度地势、气候、海拔等自然条件会引起生态旅游资源的观赏利用价值随季节变化，形成生态旅游产业的旺季、淡季和平季，如滑雪运动一般在冬季才能进行，生态旅游者的增减，造成旺季旅游设施和服务人员不足而淡季却闲置。只有设法缩小淡旺季的差别，充分利用生态旅游资源和设施，才能有效地提高生态旅游业的效益。

③可持续性。随着"持续发展"这一新观念受到世界范围的广泛重视，旅游持续发展也成为受关注的论题，其目标是在为旅游者提供高质量的旅游环境的同时，改善当地居民的生活水平，并在发展过程中保持和增强环境、社会和经济的未来发展机会。由于生态旅游方式首先把生态环境的承受能力放在第一位考虑，重视旅游环境容量的研究和维持措施，强调生态旅游者、社区居民及从业人员对保护生态环境的奉献，注重旅游发展与社区经济发展、环境保护紧密结合，被认为是达到旅游持续发展目标的有效手段和途径，是一种与可持续发展原则相协调的旅游形式，因此，生态旅游产业具有可持续性。

生态旅游的三体相互依存，互为制约，三者缺一不可，缺了就难以完成旅游活动。该学说对旅游学形成体系具有重要的意义，形成了系统二级分支学科，如专门研究旅游主体(生态旅游者)的形成"旅游心理学"，专门研究旅游客体(生态旅游资源)的形成"旅游资源学"等，专门研究旅游媒体(生态旅游业)的形成"旅游经济学"等。但这一学说也存在一个明显的不足，即对生态旅游活动得以实现的自然、社会、经济、环境因素也同样未能概括进去。

2.3.5 四体说

(1) 四体说的含义

杨桂华等(2000)在旅游三体说的基础上，提出了生态旅游四体说(图2-3)。

生态旅游由主体(生态旅游者)、客体(生态旅游资源)、媒体(生态旅游业)和载体(生态旅游环境)四大要素组成(图2-3)。其中，生态旅游四体说与旅游三体说中的三体仅多

"载体"——生态旅游环境。生态旅游环境是指旅游活动得以存在、进行和发展的一切外部条件的总和,是旅游业赖以生存和发展的前提和基础。生态旅游环境是由自然生态旅游环境、社会文化生态旅游环境、生态经济旅游环境和生态旅游气氛环境4个子系统构成(图2-4)。

图2-3 生态旅游系统

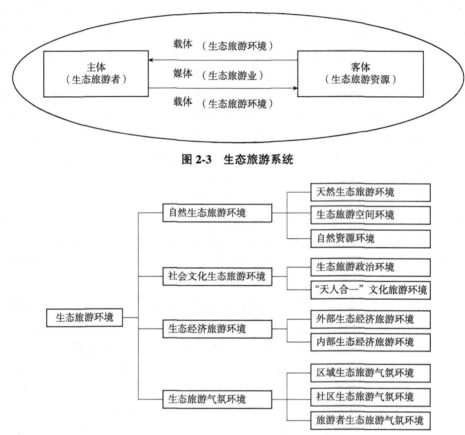

图2-4 生态旅游环境的构成
(杨桂华等,2017)

(2)生态旅游环境的内涵

生态旅游是旅游环境的一部分,其内涵包括以下方面。

①生态旅游环境是在符合生态学和环境学基本原理、方法和手段下运行的旅游环境,目的是建立和维护良好的景观生态、旅游生态。

②生态旅游环境是以系统良性运行为目的而进行统筹规划和运行,使旅游环境与旅游发展相适应、相协调,使自然资源和自然环境能继续繁衍生息,使人文环境能延续和得到保护,创造一种文明的、对后代负责的旅游环境。

③生态旅游环境是以某一旅游地域的旅游容量为限度而建立的旅游环境。在该旅游容量的阈值范围内,就可使生态旅游不破坏当地的生态系统,从而使旅游地域的生态系统在被开发利用的同时得到休养生息,进而达到旅游发展、经济发展、资源保护利用、环境改良协调发展的目的。

④生态旅游环境不仅包括自然生态旅游环境和人文生态旅游环境，而且特别重视"天人合一"的旅游环境，既注重于生态环境本身，还注重于一些环境要素和环境所包含的生态文化。

⑤生态旅游环境是运用生态美学原理与方法建立起来的旅游环境。旅游是集自然生态学和人文生态学为一体的综合性审美活动，生态旅游更是人类追求美的精神文化活动。生态旅游环境就是培育生态美的场所，也是人们欣赏、享受生态美的场所。

⑥生态旅游环境还是考虑旅游者心理感知的一种旅游环境。生态旅游者的旅游动机主要是以大自然为舞台，尤其是去那些偏僻的、受人类干扰较小的原生态自然地域参与体验，兼有学习、研究自然与文化的动机。因而，生态旅游环境的建立要考虑到以生态旅游者回归大自然、享受大自然、了解大自然的旅游动机为取向，着重建设起能让旅游者感知自然的旅游环境。

(3) 生态旅游环境的特点

生态旅游环境具有组成上的综合性、功能上的多元性、价值上的不确定性、容量上的有限性、产权上的公共性以及利用上的相对永续性。

①组成的综合性。生态旅游环境是由若干子系统所组成的综合性环境系统，既有自然的子系统，又有社会、经济、文化和气氛等子系统。这些共同组成的生态旅游环境系统还具有四维空间结构的特性：空间结构、组分结构、时间特征以及功能结构等。

②功能的多元性。生态旅游环境也具有多功能、多用途和多效益的特征。这是资源尤其是自然资源所具有的明显特征之一。

③价值的不确定性。生态旅游环境涉及诸多生态系统，具有生物生产、能量流动、物质循环、信息传递、自我调节等基本功能，同时还具有生产有机质、维护生物多样性、调节气候、减缓灾害、维持土壤、传粉播种、控制有害生物、净化环境、身心调节、创作源泉等服务功能，具有直接价值(包括显著实物型直接价值和非常显著实物型直接价值)间接价值、选择价值、遗产价值和存在价值。对于生态旅游环境上述价值，我们可以运用环境经济学和生态经济学的原理，采用市场定价与替代花费法(市场价格法、替代花费法、生产成本法)环境偏好法(旅行费用法、享乐价格法、规避行为和防护费用法)、条件价值评估(意愿调查法)进行评估。但是，由于生态旅游环境的价值只存在于一定的时间、细分市场、开发条件及方式之下，随着细分市场及旅游需求的变化、时间与旅游利用方式、其他地方同一类型生态旅游环境的变化而不断发生变化。因此，一般而言，生态旅游环境的价值具有不确定性。

④容量的有限性。在一定时期内，一个生态旅游地开展生态旅游活动后，不会对生态旅游地的环境、社会、文化、经济及旅游者感受质量等方面带来无法接受的不利影响的前提下，所接纳生态旅游者规模和生态旅游活动强度的最高限度，即生态旅游环境的极限容量。在规划和管理中，往往是要谋求一个"最适值"或"合理值"，称为"最佳容量"。显然，对于特定的生态旅游环境来说，其容量应该是有限制的，应当表现出来的是一种伸展阈值；超过这一阈值，生态旅游环境会遭受破坏；低于这一阈值，则会导致投入产出比低。

⑤产权的公共性。从产权上来看，生态旅游环境表现出公共物品的属性，即非排他性和非竞争性。我们很难把生态旅游环境的产权明确地赋予个人或企业，也就无法避免理性

的经济人产生搭便车的动机。如果每个人都试图依靠别人行动，自己坐等收益，最终导致无人愿意付出成本保护环境、治理污染；另一方面，由于任何想利用生态旅游环境的人都可以免费得到，过度使用便不可避免。旅游环境资源的公共物品属性导致旅游环境质量供求扭曲。旅游者可以按不同的支付价格购买同一环境质量，而且旅游者的支付意愿往往与企业的销售意愿之间存在很大差距，微薄的利润导致旅游企业无力也无心进行生态环境的保护。在旅游核算中，没有把耗费的生态旅游环境的价值及其机会成本纳入企业成本，从而低估了旅游成本。同时，各地在进行旅游地（点）经营权转让时，也往往因为没有考虑生态旅游环境成本和保护问题而导致转让价格过低、保护责任无法落实。认识生态旅游环境在产权上的公共物品属性对于重新认识旅游业的投入产出关系、明确生态旅游环境保护与监管的主体、界定生态旅游企业的环境责任，更好地解决环境问题具有重要意义。

⑥利用的相对永续性。在外界干扰被控制在一定范围内的时候，生态旅游环境的构成要素、相互联系与基本功能具有相对的稳定性。在科学规划与管理的前提下，特别是旅游基础设施与服务设施布局合理、环境保护设施完善、旅游活动项目符合环境友好原则、旅游容量得到有效控制、旅游者管理方法得当时，生态旅游环境具有利用上的永续性。一般而言，在这种前提下，生态旅游环境的各个构成要素是不会被旅游者的旅游活动消耗掉的，对环境的负面影响也较为有限，并且这些有限的负面影响在环境自身的消耗能力之内或者可以通过人为干预予以恢复。当然，在生态旅游发展中，看到生态旅游环境具有利用上的永续性的同时，更应认识到生态旅游环境的脆弱性。

生态旅游环境被认为是生态旅游活动得以实现的必不可少的载体，若没有这个载体，生态旅游活动难以实现。没有生态旅游环境，哪来的生态旅游资源；没有生态旅游社会环境，哪来的生态旅游气氛和旅游活动得以进行的社会治安保障；没有生态旅游经济环境，哪来的旅游接待设施的顺利运行……这一载体不仅保证生态旅游活动的进行，而且对生态旅游活动的产生和发展发挥着特殊的功能。

2.3.6 新四体说

考虑到生态旅游的可持续发展不仅需要关注生态旅游者需要，而且要充分考虑当地居民、生态旅游企业、生态旅游从业人员、政府、学者、非政府组织等主体利益，因此我们认为，生态旅游四体说中的主体外延应该拓展为利益主体，与传统的客体、媒体和载体组合形成"新四体"，即利益主体（生态旅游者、当地居民、生态旅游企业、政府部门等受生态旅游发展影响的行为主体）、客体（生态旅游资源）、媒体（生态旅游业）和载体（生态旅游环境）。生态旅游地要实现可持续发展，就必须重视各利益相关者的不同利益诉求，协调他们之间的利益冲突，承担起超越单纯经济目标的更广泛的生态和社会责任。

2.4 自然保护地生态旅游

自然保护地生态旅游是生态旅游的一种特殊空间呈现形式，因自然保护地特殊的空间属性和定位而具有不同于一般生态旅游的内涵和特点，其"四体"也因此具有特殊的内涵和外延。作为自然保护区生态产品价值实现的重要方式，自然保护地生态旅游践行对"绿水青山就是金山银山"理念的重要形式，是生态文明建设不可分割的一部分。

2.4.1 自然保护地生态旅游的概念及内涵

目前学界对自然保护地生态旅游还没有形成统一的定义，但基本内涵还都是在保护自然的前提下亲近和享受自然，核心是对自然保护地生态环境的保护和为当地居民谋福利。我们认为，自然保护地生态旅游是一种在生态学和可持续发展理论指导下，以自然保护地为对象，以享受大自然和了解研究景观、野生生物及相关文化特征为旅游目的，以不改变保护地生态系统的有效循环及保护自然和人文生态资源与环境为宗旨，并使当地居民和自然保护地管理机构在经济上受益为基本原则的特殊旅游行为。自然保护地生态旅游以生态系统的良性发展为基础，核心是对生态环境的保护和为当地居民谋福利，是一种最典型的生态旅游模式。

从自然保护地生态旅游的外延看，包括在自然保护地规定区域内以生态系统、野生动植物或历史遗迹为主要旅游对象的生态旅游活动，如野生动植物观赏、户外徒步和野营、自然教育活动等。对于自然保护地而言，生态旅游活动一般在实验区开展，极少数得到批准的旅游活动可以在缓冲区进行。

2.4.2 自然保护地生态旅游特征

(1) 更加强调保护性

保护性是生态旅游最基本的特征，由于自然保护地的特殊性质，自然保护地生态旅游更加强调保护性。自然保护地的根本目的是保护生物物种、自然生态系统及其社区文化，其中核心区是自然保护地最重要的地段，应受严格保护，缓冲区和实验区(外围区)可在保护前提下进行旅游开发。在自然保护地生态旅游发展过程中，必须坚持以资源保护为中心，将自然生态环境及其周边社区的人文环境作为一个整体进行严格保护。

(2) 更具自然性

1988年，谢贝洛斯·拉斯喀瑞给出了生态旅游定义，将开展生态旅游活动的地点认定为"相对古朴、原始的自然区域"，旅游对象强调"旖旎的风光和野生动植物"。虽然经过几十年发展，生态旅游概念的外延有所扩大，甚至有泛化的趋势，但旅游对象的"自然性""原生性"仍然是重点。在我国，保护地的自然生态属性是第一位的，因此其生态旅游资源属性比一般的生态旅游更具自然性特征，也因此更具有保护的必要性。

(3) 生态文明建设的重要抓手

在人类迈向生态文明的过程中，生态旅游既是满足人们对美好生活需要的一种自然资源合理利用方式，也是对生态系统的可持续管理途径，同时还是环境教育的重要手段。自然保护地除充分发挥保护、监测和科研责任外，还肩负着宣教与旅游责任，而生态旅游更好地融合了自然保护地的宣教、旅游与环境教育责任，成为生态文明建设的重要载体和途径。进入21世纪，随着国民收入的不断提高，野生动植物观赏、户外徒步、野营等生态旅游活动受到越来越多生态旅游者的喜欢，自然保护地逐渐成为我国生态旅游实践的前沿主战场，生态旅游成为保护地绿水青山转化为金山银山的重要手段。通过大力发展自然保护地生态旅游，能有效传播生态文明理念，推动体制机制建设，逐步实现全民参与生态文明建设的战略目标。因此,应充分重视自然保护地生态旅游在生态文明建设中的重要地位与积极作用,突出其公益性和教育性,深入了解和把握生态旅游者的环境意识和自然保护地的环境特征,围绕生态旅游者的环境体验实施环境教育,循序渐进地实现自然保护地生态旅游的生态文明价值。

2.4.3 自然保护地生态旅游的"四体"

(1) 利益主体

①生态旅游者。生态旅游者是传统"四体说"中的主体,也是旅游地最特殊的利益主体,市场经济环境下他们的利益表达最为充分,利益诉求为旅游过程中各环节的优质服务,利益的核心是旅游经历的满意度和消费者权益的维护。在营利原则的驱使下,生态旅游企业会主动迎合旅游者的消费口味,形成事实上的以旅游者需求为中心。因此,生态旅游者的需求往往会被过分放大和优先考量,导致其他利益主体的权益考虑不足或受损。

对自然保护地具有特殊兴趣的生态旅游者往往具有较强的环保意识和较前卫的消费理念,总体上属于引领生态旅游消费趋势的先锋生态旅游者。自然保护地生态旅游者对旅游环境的质量要求更高,同时也能够非常自觉地、有意识地保护旅游环境,对生态美更为敏感,更具自然性、责任性和对自身素质要求的特定性,属于狭义的生态旅游者。相关研究表明,在公共园林中,旅游者是导致地方尺度和大尺度生态系统破坏的主要原因之一,因此,自然保护地发展生态旅游过程中,生态旅游者管理是其管理工作的核心内容,主要要实现两个目标:一是为旅游者提供高质量的生态旅游体验;二是将旅游者对自然保护地的负面影响控制在最低程度。

②当地居民。政府在旅游商业化过程中往往过于关注市场需求以及投资收益,很少考虑甚至不考虑当地居民的权益。由于当地居民往往缺乏主体意识和话语权,在利益表达上处于明显弱势地位,在旅游发展过程中不能争取足够的权益。生态旅游者的旅游活动会在一定程度上侵扰当地居民的生活,造成社区环境的污染和传统文化的改变。一方面,如果当地居民能够获得足够的经济补偿和社会保障,能够抵消环境污染和文化变迁带来的不满,生态旅游业就可持续发展,否则将遭到当地居民的反对;另一方面,如果缺乏合理的规划和组织,当地居民不能形成科学有序的旅游业参与机制,在追求经济利益的动机驱使下,不仅会酿成没有赢家的"公地悲剧",而且会恶化邻里关系、加速传统文化恶性变迁。

中国的自然保护地大多都生活着原住民,自然保护地生态旅游必须走从社区中来、到社区中去的发展道路。生态旅游的发展,可能导致当地居民被动或主动放弃传统生计方式,从而导致其利益分配机制发生变化。在生态旅游发展初期,当地社区居民可能意识不到生态旅游将给他们的社会、经济和环境带来什么样的影响。因此,首先就要居民了解生态旅游的好处以及即将面临的各种成本和风险,以得到他们的支持;其次,要听取当地居民的意见,使他们了解旅游规划和开发的进展情况。另外,还应该让当地居民参与经营和管理并从中获益。

③生态旅游企业。生态旅游企业主要包括为生态旅游服务的旅行社、酒店、旅游餐馆、旅游交通企业、旅游景区景点、旅游商店、旅游娱乐单位等。传统的旅游企业总是想以最小的成本换取最大的经济效益,投资收益是他们最关心的问题,社会效益和生态效益

往往被忽略了。生态旅游企业应当是负责任的企业，不仅对旅游者权益和企业盈利负有责任，而且对社区发展、生态保护负有责任。

生态旅游企业在服务旅游者的过程中也会对自然保护地生态环境和社区居民的生活产生影响，因此其经营者对自然保护地生态旅游环境保护和社区发展都负有责任。一方面，生态旅游企业应以保护为基本前提，按照绿色旅行社、绿色饭店、绿色交通和绿色购物商店的标准进行绿色经营；另一方面，生态旅游企业应尽量聘用当地居民，并对生态旅游企业活动造成的环境影响和社区影响进行合理补偿，充分维护社区利益。

④政府部门。政府通过编制旅游产业发展规划、实施旅游项目开发、制定旅游法规等手段来引导和促进旅游产业发展、规范旅游企业经营行为，利益主要体现在宏观方面，如实现地方经济发展和生态保护，促进就业，增加居民收入，促进社会和谐，增加税收继而带动社会各项事业的发展和综合平衡，为社会公众谋取利益。政府在生态旅游各利益主体中，承担着引导者和监督者的职责。一方面，政府要为市场发展营造良好的营商环境，促进市场繁荣；另一方面，政府要在法律框架下监督各利益主体的行为符合市场规律和生态原则。

在自然保护地生态旅游发展过程中，政府的角色主要是为自然保护地的可持续发展制定规则并监督实施，引导生态旅游活动与自然保护地的核心功能相互促进、和谐发展。自从党的十七大报告提出要建设生态文明以来，形成节约能源资源和保护生态环境的产业结构、增长方式、消费模式已经逐渐成为社会共识。自然保护地生态旅游是生态文明建设的重要抓手，政府部门在自然保护地生态旅游发展过程中，承担着倡导、组织和监督生态文明建设的作用。

⑤其他相关者。生态旅游的其他利益相关者主要包括生态旅游从业者、生态旅游规划者、非政府组织、非营利组织、志愿者团体等。一般来说，生态旅游从业者主要关心自身的就业岗位、劳动待遇、福利和未来发展，其权益需要在政府监督下由生态旅游企业按照市场经济规律来实现；生态旅游规划者是生态旅游发展规划方案的具体编写者，体现的往往是政府和旅游投资商的意志；非政府组织、非营利组织、志愿者团体等主要关注政府缺位造成的生态问题和社会问题，可以对政府的行政管理形成有益的补充。

在自然保护地生态旅游发展过程中，最重要的就是对人的管理，即对各利益主体的行为进行管理和规范。自然保护地生态旅游管理最核心和最根本的手段就是要改变利益主体的思维方式和价值观，在可持续发展环境伦理观的指导下形成共同的旅游伦理观，在旅游活动中自觉遵守环境伦理规范。只有所有利益主体从价值观上摆正了自然保护地在生态旅游活动中的位置，才可能在自然保护地与各利益主体之间建立一种和谐的伦理关系，各利益主体才可能在尊重自然的前提下，可持续地追求各自的权益。也只有这样，自然保护地才可以在发展生态旅游的过程中保持其原生态性，实现生态、经济、社会的和谐可持续发展。

(2) 客体

自然保护地生态旅游客体即自然保护地生态旅游资源，主要包括生物资源以及土地、矿产、水资源、自然历史遗迹和人文景观。保护地的生物资源(包括动物、植物、微生物)

和自然生态系统，是自然保护地的最核心资源。土地资源即存在于自然保护地范围内的单位依法使用的土地和依法确认为集体所有的山林地、农田、草地、荒地、宅基地、自留地等土地。自然保护地的地质矿质资源包括自然保护地范围内的地下矿产和岩石资源，包括地质层剖面、古生物化石、火山遗迹等。

自然保护地生物资源和自然资源往往十分丰富，拥有丰富、优美、独特的自然和人文景观，既是自然保护地所要保护的对象，也是自然保护地发展生态旅游最具竞争力的资本，极具生态旅游开发价值。

(3) 媒体

自然保护地生态旅游媒体即自然保护地生态旅游业，是指以自然保护地生态旅游资源为依托，以旅游设施为基础，为生态旅游者的生态旅游活动创造便利条件并提供其所需商品和服务的综合性产业。自然保护地生态旅游业对资源和环境很少产生直接的硬消耗，环境成本较低，可有效促进自然资源和自然环境的有效保护，因此，和其他类型的生态旅游业相比，自然保护地生态旅游业更具生态性和可持续性。对于有着原住民的自然保护地，发展生态旅游可以有效增加当地居民的收入，避免当地居民为了满足生存和发展的需要而破坏环境，具有良好的扶贫效应和环保效应。

自然保护地生态旅游是一个特殊的行业，以自然保护地特殊的生态旅游资源为经营对象，既是一项产业，又是一项社会公益事业，兼有经济效益、生态效益和社会效益。生态旅游业的开展，在为自然保护地建设筹集资金，增加当地居民收入，协调自然保护地与当地居民的关系，实现自然保护地的可持续发展方面起了较大的推动作用。我国自然保护地的生态旅游活动一般在实验区开展，虽然在规划时已经避开了珍稀野生动植物及其生境，但由于旅游人数众多、每年的高峰期集中，部分自然保护地的缓冲区或核心区也受到了影响，出现动物种类和数量减少的趋势。在此大背景下，如果保护区对旅游者的管理水平不能适应旅游业发展的需要，保护区将面临要么资源遭到破坏（下一代人失去了享受遗产好处的机会），要么旅游者没有得到应有体验（当代人没有享受遗产带来的好处）。

(4) 载体

载体是指自然保护地生态旅游环境，是自然保护地生态旅游活动得以存在、进行和发展的一切外部条件的总和，是自然保护地生态旅游业赖以生存和发展的前提和基础。狭义的自然保护地生态旅游环境仅包括由自然保护地的地质、地貌、大气、水体、动植物等自然要素和相关人文要素组合而成的环境。广义的自然保护地生态旅游环境包括自然生态环境、社会文化环境、经济环境、心理环境。自然生态环境是指自然保护地的一些自然要素，诸如旅游地域的地质、地貌、气候、水体、动植物等所组成的自然环境综合体。社会文化环境是指保护地政府或相关组织、政治局势对自然保护地生态旅游的支持程度以及当地的历史文化环境。经济环境不仅包括宏观层面的国家、地方经济发展环境，还包括微观层面自然保护地受到财政资助情况以及生态旅游投融资环境。心理环境是由生态旅游者消费心理、旅游价值观和社区居民对待生态旅游的态度等综合形成的一种氛围，能够对生态旅游者和社区居民行为产生引导性作用。

慕课学习

1.《生态文明——撑起美丽中国梦》(林文雄，福建农林大学)：第 11 讲森林生态旅游——释放山村发展正能量。

2.《自然保护与生态安全：拯救地球家园》(黄柏炎，暨南大学)：第 6 章第 5 讲生态旅游资源的保护。

3.《足尖上的森林——森林生态旅游学》(杨晓云，西南林业大学)：第 3 讲森林生态旅游者；第 4 讲森林生态旅游资源；第 7 讲森林生态旅游市场；第 9 讲森林生态旅游业。

延伸阅读

1. 佘正荣，1996. 生态智慧论[M]. 北京：中国社会科学出版社.
2. 傅伯杰，陈利顶，马克明，等，2023. 景观生态学原理及应用[M]. 2 版. 北京：科学出版社.
3. 芬内尔，2017. 生态旅游[M]. 4 版. 张凌云，马晓秋，译. 北京：商务印书馆.
4. 杨桂华，张志勇，徐永红，2004. 生态旅游案例研究[M]. 天津：南开大学出版社.
5. 杨桂华，钟林生，明庆忠，2017. 生态旅游[M]. 3 版. 北京：高等教育出版社.

课外作业

1. 以某一自然保护地为例，分析生态旅游的"四体"及其发展目标。
2. 以某一自然保护地为例，就生态旅游各利益主体间的关系写一篇调查报告。

第3章

自然保护地生态旅游规划

1. 知识目标
❖ 在学习生态旅游规划一般原理的基础上，对自然保护地生态旅游规划原则和程序有一定的了解。
❖ 掌握国内各类自然保护地生态旅游规划的要求和思路。
❖ 学习国外保护地开展生态旅游的实践案例，汲取成功经验。

2. 能力目标
❖ 能够运用所学知识编制各类自然保护地生态旅游规划。

3. 教学设计
❖ 课堂讲授(7学时)：生态旅游规划的一般原理(1学时)；国内自然保护地生态旅游规划规范(5学时)；国外自然保护地生态旅游规划实践(1学时)。
❖ 翻转课堂(2学时)：
(1)讨论：自然保护地生态旅游规划与《旅游规划通则》中景区规划的异同？
(2)讨论：某一自然保护地生态旅游规划方案。

3.1 生态旅游规划一般原理

3.1.1 生态旅游规划概述

(1)生态旅游规划的定义

旅游规划最早起源于20世纪30年代中期的英国、法国、爱尔兰等国，最初的旅游规划只是为一些旅游项目或旅游设施做市场评估和场地设计，如饭店、旅馆等，还称不上旅游规划。20世纪60年代中期至70年代初，旅游规划在欧洲进一步发展，随后扩展到北美，再扩散到亚洲和非洲；70年代后，旅游业发展推动旅游规划研究深入，一个显著的特点就是开始出现比较系统的旅游规划著作，美国旅游专家冈恩(Gunn)于1979年出版了总结早期旅游规划思想体系的著作——《旅游规划》。20世纪80年代是旅游规划研究的大发展时期，学术界基本达成共识，即旅游规划是一门综合性极强的交叉学科。近年来，国外旅游规划实践及其研究日渐发展，旅游规划方法大致有门槛规划法、综合规划法、系统规划法、依托社区规划法、生态旅游规划与可持续发展规划等。因思凯普(Edward

Inskeep)在《旅游规划：一个综合和可持续发展方法》一书中提出旅游规划、开发、管理的目的是让其自然和文化资源不枯竭、不退化，并维护成一种可靠的资源，作为可持续发展的基础。20世纪90年代末以来，生态旅游规划理念渗透到各种旅游规划之中，逐渐发展成为旅游规划的主流和方向。

我国旅游发展规划编制始于1979年。当时，国家旅游局高度重视旅游产业发展规划，并相继出台了《旅游发展规划管理办法》《旅游规划设计单位资质认定暂行办法》《旅游规划通则》等，这些法规标志着中国旅游规划开始走上规范化、标准化的轨道。虽然国内外许多的旅游法规、条例都对保护旅游资源及环境有明确的规定，但真正实施并非易事，很多旅游地都出现了环境遭到破坏、生态日益恶化的现象。生态旅游迎合了人们向往自然、注重环保的趋势，成为新的流行时尚，生态旅游是区别于传统大众旅游的一种新型旅游形式，是可持续发展的一种基本形式，已经成为21世纪国际旅游的主流形式之一。生态旅游规划的目的是正确指导生态旅游业的发展，保证其发展符合科学规律，并为可能出现的问题提供解决方法，从而实现生态旅游发展的有序性，避免盲目性。在这一目的下，学者覃建雄(2018)将生态旅游规划定义为：在对生态旅游资源调查评价及对生态旅游市场调查分析的基础上，将生态学的相关理论与一般旅游规划理论相结合，为生态旅游制定发展目标及为实现该目标所做出的一系列谋划和安排。生态旅游规划应该以生态旅游资源为基础，以保护为前提，以市场需求为动力，以旅游项目设计为重点，对生态旅游区的功能布局、建筑风格、旅游设施和生态旅游活动做出符合生态学原理的规划，最大限度地实现人与自然的和谐发展。

(2) 生态旅游规划的特点

陈玲玲等(2012)提出，生态旅游规划代表了当前规划的方向，是现代规划思想的集中反映与体现，它既是对传统旅游规划方法的传承与发扬，同时又与之存在很大的区别。总体来说，有以下3个具体的特点。

①协调性。为保证生态旅游目的地的社会、经济和环境的协调发展，需要从社会、经济和生态3个方面的共同效益去考虑，使它们之间有机结合，相辅相成。从系统论的观点出发，注重环境承载力、生态旅游业、生态环境保护、社区经济发展与生态旅游之间的平衡发展，实现生态旅游目的地生态系统及其附属项目之间的协调发展。

②自然性。在生态旅游规划中，其自然的特征非常明显，这是因为作为生态旅游目的地，游客在生态旅游活动中，强调的是与自然环境的和谐相处，在获得个人情感经历的同时获得启迪教育。因此，大多数生态旅游区域都是相对原始的，并且地方文化浓郁的地区，游客也比较愿意到那些受人类干扰较少的野生自然保护区去进行旅游活动。

③生态性。生态旅游强调对于旅游对象的保护，明确反映出保护自然的要求和责任。在规划的过程中，需要应用生态学法律，并且合理地利用自然生态系统，另外，生态旅游规划的质量直接关系到旅游业的可持续发展，一旦生态旅游规划出现质量问题，便易造成环境破坏。一般来说，适合开展生态旅游的地区往往是生态环境脆弱的地区，所以旅游资源环境的保护是生态旅游规划的核心内容，最终会影响旅游业的可持续发展程度。

(3) 生态旅游规划与传统旅游规划的比较

传统大众旅游的特点大致可概括为：大众的(mass)、标准化的(standardized)、固定的包价旅游(rigidly packaged),简称 MSRP(张凌云,2002)。生态旅游作为一种全新的发展模式,它与传统旅游的区别是很多方面的,从表3-1中可见,生态旅游规划与传统旅游规划的目标、理念、原则、要求不同,相关规划的内容、方法、技术等也存在差异。

表 3-1　生态旅游规划与传统旅游规划比较

指标	传统旅游规划	生态旅游规划
理念	以经济效益为主要目标,主要围绕地方经济进行旅游规划和项目设置,实现经济效益的最大化	以生态文明观为指导,目的是实现区域可持续发展,强调旅游业发展的经济、社会生态三大效益的统一
规划者	主要是旅游规划专家和各级官员的意见	政府、社区、企业、专家多方面参与,广泛征求相关者的意见和建议
旅游项目	体现经济利益为核心的各种旅游项目体系	主要体现各种环保、绿色的各种生态旅游活动项目:生态、科普、可靠、教育等旅游项目
目标市场	传统大众旅游市场	具备较高的生态环境保护意识的游客群体
规划目标	主要实现地方经济发展和旅游扶贫	实现区域资源、环境、生态、经济、社会、文化多元可持续发展
风貌控制	主要从经济、安全的角度考虑,环保态度欠缺	地方特色浓郁的建筑风貌,提倡环保并与当地环境相协调的格调
旅游效益	开发商和游客为净收益,当地社区居民的收益与环境代价相抵所剩无几或负效益	开发商、游客和当地居民利益,注重地方可持续发展能力培育
空间布局	空间导向的空间布局,交通方式、生态环境、环境因素限制少	功能导向、绿色导向型空间布局,注重交通、生态、环保等要素的影响
开发模式	旅游项目主导,将经济利益放在首位,其次才是考虑到社会和生态效益	保护性开发、低碳发展模式,追求生态保护和经济发展相互促进的良性循环,对开发程度有一定的限制
旅游产品	传统大众旅游产品体系	生态旅游产品体系
旅游系统	旅游系统,主要涉及传统大众旅游者、旅游客体、旅游媒体和载体	生态旅游系统,涉及生态旅游主体、生态旅游客体、生态旅游媒介、生态旅游载体
技术要求	主要按照"旅游规划通则",不考虑生态旅游相关的技术要求	在考虑"旅游规划通则"同时,也考虑生态旅游产品认证、生态旅游认证制度、生态旅游开发规划规范标准

注:引自覃建雄等,2018。

(4)生态旅游规划的目标

生态旅游规划的总目标是正确指导生态旅游业发展,保证其发展符合科学规律,协调生态旅游规划目的各方面的效益,并为可能出现的问题提供解决的方法,从而实现生态旅游发展的有序性,避免盲目性(洪剑明,2005)。

(5)生态旅游规划的原则

陈玲玲等(2012)提出生态旅游规划强调保护优先原则、文化真实性原则、系统性原则、环境教育原则、安全健康原则、可持续发展原则。洪剑明等（2005）提出生态旅游规划强调协调与可持续发展原则、保护优先与稳步发展原则、生态与文化真实性原则、多方参与和利益共赢原则、资源节约与环境友好原则、环境解说和环境教育原则。张建萍等（2017）提出生态旅游规划强调保护性开发原则、可持续发展原则、文化创意原则、特色原则、宏观和微观相结合的原则、经济社会生态3种效益兼顾的原则。

综上所述，要使生态旅游规划真正符合生态旅游的目标，实现旅游业的可持续发展，应遵循以下原则。

①生态保护优先原则。生态旅游开发必须以保护自然资源、人文资源、原生态环境和景观为立足点，在确保生态旅游资源保护优先、生态功能增强的前提下，采用环境友好型、资源节约型等建设模式和方式，实现生态环境、生态文化和服务设施有机融合，充分发挥生态多种功能，为社会提供更多的生态产品和更优良的生态服务。生态旅游规划应遵循生态学规律，坚持生态导向，将保护置于优先地位，在生态旅游开发过程中贯彻科学发展观，坚持保护优先。

②可持续发展原则。在可持续发展思想的指导下，生态旅游规划应该协调好生态效益、社会效益和经济效益之间的关系，协调好生态旅游业与该地区其他产业的关系，协调好生态旅游业内部各子系统之间的关系以及生态旅游建设项目和服务设施与生态旅游资源的关系。综合协调旨在理顺生态旅游发展中的各种关系，最终实现生态旅游地多方面的可持续发展。

③合理开发利用原则。生态旅游规划时应尽可能实现"最小化"原则，能源和材料消耗、投资和服务设施建设都应体现资源节约和再循环原则，使生态旅游开发和旅游活动对环境的破坏降低到最低程度，以求最大程度实现资源的节约。同时生态旅游相关设施建设要符合绿色标准，做到有效保护生态环境，合理开发和利用。

④多方利益共赢原则。在生态旅游规划过程中，要普遍征求利益相关者的意见，使他们真正参与到规划中来，并接受他们的合理建议，规划人员的组成也要体现多方参与，这样在规划过程中既可以实现规划的科学性和可操作性，又能兼顾各方面的利益，实现利益共享。对生态旅游规划而言，利益相关者应重点考虑当地政府部门、社区居民、生态旅游区管理者及有关专家、旅游业经营者和生态旅游者5类，其中社区参与和分享利益尤其应受到重视。只有实现多方参与和利益共赢才能使生态旅游在取得良好环境效益和社会效益的同时令各方获得满意的经济效益。

⑤突出生态教育原则。生态旅游本身作为低碳绿色的旅游方式，以自然生态和人文生态为吸引物，以保护生态环境和发展当地经济为目的，本质上是生态意识的自我展现。发展生态旅游应以生态教育为主，在坚持生态保护优先的前提下，在整个生态旅游的全过程中倡导生态教育，提高负责任生态道德意识，这是生态旅游可持续发展的保障。通过生态教育，可以增强人们的生态意识，更好的保护生态环境。实现生态旅游的环境教育要求从旅游设施的规划建设（如观鸟项目、徒步旅行等）、旅游业经营（如宣传策划、导游等）各方面将环境教育和内容融入，并贯穿始终，无论是对生态旅游从业者、当地居民还是生态旅游者都应开展环境教育。

⑥统筹三位一体原则。在有效保护的前提下，合理、适度开发资源，带动经济增长，

以增强生态旅游规划区域保护的延续性和主动性,将生态保护、旅游发展、利益主体这三大要素统筹一体。以生态保护优先为核心,以协调好国家、企业、旅游者和社区居民等利益主体的关系为保障,以生态旅游项目的开发、生态旅游产品设计为动力,要突出对生态环境的保护,对特色文化的维护,不为局部利益或短期成果所驱动,做到近期利益与长期效益相统一、局部成果与整体结果相统一。统筹生态环境保护、生态旅游发展、相关利益主体三位一体,有利于促进生态旅游健康和谐的发展,带动旅游业经济,也保护了生态旅游资源,维护了生态环境。

3.1.2 生态旅游规划的程序和内容

生态旅游规划至今没有规划编制相关的规范和标准,但作为旅游规划的一种专项规划,生态旅游规划可参考借鉴《旅游规划通则》中的相关规定,进而指导生态旅游规划编制。生态旅游规划的程序通常分为以下 5 个阶段,即准备阶段、调查评价与开发评价阶段、编制规划大纲和总体规划阶段、论证决策阶段、反馈修改阶段(图3-1)。

(1) 准备阶段

①规划的提出。通常根据政府或企业要求提出生态旅游规划。

②成立规划领导小组,提出规划任务。在准备阶段需要成立规划领导小组,提出规划任务、完成规划的时间等基本要求,进行规划立项,规划领导小组由地方政府、相关部门领导和社区代表组成。

③收集分析现有资料,进行立项,筹措规划资金。规划领导小组要负责落实规划经费,通常旅游规划经费由政府主管部门或开发商提供,生态旅游规划经费除以上途径外,也常会得到国家环保组织的资助,如《武夷山国家级自然保护区生态旅游总体规划(2006—2015 年)》是由全球环境基金会(GEF)资助完成。由于生态旅游规划是对环境友好的和社区受益的旅游规划,因此属于受国家环保组织和机构提倡和鼓励的旅游发展领域,在经济欠发达地区,立项方可积极争取经费支持。

④聘请专家,成立规划编制小组。规划领导小组的另一个重要任务是组织一支高水平的规划编制小组。生态旅游规划是难度最大的规划之一。首先,旅游规划本身是综合性极强的规划,而生态旅游规划还要求有一整套生态学理论作指导;其次,规划者要从专家、领导、旅游者、社区和开发商组中角度来审视规划;最后,要兼顾生态旅游者、当地居民、生态旅游企业、政府部门、其他相关者等 5 方面的利益,任何一方利益得不到恰当体现的生态旅游规划都不能称之为一个成功的生态旅游规划。生态旅游规划小组至少应该由以下方面的代表组成,包括各领域的专家、自然保护地的技术和管理人员、当地的利益相关者。根据不同生态旅游资源特点,专家一般应具有生态学、林学(含动植物)、经济学、环境学、地理学、旅游学、民俗学、教育学、信息学等学科背景,规划组长除了具有丰富的旅游规划经验外,还应具有协调各方面关系的能力。

(2) 调查评价与开发评价阶段

调查评价与开发评价阶段需要收集大量第一手资料,补充第二手资料,并将这些资料综合后对规划地的基本情况和开发条件、客源市场等进行分析评价,提出评价意见,同时对生态旅游发展空间和政策约束进行梳理,为制定规范化的生态旅游规划、提高生态旅游

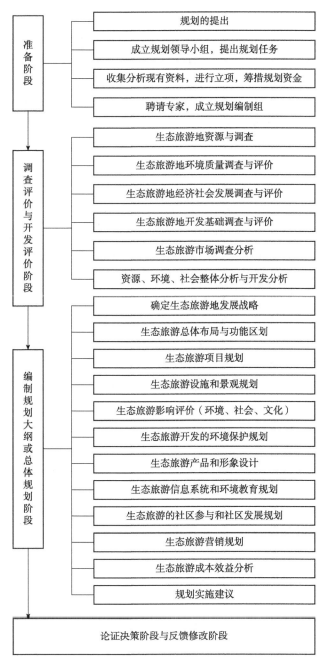

图 3-1 生态旅游规划的一般程序
(洪剑明等，2016)

的科技水平和开展科普教育奠定基础。调查、评价和分析包括以下内容。

①生态旅游资源调查与评价。是指对生态旅游规划地自然资源、人文资源本底的调查，包括数量、类型、级别、分布、保护和开发利用情况，再通过评级方法做出客观的评价。

②生态旅游区环境质量调查与评价。包含自然环境质量与社会环境质量的调查与评

价。自然环境质量指标包括旅游区的土壤质量、大气质量、水质、植被、气候气象、自然灾害;社会环境质量指标包括居民的卫生、污水、垃圾和粪便处理情况。

③生态旅游区经济社会发展调查与评价。指标包括人口数量和质量、民族、人民生活水平、产业机构(含企业与科研机构、医疗机构)、旅游业发展状况等。

④生态旅游区开发基础调查与评价。指标包括内外交通、服务设施、机车设施、资源保护和利用现状、管理工作的情况等。

⑤生态旅游市场调查分析。对象包括客源地距离、客源地人口数量和质量、潜在的生态旅游者等,并确定一级市场和二级市场。

⑥生态旅游发展空间和政策约束。自然保护地范围内开展的生态旅游活动应接受各类现行法律法规的约束,主要包括对自然保护地的发展空间、政策约束进行系统梳理,规范开展自然保护地生态旅游,可持续利用生态旅游资源,保护生物多样性和生态环境。

⑦资源、环境、社会整体分析与开发评价。在各项调查评价的基础上将各个方面因素综合后,进行竞争性分析,通常采用SWOT分析,找到最优效益的结合点。

(3) 编制规划大纲和总体规划阶段

编制规划大纲是为了确定旅游地发展战略,解决包括旅游地的性质、类型、特色、目标市场、开发方向、开发重点和规模等带有全局性和指导性的问题,是在上一阶段对生态旅游资源情况调查和开发条件分析基础上完成的。批准后的规划大纲是总体规划的依据,而总体规划是对规划大纲的深化和完善,一些较小的旅游地,可省略规划大纲阶段,直接进行总体规划,总体规划需完成以下工作。

①制订规划总则。包括规划范围、依据,指导思想和原则,确定生态旅游区发展战略。

②生态旅游区总体布局与功能区划。

③生态旅游专项规划。生态旅游项目、产品和旅游线路的规划;生态旅游设施(基础设施和服务设施)和景观规划;生态旅游影响评价(环境、经济社会和文化);生态旅游的环境保护和环境教育原则;生态旅游产品形象设计和营销原则;生态旅游的社区参与和社区发展原则;生态旅游的管理规划;生态旅游成本效益分析。

④规划实施建议。

⑤完成规划文本、总体规划和分项规划图。

(4) 论证决策阶段

论证是由政府主管部门或开发商组织专家实地考察后对总体规划进行综合评议,对专项规划分别进行专业评议,提出修改意见和技术鉴定报告,规划小组针对论证意见对总体规划进行修改和补充,并经相应的人民政府或部门审批后,交由各有关职能部门贯彻实施,原则上不得自行更改规划内容。

规划批复和进入实施阶段,还应明确规划实施的监督管理部门,实施有效的监督管理以保证旅游发展和项目建设按时高质量地完成。

(5) 反馈修改阶段

由于政策和旅游地的发展变化,经过一段时间后,需要根据规划实施过程中反映的一些情况和改变了的条件对生态旅游规划进行调整,也就是反馈修订,以适应旅游地的发展。

3.2 中国自然保护地生态旅游规划编制

3.2.1 自然保护地生态旅游相关制度

截至 2021 年年底，全国已建立国家级自然保护区 474 处，总面积约 $98.34×10^4$ km^2；国家级风景名胜区 244 处，总面积约 $10.66×10^4$ km^2；国家地质公园 281 处，总面积约 $4.63×10^4$ km^2；国家海洋公园 67 处，总面积约 $0.737×10^4$ km^2。全国各级各类自然保护地总面积约占全国陆域国土面积的 18%（2021、2020 年中国环境状况公报）。由于当前自然保护地体系仍处于整合优化阶段，本部分梳理现有各类自然保护地现行法律法规文件中针对环境保护和生态旅游开发的政策条文，各类自然保护地发展生态旅游时应遵照我国现行自然保护地相关制度（表 3-2）。

表 3-2 自然保护地相关制度

序号	名称	颁布（修订）日期/标准号
一、相关法律		
1	《中华人民共和国宪法》	2018 年 3 月 11 日
2	《中华人民共和国森林法》	2019 年 12 月 28 日
3	《中华人民共和国草原法》	2013 年 6 月 29 日
4	《中华人民共和国野生动物保护法》	2018 年 12 月 26 日
5	《中华人民共和国土地管理法》	2019 年 8 月 26 日
6	《中华人民共和国渔业法》	2013 年 12 月 28 日
7	《中华人民共和国环境影响评价法》	2018 年 12 月 29 日
8	《中华人民共和国防沙治沙法》	2018 年 10 月 26 日
9	《中华人民共和国海洋环境保护法》	2017 年 11 月 4 日
10	《中华人民共和国矿产资源法》	2009 年 8 月 27 日
11	《固体废物污染环境防治法》	2020 年 4 月 29 日
12	《中华人民共和国畜牧法》	2015 年 4 月 24 日
13	《中华人民共和国刑法》	2020 年 12 月 26 日
14	《中华人民共和国城乡规划法》	2007 年 10 月 28 日
二、相关法规		
1	《中华人民共和国森林法实施条例》	2018 年 3 月 19 日
2	《中华人民共和国土地管理法实施条例》	2021 年 4 月 21 日
3	《中华人民共和国自然保护区条例》	2017 年 10 月 7 日
4	《风景名胜区条例》	2016 年 2 月 6 日

(续)

序号	名称	颁布(修订)日期/标准号
5	《陆生野生动物保护实施条例》	1992年2月12日
6	《中华人民共和国野生动物保护条例》	2013年6月29日
7	《中华人民共和国野生植物保护条例》	2017年10月7日
8	《野生药材资源保护管理条例》	1987年12月01日
9	《水生野生动物保护实施条例》	2013年12月07日
10	《古生物化石保护条例》	2011年1月1日
三、相关规章		
1	《国家级自然保护区调整管理规定》	2013年12月2日
2	《国家级自然保护区监督检查办法》	2006年10月26日
3	《自然保护区土地管理办法》	1995年9月15日
4	《海洋自然保护区管理办法》	1995年5月29日
5	《关于建立地质自然保护区的规定》	1987年7月17日
6	《自然保护区人类活动遥感监测技术指南》	2018年7月30日
7	《自然保护区生态环境监察指南》	2011年7月11日
8	《国家级自然保护区规范化建设和管理导则(试行)》	2009年8月13日
9	《水生动植物自然保护区管理办法》	1997年10月17日
10	《森林和野生动物类型自然保护区管理办法》	1985年7月6日
11	《在国家级自然保护区修筑设施审批管理暂行办法》	2018年3月5日
12	《关于建立以国家公园为主体的自然保护地体系的指导意见》	2019年6月26日
13	《建立国家公园体制总体方案》	2017年9月26日
14	《国家湿地公园管理办法》	2017年12月27日
15	《国家生态旅游示范区管理规程》	2012年9月29日
16	《国家公园管理暂行办法》	2022年6月1日
17	《海洋特别保护区管理办法》	2010年11月12日
18	《地质遗迹保护管理规定》	1995年5月4日
19	《国家地质公园规划编制技术要求》	2016年7月25日
20	《国家级自然公园管理办法(试行)》	2023年10月9日
四、相关标准规范		
1	《自然保护区总体规划技术规程》	GB/T 20399—2006
2	《自然保护区类型与级别划分原则》	GB/T 14529—1993

(续)

序号	名称	颁布(修订)日期/标准号
3	《自然保护区名词术语》	GB/T 31769—2015
4	《自然保护区设施标识规范》	LY/T 1953—2011
5	《自然保护区生态旅游规划技术规程》	GB/T 20416—2006
6	《自然保护区生态旅游设施建设通则》	LY/T 2010—2012
7	《国家生态旅游示范区建设与运营规范》	GB/T 26362—2010
8	《中国森林认证自然保护地生态旅游》	LY/T 3246—2020
9	《自然保护地勘界立标规范》	GB/T 39740—2020
10	《自然保护地生态旅游规范》	LY/T 3292—2021
11	《自然保护区管护基础设施建设技术规范》	HJ/T 129—2003
12	《自然保护区自然生态质量评价技术规程》	LY/T 1813—2009
13	《海洋自然保护区管理技术规范》	GB/T 19571—2004
14	《海洋自然保护区类型与级别划分原则》	GB/T 17504—1998
15	《国家公园设立规范》	GB/T 39737—2021
16	《国家公园总体规划技术规范》	LY/T 3188—2020
17	《国家公园总体规划技术规范》	GB/T 39736—2020
18	《国家公园监测规范》	GB/T 39738—2020
19	《国家公园考核评价规范》	GB/T 39739—2020
20	《国家级森林公园总体规划规范》	LY/T 2005—2012
21	《森林康养基地总体规划导则》	LY/T 2935—2018
22	《森林养生基地质量评定》	LY/T 2789—2017
23	《风景名胜区总体规划标准》	GB/T 50298—2018
24	《风景名胜区详细规划标准》	GB/T 51294—2018
25	《土地利用现状分类》	GB/T 21010—2017
26	《水利风景区规划编制导则》	SL 471—2010
27	《海洋特别保护区功能分区和总体规划编制技术导则》	HY/T 118—2010
28	《国家沙漠公园总体规划编制导则》	LY/T 2574—2016

(1)国家公园

国家公园是我国自然保护地最重要类型之一，属于全国主体功能区规划中的禁止开发区域，纳入全国生态保护红线区域管控范围，实行最严格的保护。国家公园总体规划属于国土空间规划体系的专项规划，是国家公园规划体系的重要组成部分，是国家公园空间管理和发展建设的纲领性文件，具有空间属性、建设属性和管理属性，并约束和指导同域的其他规划编制和实施。因此，在具体编制生态旅游规划时应参照《建立国家公园体制总体方案》《国家公园总体规划技术规范》《国家公园总体规划技术规范》《国家公园设立规范》《国家公园监测规范》《国家公园考核评价规范》《国家公园管理暂行办法》等现行相关规范标准(表3-3)。

表3-3 国家公园发展生态旅游相关制度

制度名称	主要内容节选
《建立国家公园体制总体方案》	规定了严格规划建设管控，除不损害生态系统的原住民生产生活设施改造和自然观光、科研、教育、旅游外，禁止其他开发建设活动
《国家公园总体规划技术规范》	规定了国家公园总体规划的定位、原则、程序、目标、内容、生态影响评价和效益分析、文件组成等要求，明确了现状调查评价、范围和分区方法，提出了保护体系、服务体系、社区发展、土地利用协调、管理体系等规划的主要内容和技术方法
《国家公园设立规范》	规定了国家公园准入条件、认定指标、调查评价、命名规则和设立方案编制等要求，适用于国家公园设立的评价和管理
《国家公园监测规范》	规定了国家公园监测的体系构建、内容指标、分析评价等要求，明确了监测程序和方法。依据此标准，可指导国家公园生态系统和自然文化资源的保护、修复、利用与管理活动及成效的监测和评价
《国家公园考核评价规范》	规定了国家公园年度考核和阶段评价的周期、内容、指标等要求，明确了年度考核和阶段评价的程序和方法。依据此标准，可指导国家公园建设管理工作、公共服务及保护管理成效的考核评价
《国家公园管理暂行办法》	第二十四条规定，国家公园管理机构应当加强国家公园科研能力建设，组织开展生态保护和修复、文化传承、生态旅游、风险管控和生态监测等科学技术的研究、推广和应用。 第二十八条规定，国家公园管理机构根据国家公园总体规划和专项规划，立足全民公益性的国家公园理念，为全社会提供优质生态产品，以及科研、教育、文化、生态旅游等公众服务。 第三十三条规定，国家公园管理机构应当建立国家公园综合信息平台，依法向社会公众提供自然资源、保护管理、科研监测、自然教育、生态旅游等信息服务

(2)自然保护区

自然保护区开展生态旅游是增强自养能力、实现可持续发展的有效途径，为使自然保护区生态旅游走上科学化、规范化发展的轨道，促使自然保护区统一组织、管理、开展生态旅游活动，规范对自然保护区生态旅游规划设计的要求，切实提高自然保护区开展生态旅游活动的成效，在具体编制生态旅游规划时应参照《中华人民共和国自然保护区条例》《自然保护区土地管理办法》《自然保护区生态旅游设施建设通则》《自然保护区总体规划技术规程》《自然保护区生态环境监察指南》《国家级自然保护区规范化建设和管理导则(试行)》《森林和野生动物类型自然保护区管理办法》《水生动植物自然保护区管理办法》《海洋自然保护区管理办法》《海洋自然保护区管理技术规范》等现行相关规范标准(表3-4)。

表 3-4　自然保护区发展生态旅游相关制度

制度名称	主要内容节选
《中华人民共和国自然保护区条例》	第十八条规定，自然保护区可以分为核心区、缓冲区和实验区。自然保护区内保存完好的天然状态的生态系统以及珍稀、濒危动植物的集中分布地，应当划为核心区，禁止任何单位和个人进入。核心区外围可以划定一定面积的缓冲区，只准进入从事科学研究观测活动。缓冲区外围划为实验区，可以进入从事科学实验、教学实习、参观考察、旅游以及驯化、繁殖珍稀、濒危野生动植物等活动。 第二十二条规定，在不影响保护自然保护区的自然环境和自然资源的前提下，组织开展参观、旅游等活动。 第二十八条规定，禁止在自然保护区的缓冲区开展旅游和生产经营活动
《自然保护区土地管理办法》	第十七条规定，禁止在自然保护区及其外围保护地带建立污染、破坏或者危害自然保护区自然环境和自然资源的设施。 第十八条规定，在自然保护区所划定的区域开展旅游，应维持原地貌和景观不受破坏和污染。在自然保护区外围保护地带，当地群众可以照常生产、生活，但是不得进行危害自然保护区功能的活动。自然保护区内的土地受到破坏并能够复垦恢复的，有关单位和个人应当负责复垦，恢复利用
《自然保护区生态旅游设施建设通则》	总则规定，生态旅游设施不得建设在保护区的核心区和缓冲区之内，旅游接待能力不得大于保护区的生态旅游容量
《自然保护区总体规划技术规程》	要求自然保护区生态旅游只能在实验区进行；以积极保护为前提，资源利用必须服从于自然保护；主要进行科普、环保、探险、自然游憩等生态旅游项目，强调人与自然和谐统一的主题，与自然景观和传统生产生活方式协调；必须有严格的环境容量限制；旅游区域和服务区域必须适度集中，不破坏和影响生态环境，不影响和干扰保护对象和科学实验活动；旅游设施以自然和传统为主，旅游景点开发不破坏原有自然风貌；旅游区域内不进行大规模的修建和整饰；项目的发展应尽量照顾周边社区群众，使他们从中受益
《自然保护区生态环境监察指南》	对生态旅游监察提出相关要求，为规范自然保护区生态旅游活动，防止对自然保护区生态环境的不利影响
《国家级自然保护区规范化建设和管理导则（试行）》	规定保护区内不得违法违规开展建设项目，在自然保护区核心区和缓冲区内，不得建设任何生产设施。在自然保护区的实验区内，不得建设污染环境、破坏资源或者景观的生产设施
《森林和野生动物类型自然保护区管理办法》	第十二条规定，有条件的自然保护区，经林业部或省、自治区、直辖市林业主管部门批准，可以在指定的范围内开展旅游活动。在自然保护区开展旅游必须遵守以下规定： ①旅游业务由自然保护区管理机构统一管理，所得收入用于自然保护区的建设和保护事业； ②有关部门投资或与自然保护区联合兴办的旅游建筑和设施，产权归自然保护区，所得收益在一定时期内按比例分成，但不得改变自然保护区隶属关系； ③对旅游区必须进行规划设计，确定合适的旅游点和旅游路线； ④旅游点的建筑和设施要体现民族风格，同自然景观和谐一致； ⑤根据旅游需要和接待条件制订年度接待计划，按隶属关系报林业主管部门批准，有组织地开展旅游； ⑥设置防火、卫生等设施，实行严格的巡护检查，防止造成环境污染和自然资源的破坏

(续)

制度名称	主要内容节选
《水生动植物自然保护区管理办法》	第十九条规定，禁止在水生动植物自然保护区的缓冲区开展旅游和生产经营活动。 第二十条规定，在国家级水生动植物自然保护区的实验区开展参观、旅游活动的，由自然保护区管理机构提出方案，经省级人民政府渔业行政主管部门审核后，报国务院渔业行政主管部门批准
《海洋自然保护区管理办法》	第十三条规定，海洋自然保护区可根据自然环境、自然资源状况和保护需要划为核心区、缓冲区、实验区，或者根据不同保护对象规定绝对保护期和相对保护期。核心区内，除经沿海省、自治区、直辖市海洋管理部门批准进行的调查观测和科学研究活动外，禁止其他一切可能对保护区造成危害或不良影响的活动。缓冲区内，在保护对象不遭人为破坏和污染前提下，经该保护区管理机构批准，可在限定时间和范围内适当进行渔业生产、旅游观光、科学研究、教学实习等活动。实验区内，在该保护区管理机构统一规划和指导下，可有计划地进行适度开发活动。绝对保护期即根据保护对象生活习性规定的一定时期，保护区内禁止从事任何损害保护对象的活动；经该保护区管理机构批准，可适当进行科学研究、教学实习活动。相对保护期即绝对保护期以外的时间，保护区内可从事不捕捉、损害保护对象的其他活动。 第十八条规定，有条件开展旅游活动的海洋自然保护区，其活动区域和开发规划应经国家海洋行政主管部门或沿海省、自治区、直辖市海洋管理部门批准，旅游业务由海洋自然保护区管理机构统一管理，所得收入用于保护区的建设和保护事业。开展旅游活动必须采取有效措施，防止损害保护对象。严禁开展与保护区保护方向不一致的旅游项目
《海洋自然保护区管理技术规范》	海洋自然保护区的开发活动应贯彻"以区养区"原则，在保证保护区主要保护对象和生态环境不受干扰和破坏的前提下，可以在保护区的实验区开展以生态旅游为主的开发活动。 在保护区实验区开展开发活动必须接受海洋自然保护区管理部门及其主管部门的监督和检查，保证开发活动不会给保护区的生态环境及主要保护对象带来不利的影响

(3) 风景名胜区

通过风景名胜区规划进行统筹安排，协调城景关系、景民关系，促使风景名胜区提高保护、利用、建设和管理的水平，使之精细而实效，能够有效保护风景名胜区资源、提高利用与建设水平、促进风景名胜区发展、协调多方需求。在具体编制生态旅游规划时应参照《风景名胜区条例》《风景名胜区总体规范标准》《风景名胜区详细规划标准》等现行相关规范标准(表3-5)。

表3-5 风景名胜区发展生态旅游相关制度

制度名称	主要内容节选
《风景名胜区条例》	第二十七条规定，禁止违反风景名胜区规划，在风景名胜区内设立各类开发区和在核心景区内建设宾馆、招待所、培训中心、疗养院以及与风景名胜资源保护无关的其他建筑物；已经建设的，应当按照风景名胜区规划，逐步迁出。 第三十条规定，风景名胜区内的建设项目应当符合风景名胜区规划，并与景观相协调，不得破坏景观、污染环境、妨碍游览。在风景名胜区内进行建设活动的，建设单位、施工单位应当制定污染防治和水土保持方案，并采取有效措施，保护周围景物、水体、林草植被、野生动物资源和地形地貌
《风景名胜区总体规划标准》	风景区实行分级保护，应科学划定一级保护区、二级保护区和三级保护区，保护风景区的景观、文化、生态和科学价值

(4) 森林公园

森林公园是开展森林旅游的主要载体。以森林公园为主要载体开展的森林旅游活动，不仅有效保护了自然资源和生态环境，而且走出了一条不以消耗森林资源和破坏森林生态环境为代价，又能促进地方经济、社会、生态三大效益良性循环发展的道路。为适应森林旅游与森林公园建设的需要，在具体编制生态旅游规划时应参照《中华人民共和国森林法》《中华人民共和国森林法实施条例》《国家级森林公园总体规划规范》等现行相关规范标准（表3-6）。

表 3-6 森林公园发展生态旅游相关制度

制度名称	主要内容节选
《中华人民共和国森林法》	第三十一条规定，国家在不同自然地带的典型森林生态地区、珍贵动物和植物生长繁殖的林区、天然热带雨林区和具有特殊保护价值的其他天然林区，建立以国家公园为主体的自然保护地体系，加强保护管理。国家支持生态脆弱地区森林资源的保护修复。 第三十二条规定，国家实行天然林全面保护制度，严格限制天然林采伐，加强天然林管护能力建设，保护和修复天然林资源，逐步提高天然林生态功能。具体办法由国务院规定
《中华人民共和国森林法实施条例》	第十二条规定，制定林业长远规划，应当遵循保护生态环境和促进经济的可持续发展；现有的森林资源为基础；与土地利用总体规划、水土保持规划、城市规划、村庄和集镇规划相协调3个原则
《国家级森林公园总体规划规范》	森林生态旅游产品类型应包括森林观光游览、科普教育、康体度假、探险科考等。森林生态旅游产品规划应包括森林风景资源特征分析；游憩项目组织；游憩景区组织；游线组织与游程安排等基本内容。游憩项目组织应包括项目筛选、游赏方式、时间和空间安排、场地和游人活动等，并遵循以下原则：①在与景观特色协调，与规划目标一致的基础上，组织新、奇、特、优的游赏项目；②权衡森林风景资源与环境的承受力，保护森林风景资源永续利用；③符合当地用地条件、经济状况及设施水平；④尊重当地文化习俗、生活方式和道德规范

(5) 地质公园

地质公园的建设，保护了地质遗迹资源，普及了地球科学知识，促进了经济社会发展，为推进生态文明建设，加强自然资源对生态环境的源头保护发挥了重要作用。地质公园生态旅游规划编制应参照《地质遗迹保护管理规定》，各项规划的细节部分应参照《国家地质公园规划编制技术要求》（表3-7）。

(6) 湿地公园

湿地是重要的社会经济资源，在湿地开展生态旅游，不仅能够促进区域经济可持续发展，从而实现对湿地生态环境的积极保护，还可以对旅游者进行生动的环境教育，推动生态文明建设。湿地生态旅游开发是实现湿地保护与可持续发展的重要途径，在具体编制生态旅游规划时应参照《国家湿地公园管理办法》《湿地保护管理规定》《国家湿地公园建设规范》等现行相关规范标准（表3-8）。

表 3-7 地质公园发展生态旅游相关制度

制度名称	主要内容节选
《地质遗迹保护管理规定》	第十一条规定，对保护区内的地质遗迹可分别实施一级保护、二级保护和三级保护： ①一级保护。对国际或国内具有极为罕见和重要科学价值的地质遗迹实施一级保护，非经批准不得入内。经设立该级地质遗迹保护区的人民政府地质矿产行政主管部门批准，可组织进行参观、科研或国际交往。 ②二级保护。对大区域范围内具有重要科学价值的地质遗迹实施二级保护。经设立该级地质遗迹保护区的人民政府地质矿产行政主管部门批准，可有组织地进行科研、教学、学术交流及适当的旅游活动。 ③三级保护。对具一定价值的地质遗迹实施三级保护。经设立该级地质遗迹保护区的人民政府地质矿产行政主管部门批准，可组织开展旅游活动
《国家地质公园规划编制技术要求》	依据土地使用功能的差别、地质遗迹保护的要求，结合科普教育、社区发展和旅游活动的需求，在公园或独立的园区范围内，可酌情划分出如下功能区：地质遗迹景观区、自然生态区、人文景观区、综合服务区（含门区、游客服务、科普教育、公园管理功能）、居民点保留区

表 3-8 湿地公园发展生态旅游相关制度

制度名称	主要内容节选
《国家湿地公园管理办法》	第十一条规定，国家湿地公园应划定保育区。根据自然条件和管理需要，可划分恢复重建区、合理利用区，实行分区管理。保育区除开展保护、监测、科学研究等必需的保护管理活动外，不得进行任何与湿地生态系统保护和管理无关的其他活动。恢复重建区应当开展培育和恢复湿地的相关活动。合理利用区应当开展以生态展示、科普教育为主的宣教活动，可开展不损害湿地生态系统功能的生态体验及管理服务等活动。保育区、恢复重建区的面积之和及其湿地面积之和应分别大于湿地公园总面积、湿地公园湿地总面积的60%。 第十九条规定，除国家另有规定外，国家湿地公园内禁止下列行为：①开(围)垦、填埋或者排干湿地；②截断湿地水源；③挖沙、采矿；④倾倒有毒有害物质、废弃物、垃圾；⑤从事房地产、度假村、高尔夫球场、风力发电、光伏发电等任何不符合主体功能定位的建设项目和开发活动；⑥破坏野生动物栖息地和迁徙通道、鱼类洄游通道，滥采滥捕野生动植物；⑦引入外来物种；⑧擅自放牧、捕捞、取土、取水、排污、放生；⑨其他破坏湿地及其生态功能的活动
《湿地保护管理规定》	第二十条规定，以保护湿地生态系统、合理利用湿地资源、开展湿地宣传教育和科学研究为目的，并可供开展生态旅游等活动的湿地，可以设立湿地公园
《湿地公园设计标准》	湿地公园设计应以保护和修复原生湿地生态系统为主要功能，兼顾科普教育和休闲游憩功能；湿地公园设计应遵循生态优先、系统保护、因地制宜、节约用水的基本原则，合理利用水资源；湿地公园设计水源保护区及其他敏感区，应符合相关保护规划的要求

(7) 沙漠公园

沙漠公园是以沙漠景观为主体,以保护荒漠生态系统为目的,在促进防沙治沙和保护生态功能的基础上,合理利用沙区资源,开展公众游憩、旅游休闲和进行科学、文化、宣传和教育活动的特定区域。为规范国家沙漠公园建设和管理,促进国家沙漠公园健康发展,2013年10月,国家林业局启动国家沙漠公园建设试点工作。在具体编制生态旅游规划时应参照《中华人民共和国防沙治沙法》等法律法规与制度的相关规定等现行相关规范标准(表3-9)。

表3-9 沙漠公园发展生态旅游相关制度

制度名称	主要内容节选
《中华人民共和国防沙治沙法》	第十二条规定,编制防沙治沙规划,应当根据沙化土地所处的地理位置、土地类型、植被状况、气候和水资源状况、土地沙化程度等自然条件及其所发挥的生态、经济功能,对沙化土地实行分类保护、综合治理和合理利用。在规划期内不具备治理条件的以及因保护生态的需要不宜开发利用的连片沙化土地,应当规划为沙化土地封禁保护区,实行封禁保护。沙化土地封禁保护区的范围,由全国防沙治沙规划以及省、自治区、直辖市防沙治沙规划确定。防沙治沙规划应当与土地利用总体规划相衔接;防沙治沙规划中确定的沙化土地用途,应当符合本级人民政府的土地利用总体规划。 第二十条规定,沙化土地所在地区的县级以上地方人民政府,不得批准在沙漠边缘地带和林地、草原开垦耕地;已经开垦并对生态产生不良影响的,应当有计划地组织退耕还林还草。 第二十一条规定,在沙化土地范围内从事开发建设活动的,必须事先就该项目可能对当地及相关地区生态产生的影响进行环境影响评价,依法提交环境影响报告;环境影响报告应当包括有关防沙治沙的内容。 第二十二条规定,在沙化土地封禁保护区范围内,禁止一切破坏植被的活动。禁止在沙化土地封禁保护区范围内安置移民。对沙化土地封禁保护区范围内的农牧民,县级以上地方人民政府应当有计划地组织迁出,并妥善安置。沙化土地封禁保护区范围内尚未迁出的农牧民的生产生活,由沙化土地封禁保护区主管部门妥善安排。未经国务院或者国务院指定的部门同意,不得在沙化土地封禁保护区范围内进行修建铁路、公路等建设活动
《国家沙漠公园管理办法》	第十二条规定,国家沙漠公园建设要合理进行功能分区,发挥保护、科研、宣教和游憩等生态旅游功能。功能分区主要包括生态保育区、宣教展示区、沙漠体验区、管理服务区。生态保育区应当实施最严格的生态保护和管理,最大限度减少对生态环境的破坏和消极影响;宣教展示区主要开展与荒漠生态系统相关的科普宣教和自然人文景观的展示活动;沙漠体验区可在不损害荒漠生态系统功能的前提下开展生态旅游、文化、体育等活动,建设必要的景点和配套设施;管理服务区主要开展管理接待和服务等活动,可进行必要的基础设施建设

(8) 海洋公园

海洋公园的建立丰富了海洋生态文明的内涵,能有效保障区域滨海、海岛与海洋生态系统的健康、安全,为海洋生物提供栖息、繁育和觅食的场所,有效保护和恢复区域生物多样性，构建完善的生态网络。在社会效益方面，海洋公园是科研、科普教育的理想基地，能促进海洋文化的提升和传播；通过发展海洋休闲及生态旅游等，还可以推动区域海洋经济多样化发展。在具体编制生态旅游规划时应参照《中华人民共和国海洋环境保护法》《海洋特别保护区管理办法》等法律法规与制度的相关规定等现行相关规范标准(表3-10)。

表3-10 海洋公园发展生态旅游的政策约束

制度名称	主要内容节选
《中华人民共和国海洋环境保护法》	第四十二条规定，新建、改建、扩建海岸工程建设项目，必须遵守国家有关建设项目环境保护管理的规定，并把防治污染所需资金纳入建设项目投资计划。在依法划定的海洋自然保护区、海滨风景名胜区、重要渔业水域及其他需要特别保护的区域，不得从事污染环境、破坏景观的海岸工程项目建设或者其他活动
《海洋特别保护区管理办法》	第三十二条规定，在重点保护区内，实行严格的保护制度，禁止实施各种与保护无关的工程建设活动。在适度利用区内，在确保海洋生态系统安全的前提下，允许适度利用海洋资源。鼓励实施与保护区保护目标相一致的生态型资源利用活动，发展生态旅游、生态养殖等海洋生态产业。在生态与资源恢复区内，根据科学研究结果，可以采取适当的人工生态整治与修复措施，恢复海洋生态、资源与关键生境。在预留区内，严格控制人为干扰，禁止实施改变区内自然生态条件的生产活动和任何形式的工程建设活动。 第四十一条规定，应当科学确定旅游区的游客容量，合理控制游客流量，加强自然景观和旅游景点的保护。禁止超过允许容量接纳游客和在没有安全保障的区域开展游览活动；在海洋公园组织参观、旅游活动的，必须按照经批准的方案进行，并加强管理；进入海洋特别保护区参观、旅游的单位和个人，应当服从海洋公园管理机构的管理；禁止开设与海洋公园保护目标不一致的参观、旅游项目

3.2.2 自然保护地生态旅游规划编制的内容及程序

3.2.2.1 国家公园生态旅游规划编制

(1)规划指导思想

国家公园生态旅游规划应以坚持生态保护第一为前提，始终把保护作为发展生态旅游的根本前提和重要保障，通过设计多样化的旅游体验模式、开展自然环境教育等活动，加强国家公园旅游服务能力建设，带动全区旅游业发展，充分发挥生态旅游对生态价值的转化作用。

(2)规划基本原则

①系统完整性。立足国家公园重要自然生态系统的原真性、完整性保护，统筹山水林田湖草系统治理，体现系统保护及修复的要求。

②科学合理性。尊重自然规律，根据国家公园资源特点、功能，合理界定范围和管控分区，科学规划项目，提出应采取的措施。

③统筹协调性。统筹考虑在一定时期内国家公园建设和管理各方面的需要，与国土空

间、生态功能区、生态保护红线、国民经济和社会发展等相协调，进行整体、全面和综合规划。

④切实可行性。本着一次规划、分期建设、逐步实施的原则，将长远规划和近期规划相结合，突出规划重点、照顾一般、先急后缓、先易后难，充分利用已有的建设基础，确保资源保护行之有效，建设项目可行，各项措施能得到利益相关者的支持。

⑤多方参与性。规划过程应确保各利益相关者的参与，在不违背相关政策及技术规范的前提下，充分尊重各利益相关者的权益、意见和建议。

(3) 规划内容大纲

国家公园生态旅游规划大纲

第一章	**总论**	第四节	存在问题
第一节	规划背景	**第五章**	**建设条件综合分析**
第二节	规划范围	第一节	建设的适宜性
第三节	规划期限	第二节	建设的可行性
第四节	规划依据	第三节	综合评价
第五节	指导思想	**第六章**	**规划理念与战略分析**
第六节	规划目标	第一节	指导思想
第七节	总体布局	第二节	规划理念
第八节	投资估算	第三节	规划原则
第二章	**资源价值评价**	第四节	规划建设目标
第一节	地理区位	第五节	战略分析和定位
第二节	自然环境(包括生物地理分区特征)	**第七章**	**管控分区与总体布局**
第三节	生物资源	第一节	管控分区
第四节	人文资源	第二节	总体布局
第五节	游憩资源	**第八章**	**生态保护与修复**
第六节	资源价值评价	第一节	生态系统保护与修复
第七节	核心资源	第二节	生物多样性保护
第三章	**社会经济与社区发展**	第三节	地质景观保护
第一节	社会经济概况	第四节	人文资源保护
第二节	社区概况	**第九章**	**资源管理**
第三节	人口与民族	第一节	管护体系
第四节	社区经济与文化教育卫生状况	第二节	巡护体系
第五节	社区资源利用状况	第三节	防护体系
第六节	土地权属与土地利用状况	**第十章**	**科研监测**
第四章	**建设管理现状**	第一节	科研规划
第一节	基础设施建设	第二节	监测规划
第二节	管理体系	**第十一章**	**科普教育**
第三节	管理成效	第一节	科普教育展示体系规划

第二节 解说系统规划	第十五章 保障措施
第十二章 游憩体验	第一节 法律保障
第一节 游憩类型及主题定位	第二节 制度保障
第二节 重点游憩展示区规划	第三节 组织保障
第三节 游憩产品	第四节 资金保障
第四节 环境容量和客源市场分析	第五节 技术保障
第十三章 社区发展	第十六章 投资估算
第一节 社区发展措施	第一节 估算依据
第二节 社区民生扶持与产业调控	第二节 主要技术经济指标
第三节 社区教育	第三节 估算结果
第十四章 管理与运行	第十七章 影响评价
第一节 管理体制	第一节 环境影响评价
第二节 运行机制	第二节 社会影响评价
第三节 管理服务基础设施及配套工程	第三节 效益分析

资料来源：《国家公园总体规划技术规范》(LY/T 3188—2020)。

(4) 规划范围和管控分区

①规划范围。国家公园范围依据国家公园自然生态系统结构、过程、功能的完整性，地域单元的相对独立性和连通性，保护、利用、管理的必要性与可行性，统筹考虑自然生态系统的完整性和周边经济社会发展的需要，合理划定。

②管控分区。制定核心保护区和一般控制区的管理措施，实行差别化管控(表3-11)。

表3-11 国家公园生态旅游规划管控分区

区划	主要功能
核心保护区	是国家公园范围内自然生态系统保存最完整或核心资源集中分布，或者生态脆弱的地域。应实行最严格的生态保护和管理，除巡护管理、科研监测和经按程序规定批准的人员外，原则上禁止外来人员进入核心保护区，禁止生产生活等人类活动
一般控制区	是国家公园范围内核心保护区之外的区域。一般控制区内已遭到不同程度破坏而需要自然恢复和生态修复的区域应尊重自然规律采取近自然性的、适当的人工措施促进生态恢复。在确保自然生态系统健康、稳定、良性循环发展的前提下，一般控制区允许适量开展非资源损伤或破坏的人类利用活动

资料来源：《国家公园总体规划技术规范》(LY/T 3188—2020)。

 规划案例

《海南热带雨林国家公园规划（2019—2025年）》节选

海南热带雨林位于热带北缘，系大陆性岛屿型热带雨林，是世界热带雨林的重要组成部分，是我国分布最集中、保存最完好、连片面积最大的热带雨林，是中国热带雨林的典型代表，为

"一带一路"建设和南海地区提供生态安全保障。《海南热带雨林国家公园规划（2019—2025年）》（以下简称《规划》）以海南热带雨林生态系统的原真性和完整性保护为目标，以热带雨林的整体保护、系统修复和综合治理为重点，创新保护管理体制机制，合理区划管控分区，统一自然资源管理，协调社区发展，大力普及生态保护知识，科学规划建设项目，努力将海南热带雨林国家公园建设成为国家生态文明试验区（海南）的靓丽名片，奋力争创我国国家公园建设的生动范例。

一、国家公园管控措施

1. 全区管控措施

海南热带雨林国家公园属于全国主体功能区规划中的禁止开发区域，纳入全国生态保护红线区域管控范围，实行最严格的保护，国家公园实施核心保护区、一般控制区的分区管控差别化管理。

核心保护区原则上禁止人为活动，一般控制区严格禁止开发性、生产性建设活动，在符合现行法律法规前提下，除国家重大战略项目外，仅允许对生态功能不造成破坏的有限人为活动，主要包括：①零星的原住民在不扩大现有建设用地和耕地规模前提下，修缮生产生活设施，保留生活必需的少量种植、放牧、捕捞、养殖；②因国家重大能源资源安全需要开展的战略性能源资源勘查，公益性自然资源调查和地质勘查；③自然资源、生态环境监测和执法包括水文水资源监测及涉水违法事件的查处等，灾害防治和应急抢险活动；④经依法批准进行的非破坏性科学研究观测、标本采集；⑤经依法批准的考古调查发掘和文物保护活动；不破坏生态功能的适度参观旅游和相关的必要公共设施建设；⑥必须且无法避让、符合县级以上国土空间规划的线性基础设施建设、防洪和供水设施建设与运行维护；⑦重要生态修复工程。将国家公园内不符合保护和规划要求的各类设施、工矿企业、水电项目逐步关停、搬离。

2. 分区管控措施

（1）核心保护区管控

原则上核心保护区内禁止人为活动。对核心保护区的自然生态系统和自然资源实行最严格管控，长期保持区域内生态系统的原真性和完整性。严格保护坡垒、野生荔枝、蝴蝶树、土沉香等热带雨林代表珍稀树种及其生境，确保种群稳定发展；严格保护海南长臂猿、海南孔雀雉、圆鼻巨蜥等重点野生动物及其栖息地，确保重要栖息地的完整性、连通性和种群健康稳定发展。

（2）一般控制区管控

一般控制区内限制人为活动。一般控制区严格实施国土空间用途管制，根据国家公园生态修复、基础设施建设、居民生产生活、生态体验与科普教育等可持续管理需求，对一般控制区实行差别化管控。除不损害生态系统的原住民生产生活设施改造和自然观光、科研教育、旅游及水利基础设施外，禁止其他开发建设活动。在生态系统脆弱或受损严重需要保护修复、工矿企业退出后的迹地等需要生态修复区域，通过以自然修复为主，适当人工干预为辅的生态工程措施，加强河湖、天然湿地、天然林地等的保护，恢复退化原始植被，治理退化土地，保护珍稀野生动物物种，保持生态廊道的完整性和连通性，逐步恢复区域内生态系统的自然状态，逐步减少人为活动对生态系统的影响。在居民生产生活区，明确国家公园区域内居民生产生活边界，严格实施用途管控，规范各类建设规划许可管理，确保不影响国家公园规划实施与社区居民正常生产生活。在具备开展生态体验与科普教育条件的区域，科学评估、合理布局以自然为基础的生态体验与科普教育项目，完善交通设施、安全保障设施等配套建设，发挥国家公园生态系统的文化服务功能，推动国家公园社区的传统经济转型与绿色发展。

二、国家公园生态旅游产品设计

坚持"生态保护第一"理念，依托热带雨林生态系统的原真性和完整性以及绚丽多彩的黎、苗民族文化，在海南热带雨林国家公园内开展自然教育与生态体验活动（例表3-1），为公众提供亲近雨林、体验雨林、了解雨林的体验和教育机会，增强雨林保护意识，激发公众的国家认同感和民族自豪感。

例表 3-1　自然教育与生态体验活动

教育体验内容		生态文明与国家公园常识借助热带雨林国家公园的自然教育与生态体验，宣讲世界生态文明发展历程，普及我国生态文明建设知识和成就，诠释国家公园理念和我国国家公园建设特点，增进访客对生态文明与国家公园知识的了解
		热带雨林自然资源展示海南热带雨林国家公园奇特秀美、蓝绿映衬的五指山、尖峰岭等热带山地景观，灵秀俊逸、山水辉映的尖峰岭天池、枫果山瀑布等热带水体景观，独特多样、保存完好的独木成林、空中花园等热带雨林景观，丰富的生物多样性等代表性自然资源
		雨林文化与红色文化资源弘扬热带雨林国家公园多元的民族文化、历史悠久的雨林文化、底蕴深厚的红色文化，包括黎苗服饰、黎苗歌舞等瑰丽多元的民俗风情，山兰节、红叶节等独具特色的民间节庆，黎族织锦、制陶、酿酒等工艺精良的民间技艺，黎族船型屋等历史悠久的传统民居，雷公笋、水满茶等丰富多样的土特产品，琼崖纵队司令部等红色遗迹等
教育体验方式	观光游览	访客进入国家公园，应首先在访客中心获取游览信息、接受自然教育，依托国家公园步道系统或自驾驱车，按照地图所示路线观赏自然风光和人文风情。通过观光游览，访客能够领略海南热带雨林的自然之美，感受大自然的神奇造化，见识独具特色的民风民俗，进而激发其保护热带雨林和生态环境的意识
	户外运动	访客进入国家公园，应首先在游客中心获取游览信息、接受自然教育，在国家公园指定区域开展骑行、徒步、登山、漂流、攀岩、溯溪、速降、探险等户外运动。访客能够感受大自然的神奇造化，培养"敬畏自然、顺应自然、保护自然"的科学自然观，牢固树立自然资源可持续利用和保护热带雨林的观念
	低碳休闲	访客在游客中心获取游览信息、接受自然教育，并按照引导开展森林休闲、亲水休闲、文化休闲、田园休闲等低碳休闲活动。同时，规范利用现有林场、农场等基础设施建设雨林营地，为自驾露营、夏（冬）令营等提供条件。访客在形式多样的雨林低碳休闲活动中体验雨林之美、感受自然魅力，培养其保护生态环境，践行低碳生活的生态理念
	森林康养	利用热带雨林在森林康养上的天然优势，依托雨林生态资源、景观资源、食药资源等自然资源，借助森林木屋、健康步道等设施，开展森林浴、森林冥想等森林康养活动，为访客提供养眼、养肺、养心、养性的康养服务。访客在体验森林康养项目的过程中，领悟感受热带雨林国家公园优质生态环境带给人生理和心理上的调节抚慰，激发其守护海南热带雨林的潜能
	科普宣教	海南热带雨林国家公园以其最具特色的自然和文化资源为主要宣教内容，通过综合场馆、开放体验、媒体传播、交互沟通等多种形式开展科普宣教。科普宣教是国家公园的一项重要功能，也是访客深入了解海南热带雨林国家公园的主要手段。接受科普教育是热带雨林国家公园访客的权利和义务，每位访客在接受由国家公园组织开展的科普宣教后方可开展相关体验活动
教育与体验设施	基础设施	国家公园门区系统、国家公园步道系统、"五网"设施、环卫设施、安全设施、安保设施
	服务设施	访客中心、访客驿站、观景设施、警示标牌、指示标牌
	宣教设施	国家公园展示中心、研学实习基地、黎族生态博物馆、野外环教点、科教研习小径

资料来源：《海南热带雨林国家公园规划》（2019—2025 年）。

3.2.2.2 自然保护区生态旅游规划编制

(1) 规划指导思想

自然保护区生态旅游规划应以自然保护和景观保护为前提，以适度进行景点、景区的开发建设与利用和旅游服务设施建设为手段，通过开展丰富多彩的具有自然保护区特色的生态旅游活动，探索自然保护事业和当地社区经济可持续发展的有效途径，将旅游区建设成为生态保护、科普教育和资源可持续利用示范基地。

(2) 规划基本原则

①保护性。规划必须突出积极保护自然资源，旅游区的开发建设服从于保护的主题，将保护自然贯穿于整个旅游活动中；旅游活动规划仅限于实验区，确保旅游活动的开展不对自然保护区内主要保护对象、保护目标产生任何不利影响。

②合理性。规划应根据旅游资源分布、交通状况和管理需要，对旅游区、旅游线路进行合理布局。

③自然性。旅游区景区景点规划必须以自然景观、自然生物和自然环境为基本对象，保护旅游区域的自然完整性，充分发挥景源的美学、文化及艺术价值；通过适度的景点开发和旅游服务设施建设，突出自然特色和山野情趣。

④科普性。规划应突出旅游与科普的结合，通过规划以自然生态为主要内容的科普旅游活动，促使游客自然保护的知识、思想和行动的获得和实现，充分发挥生态旅游区科普考察、宣传教育和观光旅游的多种功能。

⑤协调性。规划必须处理好保护与开发、短期与远期、整体与局部的关系，促进生态旅游业与自然保护事业和地方经济的协调发展。

⑥阶段性。本着一次规划、分期建设、逐步实施的原则，分别不同建设分期进行景区景点和旅游项目规划，突出重点、兼顾一般、先急后缓、先易后难。

(3) 规划内容大纲

自然保护区生态旅游规划大纲

第一章　总论
第一节　前言
第二节　规划依据
第三节　规划指导思想和原则
第四节　规划期限
第二章　生态旅游资源调查与评价
第一节　专项调查
第二节　资源评价
第三章　环境容量分析
第四章　客源和市场分析
第一节　客源地理结构分析
第二节　客源地市场潜力分析

第三节　游客规模分析
第四节　旅游市场定位
第五章　总体布局与旅游路线
第一节　总体布局
第二节　游憩活动及景区、景点
第三节　旅游路线
第六章　资源、环境及社区文化保护
第一节　资源保护
第二节　环境保护
第三节　社区文化保护
第七章　生态旅游设施工程
第一节　基础设施建设工程

第二节	服务设施工程	第二节	资金筹措
第三节	其他设施工程	**第十一章**	**社会经济效益分析**
第八章	**生态环境监测与评价**	第一节	社会效益
第一节	生态环境监测	第二节	经济效益
第二节	游客监测	**第十二章**	**保障措施**
第三节	生态环境影响评价	第一节	政策保障
第九章	**管理机构与经营管理机制**	第二节	组织保障
第一节	管理机构	第三节	资金保障
第二节	经营机制	第四节	人才保障
第十章	**投资估算与资金筹措**	第五节	管理保障
第一节	投资估算		

资料来源：《自然保护区生态旅游规划技术规程》(GB/T 20416—2006)。

(4) 规划范围和功能区划

①规划范围。保护区内的生态旅游区建设要避开核心区和缓冲区，旅游设施建设、旅游参观活动的线路、范围要严格限制在实验区或保护区的外围。

②功能区划。生态旅游区域可按不同功能划分为游览区、景观生态保育区和服务区（表3-12）。

表3-12　自然保护区功能区划

区划	主要功能
游览区	适合各种野外观景、游憩活动开展的区域。游览区内可进行二级区划
景观生态保育区	以涵养水源、保持水土、维护旅游区生态环境为主要功能的区域
服务区	管理服务机构、服务接待设施集中分布的区域，面积可视保护区面积大小而定，服务区宜建在自然保护区外，最好与保护区管理局局址建设工程合建

资料来源：《自然保护区生态旅游规划技术规程》(GB/T 20416—2006)。

 规划案例

《大理苍山洱海国家级自然保护区"十四五"生态旅游规划（2019—2025年）》节选

苍山洱海国家级自然保护区位于云南大理白族自治州境内，由苍山、洱海两部分组成，地跨大理、洱海、漾濞等市、县，总面积797 km²。1993年升级为国家级自然保护区。保护区属于自然生态系统类别，同时兼属自然遗迹类别，其中包含3种类型：森林生态系统类型、内陆湿地和水域生态系统类型、地质遗迹类型，是一个多层次、多功能、大容量的综合性自然保护区。以保护古冰川遗迹，高原湖泊自然景观，弓鱼等特有鱼类，名胜古迹及苍山冷杉林为目的。

《大理苍山洱海国家级自然保护区"十四五"生态旅游规划》是在《云南苍山洱海国家级自然

保护区总体规划（2014—2025年）》（2014年）规划框架下的生态旅游专项规划，是在《中华人民共和国自然保护区条例》（1994）、《自然保护区生态旅游规划技术规程》（GB/T 20416—2006）等自然保护区基本法律法规和技术规程规定的框架下，对云南苍山洱海国家级自然保护区生态旅游业发展做出的系统计划和安排。因此，经相关部门批准后的《大理苍山洱海国家级自然保护区"十四五"生态旅游规划》是大理苍山洱海国家级自然保护区发展生态旅游的依据，是指导大理苍山洱海国家级自然保护区生态旅游发展的政策工具和管理工具。

一、生态旅游资源特色与优势

1. 山之青——青翠迷人的山丘峡谷

保护区内的苍山片区群山连绵、山峻涧秀，大自然的鬼斧神工将19座山峰雕琢得神采各异。驻峰远望，细雨薄雾下，众多峰峦轮廓优美，山下沟谷交错，草木丛生，如马龙峰宽厚雄伟，小岑峰蜿蜒曲折，清碧溪峡谷曲径通幽、花香满径，走进这广袤深邃的苍山，在感受大山宽广胸怀的同时，还可以深刻领悟到层次分明的高山景观和变化有序的季相景观。

2. 石之奇——水墨丹青的地质遗迹

苍山是反映地球演化重大事件的关键地区，其主山山脊两侧海拔3 600 m以上地带所保留的大量地质遗迹景观，就是欧亚大陆第四纪末次冰期冰川活动的见证。苍山上的角峰、刃脊、石海、石环、大理岩等丰富的地质遗迹在时间的长河中常形成"水墨丹青、峰峦叠嶂"等变幻的色彩与自然流变的纹饰，这对于地质地貌学、生态学的发展具有较高的科研价值。

3. 林之幽——幽深静谧的林海氧吧

苍山地处低纬高原，属亚热带高原季风气候，受低纬度季风气候的影响，年降水量呈现干雨季分明的特点，形成了古茂幽深的林海景观。保护区内山体翠黛，植物群落种类丰富多彩，从春到秋，花朵缀满枝头，各显异彩。漫步在苍山，林海深处，古树婆娑、藤蔓如网，沟谷间林木葱茏，终年碧绿苍翠，时常伴有鸟雀啼鸣，营造出静谧幽雅的氛围。优美的林相、蜿蜒小路、古树溪石，成为天然氧吧，向游客生动展现了何为"天堂伊甸园，人间大理山"。

4. 水之秀——秀丽温婉的洱海、溪流

苍山十八溪水碧蓝似黛，悠然迷人，夹着山顶的问候，一路向东涌入洱海。溪水在峭壁间欢腾，曲折蜿蜒，或与水中巨石激烈碰撞，发出阵阵声响；或在宽阔处低声前行，文静幽雅；或跌落成一个个碧绿清澈的潭池，赠予动物欢快的戏水天堂。"水光万顷开天境，山色四时环翠屏"，洱海湖水清澈见底，宛如群山中的无瑕美玉，能带走人的忧愁，留下无尽的轻松舒适。

5. 草之柔——柔美开阔的高山草甸

苍山北端的草甸区域地势平坦、山花点点、芳草茵茵，牛羊成群、景色优美。夏可观满天星辰，听蛇曲流水，闻花草清香；冬可赏银色雪景，食自然野味；此地区自然风韵保存完整，气候舒适惬意，资源特色鲜明，是一处适合缓解压力、放松身心的好场所。

6. 多姿多彩的人文风情

"银苍玉洱，风花雪月"，苍山洱海自然保护区内及周边社区居民以白族为主，其在历史长河中形成了浓郁的民族味道和丰厚的人文底蕴。将军洞本主崇拜、妙香古寺佛道文化、三月街盛会、扎染技艺、"三坊一照壁""四合五天井""六合同春"的建筑特色、八大碗饮食文化、三道茶等等无不彰显出白族源远流长的民族特色。传说、故事、歌舞、绘画，令人流连忘返；海湾、岛屿、沙洲、村舍隐现于雪痕月色之间，令人神思悄然。

二、生态旅游发展 SWOT 分析及战略选择（例表3-2）

综合以上分析，苍山洱海国家级自然保护区"十四五"期间生态旅游产业发展需要采取积极有效措施，在生态保护的前提下，发挥资源、市场优势，积极主动寻找多样产品体系，摆脱门票经济束缚，在生态旅游大发展和滇西北旅游环线建设的机遇下，主动寻找市场，开发新的生态旅游产品，迎合云南省发展趋势，在汽车旅游营地、夜间旅游等项目上寻找突破点。

例表 3-2　生态旅游发展 SWOT 分析及战略选择

SWOT 分析矩阵	优势(S) 资源优势 前期发展优势 市场优势	劣势(W) 门票经济模式呈现颓势 旅游产品单一
机遇(O)	SO 战略	WO 战略
生态旅游政策机遇 "大滇西旅游环线"建设机遇	在生态旅游发展政策和资源禀赋基础上大力发展生态旅游产业； 以滇西北旅游大环线的发展机遇为导向，深耕大理旅游市场，做精旅游产品	减少对门票的依赖，发展生态旅游体验产品，增加旅游产品附加值； 丰富旅游产品体系，在六要素全面发展的同时，寻找特色产品； 以滇西北旅游大环线为导向，开发汽车旅游营地等创新产品
挑战(T)	ST 战略	WT 战略
环保压力巨大 周边市场竞争激烈	坚持生态保护优先，坚决保护洱海生态环境，在保护区生态红线和洱海保护三线的前提下，有限度的开发旅游资源； 寻找自身优势，发挥长处，应对周边市场竞争	控制游客规模，减少旅游造成的生态影响和破坏； 积极开发生态影响较小的生态旅游产品； 开发具有特色的旅游产品，避免同区域的同质化竞争

资料来源：《大理苍山洱海国家级自然保护区"十四五"生态旅游规划（2019—2025 年）》。

三、"十四五"生态发展的空间布局

苍山洱海国家级自然保护区生态旅游的总体布局，将在严格遵守国家相关法律法规要求的前提下，根据苍山洱海国家级自然保护区生态旅游资源类型、资源价值、珍稀动植物物种分布、生态系统完整性、资源利用现状等因素，在保护的前提下结合保护区功能分区，在空间上对保护区进行生态旅游区划管理，并在各个功能区设置不同的保护目标和保护措施，从而在整体上实现苍山洱海国家级自然保护区资源保护和利用的双重目标。

苍山洱海国家级自然保护区生态旅游的总体布局，可以概括为"两廊四区多节点"。即：开发两条旅游廊道，一条是环苍山山地生态体验廊道，另一条是环洱海生态观光廊道；开发四大生态旅游片区，分别为苍山南部森林休闲康养片区、花甸坝研学旅游片区、苍山西坡乡村生态旅游片区、环洱海生态观光片区。多节点包括：花甸坝自然研学基地、花甸坝星空营地、玉带路国家森林步道、桃溪旅游区、大花园旅游区、马鹿塘旅游区、西洱河夜游项目、挖色旅游区等。

1. 提升两条生态旅游观光体验廊道

（1）环苍山山地生态体验廊道

利用苍山优美的自然生态景观以及索道和现状道路系统，对其进行完善提升，开展自然教育、研学、生态徒步、户外运动等项目，完善建设 200 km 国家森林步道建设。形成沿感通索道—玉带路—中和索道的串联苍山南北的玉带路国家森林步道体系，为游客提供森林生态旅游体验。

（2）环洱海生态观光廊道

环洱海水上生态游线以洱海游船生态观光游项目为基础，在提升改造现有码头基础设施、开发沿岸金梭岛、银梭岛、挖色镇、双廊镇、南诏风情岛等景区（点），打造水上游线体验项目及夜间旅游项目，同时配合沿岸喜洲古镇、蝴蝶泉等景点，形成综合游线体验系统。

2. 开发四大生态旅游片区

根据苍山洱海国家级自然保护区自然条件差异因素，将其划分为四大生态旅游片区。四大片

区在功能布局和产品设计方面都有所差别，分别定位为"学、养、乐、游"四大功能主题，对应花甸坝研学旅游片区、苍山南部森林休闲康养片区、苍山西坡生态旅游片区、环洱海生态观光片区。

(1) 花甸坝研学旅游片区

花甸坝研学旅游片区以"亲近自然、回归自然、学习自然"为主题，充分发挥苍山洱海国家级自然保护区的公众环境教育的功能，开发以自然学习、研学教育为主题的生态旅游项目，因此策划将学、住、游、娱等融为一体的科研科普教育中心、研学基地、生态卫士体验营等产品，让游客真正了解和融入大自然。

(2) 苍山南部森林休闲康养片区

苍山南部拥有玉带路生态徒步廊道、洗马潭生态旅游区、杜鹃花林、白族本主将军庙等生态旅游资源，本片区规划以玉带路国家森林步道为核心产品，打造森林康养项目体系，带动旅游+休闲、旅游+运动、旅游+康养、旅游+文化的融合发展。

(3) 苍山西坡生态旅游片区

苍山西坡生态旅游资源分散，交通不便，乡村、民族文化等文化旅游资源以及杜鹃花森林等自然旅游资源丰富，该片区拟以乡村生态文化旅游为策划主题，打造文化休闲度假类旅游项目，通过辐射作用全面带动周边乡村生态旅游发展。

(4) 环洱海生态观光片区

洱海生态旅游依托洱海独特的生态资源，在保护洱海生态环境前提下，通过洱海周边及辐射区域的码头、旅游小镇等外围区域的生态旅游开发来保护自然生态环境，同时为市场提供水上生态观光、夜间游览项目。做到洱海、生态环境、市场效益三者的统一和谐

3. 多节点全面开发

在苍山洱海国家级自然保护区四大生态旅游片区的基础上，重点建设一批节点性旅游项目，将其打造成为保护区"十四五"期间的亮点项目。

多节点包括花甸坝自然研学基地、花甸坝星空营地、万花溪亲水步道、综合户外运动公园、花甸坝天王观测体验区、桃溪谷旅游区、玉带路国家森林步道、大花园旅游区、马鹿塘旅游区、西洱河旅游区、挖色特色旅游区等。

3.2.2.3 风景名胜区生态旅游规划编制

(1) 规划指导思想

风景名胜区生态旅游规划应有效保护风景名胜资源，全面发挥风景名胜区的功能和作用，服务美丽中国建设和风景区可持续发展，提高风景区的规划、管理水平和规范化程度。

(2) 规划基本原则

根据风景名胜区总体规划标准，在制定风景名胜区生态旅游规划时必须坚持生态文明和绿色发展理念，符合我国国情，符合风景区的功能定位和发展实际，因地制宜地突出风景区特性，并应遵循下列原则。

①科学指导，综合部署。应树立和践行绿水青山就是金山银山理念，依据现状资源特征、环境条件、历史情况、文化特点以及国民经济和社会发展趋势，统筹兼顾，综合安排。

②保护优先，完整传承。应优先保护风景名胜资源及其所依存的自然生态本底和历史文脉，保护原有景观特征和地方特色，维护自然生态系统良性循环，加强科学研究和科普教育，促进景观培育与提升，完整传承风景区资源和价值。

③彰显价值，永续利用。应充分发挥风景资源的综合价值和潜力，提升风景游览主体职能配置必要的旅游服务设施，改善风景区管理能力，促使风景区良性发展和永

续利用。

④多元统筹，协调发展。应合理权衡风景环境、社会、经济3方面的综合效益，统筹风景区自身健全发展与社会需求之间关系，创造风景优美、社会文明、生态环境良好、景观形象和游赏魅力独特、设施方便、人与自然和谐的壮丽国土空间。

(3) 规划内容大纲

风景名胜区生态旅游规划内容大纲

第一章　基础资料调查与现状分析	第五节　明确分类保护要求
第一节　自然与资源	第六节　说明规划的环境影响
第二节　社会经济	**第六章　游赏规划**
第三节　土地与环境	第一节　风景游赏规划
第四节　基础设施	第二节　典型景观规划
第二章　风景名胜资源调查与评价	第三节　游览解说系列规划
第一节　景源分类筛选	**第七章　设施规划**
第二节　景源等级评价	第一节　旅游服务设施规划
第三节　评价指标与分级标准	第二节　道路交通规划
第四节　综合价值评价	第三节　综合防灾避险规划
第五节　评价结论	第四节　基础工程规划
第三章　范围、性质与发展目标	**第八章　居民社会调控与经济发展引导规划**
第一节　风景区范围与协调控制范围	第一节　居民社会调控规划
第二节　风景区的性质	第二节　经济发展引导规划
第三节　风景区的发展目标	**第九章　土地利用协调规划**
第四章　容量与人口	第一节　土地资源分析评估
第一节　生态容量	第二节　土地利用现状分析
第二节　游客容量	**第十章　分期发展规划**
第三节　人口容量	第一节　近期规划
第五章　保护培育规划	第二节　远期规划
第一节　查清保育资源	**第十一章　投资估算及效益评估**
第二节　明确保育的具体对象	第一节　投资估算
第三节　划定分级保育范围	第二节　效益评估
第四节　确定保育原则和措施	

资料来源：《风景名胜区总体规划标准》(GB/T 50298—2018)。

(4) 风景名胜区保护规划

风景区实行分级保护，应科学划定一级保护区、二级保护区和三级保护区，保护风景区的景观、文化、生态和科学价值(表3-13)。

表 3-13　风景名胜区生态旅游保护区划

区划	主要功能
一级保护区	①一级保护区属于严格禁止建设范围，应按照真实性、完整性的要求将风景区内资源价值最高的区域划为一级保护区，包括特别保存区，可包括全部或部分风景游览区； ②特别保存区除必需的科研、监测和防护设施外，严禁建设任何建筑设施，风景游览区严禁建设与风景游赏和保护无关的设施，不得安排旅宿床位，有序疏解居民点、居民人口及与风景区定位不相符的建设，禁止安排对外交通，严格限制机动交通工具进入本区
二级保护区	①二级保护区属于严格限制建设范围，是有效维护一级保护区的缓冲地带，风景名胜资源较少、景观价值一般、自然生态价值较高的区域应划为二级保护区，应包括主要的风景恢复区，可包括部分风景游览区； ②二级保护区应恢复生态与景观环境，限制各类建设和人为活动，可安排直接为风景游赏服务的相关设施，严格限制居民点的加建和扩建，严格限制游览性交通以外的机动交通工具进入本区
三级保护区	①三级保护区属于控制建设范围，风景名胜资源少、景观价值一般、生态价值一般的区域应划为三级保护区，包含发展控制区和旅游服务区，可包括部分风景恢复区； ②三级保护区内可维持原有土地利用方式与形态，根据不同区域的主导功能合理安排旅游服务设施和相关建设，区内建设应控制建设功能、建设规模、建设强度、建筑高度和形式等与风景环境相协调
外围保护地带	①与风景区自然要素空间密切关联、具有自然和人文连续性，同时对保护风景名胜资源和防护各类发展建设干扰风景区具有重要作用的地区，应划为外围保护地带； ②外围保护地带严禁破坏山体、植被和动物栖息环境，禁止开展污染环境的各项建设，城乡建设景观应与风景环境协调，消除干扰或破坏风景区资源环境的因素

资料来源：《风景名胜区总体规划标准》（GB/T 50298—2018）。

规划案例

《马湖风景名胜区总体规划（2021—2035 年）》节选

马湖风景名胜区位于凉山彝族自治州雷波县境内，景区总面积 133.3 km²，由秀丽的马湖、金沙江峡谷、原始密林等部分组成，是小凉山深处一颗耀眼的风景"明珠"。1993 年，马湖风景名胜区被四川省人民政府批准为省级风景名胜区。马湖风景名胜区是以天然湖泊景观为核心资源，兼有峡谷溪流、气候天象、动植物生境等多种类型自然景观，独具魅力的彝族人文风情和历史悠久的三国遗迹人文景观，是以观光游览、度假休闲、民族文化交流、科研科普和健身运动为主要功能的亚热带湖泊型省级风景名胜区。风景名胜区总面积 133.3 km²，核心景区面积 17.36 km²。

一、风景名胜区性质与资源特色

马湖风景名胜区属于亚热带湖泊型，以婀娜多姿的天然湖泊景观为核心资源；兼有峡谷溪流、气候天象、动植物生境等多种类型自然景观，独具魅力的彝族人文风情和历史悠久的三国遗迹人文景观，是供观光游览、度假休闲、民族文化交流、科研科普和健身运动为主要功能的省级风景名胜区。

风景名胜区的景观由 2 大类、7 中类、29 小类构成，评价景点 64 个，其中特级景点 1 个，一级景点7个，二级景点19个，三级景点26个，四级景点11个。

二、保护规划

划分为一级、二级、三级保护区3个层次，实施分级控制保护，并对一、二级保护区实施重点保护控制。

1. 一级保护区（核心景区——严格禁止建设范围）

严格保持并完善风景景观环境，使景点更富魅力。相关保护区管控方面：与马湖国家湿地公园、马湖省级地质公园、雷波县饮用水水源地重叠的区域应满足相关保护地的要求。功能分区管控方面：特别保存区除必需的科研、监测和防护设施外，严禁建设任何建筑设施。风景品质维护方面：严格保持并完善风景景观环境，使景点更富魅力，严格保护典型、完整的天然深水湖泊湿地生态景观及其周围的自然环境，严格保护风景名胜区内代表性的地质遗迹景观，禁止任何形式的破坏性开发，维护景观资源的完整性。历史文脉保护方面：人文景点的建设完善应在充分尊重其历史原貌和文脉的基础上进行，涉及各级文物保护单位的按照国家和地方相关法律法规执行。风景游览管控方面：风景游览区可设置风景游赏所必需的观光车道、游览步道、游船码头、服务部、观景摄影台、景点标示等相关设施，但必须满足风景名胜区内河湖防洪、生态环境保护等要求；景点的风景游赏设施配备，即观光车道、游览步道、服务部、观景摄影台、景点标示等小品的建设都须仔细设计，经有关部门批准后方可实施。珍稀物种保护方面：严格保护风景名胜区内野生大熊猫等珍稀濒危动植物的集中分布区域，并对本区内的风景资源及其整体环境进行长期的科学监测分析和保护研究。

2. 二级保护区（严格限制建设范围）

保持并恢复生态与景观环境。相关保护区管控方面：风景名胜区与湿地公园、饮用水源保护地区域需同时满足相关保护地的要求。景观品质维护方面，保持并恢复生态与景观环境，加强生态抚育和绿化建设。人文景点的建设必须在充分尊重其固有风貌的基础上进行。游览设施管控方面：严格控制区内设施类别、规模和建设风貌，可安排规划确定的游览设施、服务接待设施、交通设施、基础工程设施，建设风貌应与景区环境相协调，并对现有的违章建设制定相应的改造措施和拆除计划。珍稀物种保护方面：加大对风景名胜区内野生大熊猫及其伴生动物的潜在生境的保护力度，保护大熊猫潜在栖息地内自然植被。居民点建设方面：加强对居民点的规划管理，控制建设规模，保持传统风貌，严格限制居民点的加建和扩建。

3. 三级保护区（控制建设范围）

区内要编制详细规划，合理安排旅游服务设施，有序引导各项建设活动。旅宿、餐饮、娱乐、体育活动、交通设施、居民点、基础工程设施等均须在详细规划的指导下仔细设计，经有关部门批准后严格按规划实施。详细规划必须符合总体规划，建设风貌必须与风景环境相协调，基础工程设施等功能应有利于风景名胜区的保护和营运，基础工程设施必须符合相关技术规范和满足环保要求。

三、游赏规划

1. 特色景观与展示

科学展示婀娜多姿的天然湖泊景观、绚丽壮观的地质遗迹景观、丰富多彩的动植物生境景观和气候天象景观、历史悠久的三国遗迹人文景观、独具魅力的彝族文化风情景观五大特色景观，并作为核心解说主题。编制解说系统专项规划，系统构建完善的解说教育设施，展示特色景观，突出核心解说主题支撑游赏展示、环境教育、科普宣传、文化传承。

在黄琅镇和菖蒲村各设置综合游客中心1处，共2处，在5个景区分别设置文化设施作为集中解说展示场所。在各景区入口，重要景观景点、游步道和游路交叉口设立解说牌、指示牌、警示牌，作为重要解说设施。

2. 景区规划

根据风景名胜区景观资源特征，划分为5个风景游赏景区。

（1）龙湖雄关景区（面积 $9.6\ km^2$）

以雄伟险峻的老君山为依托，以登高远眺雄峰危崖的金沙江峡谷景观以及风光旖旎的湿地梯田风光为主，结合展示三国文化遗迹和地质遗迹景观。以"雄关古道、湿地梯田"为主题，着重开展野外游憩、审美欣赏、科技教育和文化体验等类型的游览活动。

(2)黄琅景区(面积 7.5 km²)

以明净秀丽的黄琅三海为核心景观资源,兼有黄琅古镇、古民居、梯田等。以"三海映月""弊汉古镇"为主题,着重开展野外游憩、审美欣赏和文化体验等类型的游览活动。

(3)马湖景区(面积 27.6 km²)

①自然景观。核心资源为四川第三大天然高原湖泊的马湖本体。马湖水面宽阔,碧波万顷,令人心旷神怡;湖岸地质遗迹丰富,适于开展审美及科普教育互动;湖两岸山峰巍峨,花木葱茏;自然山水汇于一处,使得马湖四时风光秀美,阴晴雨雪皆别具魅力。

②人文景观。马湖金龟岛上存有彝族首领孟获神殿,是我国仅存的一座以彝族历史人物为代表的寺庙,更是传承与发扬马湖彝族文化、三国文化的重要载体。以"山水马湖""孟获故里"为主题,着重开展野外游憩、审美欣赏、科技教育、健身运动和文化体验等类型的游览活动。

(4)西部沟景区(面积 20.6 km²)

以中高山峡谷溪瀑及原始森林景观为主,是风景名胜区高山杜鹃林、珙桐、筇竹林集中分布区域。以"森林秘境""翡翠牧场"为主题着重开展野外游憩、审美欣赏、科技教育和健身运动等类型的游览活动。

(5)东部沟景区(面积 25.5 km²)

以东部沟优越的自然环境为依托,展示峡谷溪瀑景观、丹霞地貌地质遗迹景观。以"森林氧吧""丹霞赤壁"为主题,着重开展野外游憩、审美欣赏、科技教育和娱乐体育等类型的游览活动。

3.2.2.4 森林公园生态旅游规划编制

(1)规划指导思想

森林公园生态旅游规划应以良好的森林生态环境为主体,充分利用森林旅游资源,在已有的基础上进行科学保护、合理布局、适度开发建设,为人们提供旅游度假、休憩、疗养、科学教育、文化娱乐的场所,以开展森林旅游为宗旨,逐步提高经济效益、生态效益和社会效益。

(2)规划基本原则

根据森林公园总体规划总则和总体设计规划的规范要求,在制定森林公园生态旅游规划时应遵循以下基本原则。

①人与自然和谐发展原则。规划编制应符合我国国情、林情,充分体现"严格保护、科学规划、统一管理、合理利用、协调发展"的森林公园发展方针,遵循"以人为本、重在自然、精在特色、贵在和谐"的原则。

②保护与开发原则。森林公园建设应满足发挥森林公园主体功能的要求,以保护为前提,遵循保护与开发相结合的原则。

③适度开发原则。森林公园建设应以森林风景资源为基础,以旅游客源市场为导向,其建设规模应与游客规模和环境承载力相适应。应充分利用原有设施,进行适度建设,切实注重实效。

④完整性原则。森林公园建设应突出自然野趣,保护森林风景资源的自然状态和完整性,充分发挥自身优势,形成独特风格和地方特色。

⑤环境教育原则。加强森林公园的科学教育功能,向公众普及森林生态系统的科学知识和环保知识,建成科学教育基地。

⑥社区参与原则。规划与社区发展相结合,通过社区参与生态旅游促进资源保护和可持续,促进社区经济、社会和文化水平提高。

⑦统筹发展原则。统一布局，统筹安排，在建设项目上突出重点，遵循功能分区和阶段性进展、稳步发展的原则。

(3) 规划内容大纲

森林公园生态旅游规划内容大纲

第一章	基础资料调查与现状分析	第六章	客源市场分析与预测
第一节	自然与资源	第一节	客源市场分类
第二节	社会经济	第二节	客源预测
第三节	土地与环境	第七章	发展战略、主题定位和营销策划
第四节	基础设施	第一节	发展战略
第二章	森林风景资源调查与评价	第二节	主题定位
第一节	森林风景资源分类	第三节	营销策划
第二节	森林风景资源调查	第八章	专项规划
第三节	资源评价	第一节	保护规划
第四节	可借景物调查	第二节	森林景观规划
第五节	现状分析	第三节	生态文化建设规划
第六节	前景分析	第四节	森林生态旅游与服务设施规划
第三章	范围、性质与发展目标	第五节	基础工程规划
第一节	森林公园规划范围与协调控制范围	第六节	土地利用规划
第二节	森林公园的性质	第七节	社区发展规划
第三节	森林公园的发展目标	第九章	分期建设规划
第四章	功能分区	第一节	近期规划
第一节	功能分区原则	第二节	中期规划
第二节	功能分区类型	第三节	远期规划
第五章	容量与人口	第十章	投资估算及效益评估
第一节	生态容量	第一节	投资估算
第二节	游客容量	第二节	效益评估
第三节	人口容量		

资料来源：《国家级森林公园总体规划规范》(LY/T 2005—2012)。

(4) 规划原则和功能区划

①规划原则。第一，客观反映森林公园不同区域的资源特点、分布特征以及在保护、管理、游览、服务等方面的地域空间关系和需求。第二，有利于森林游憩活动的组织和开展。第三，为森林公园的长远发展留有一定余地，要有长远观点，为今后发展留有余地。

②功能区划。森林公园功能区划类型包括核心景观区、一般游憩区、管理服务区和生态保育区等(表3-14)，每类功能区可根据具体情况再划分为几个景区(或分区)。

表 3-14　森林公园功能区划

区划	主要功能
核心景观区	指拥有特别珍贵的森林风景资源，必须进行严格保护的区域。在核心景观区，除了必要的保护、解说、游览、休憩和安全、环卫、景区管护站等设施以外，不得规划建设住宿、餐饮、购物、娱乐等设施
一般游憩区	指森林风景资源相对平常，且方便开展旅游活动的区域。一般游憩区内可以规划少量旅游公路、停车场、宣教设施、娱乐设施、景区管护站及小规模的餐饮点、购物亭等
管理服务区	指为满足森林公园管理和旅游接待服务需要而划定的区域。管理服务区内应当规划入口管理区、游客中心、停车场和一定数量的住宿、餐饮、购物、娱乐等接待服务设施，以及必要的管理和职工生活用房
生态保育区	指在本规划期内以生态保护修复为主，基本不进行开发建设、不对游客开放的区域

资料来源：《国家级森林公园总体规划规范》(LY/T 2005—2012)。

 规划案例

《湖南金洞国家森林公园总体规划（2021—2030 年）》节选

金洞国家森林公园位于湖南省永州市祁阳县金洞林场南端小黄司河流域，园区面积 25 km^2，平均海拔 650 m，森林覆盖率为 98.48%，园内峰岭争奇，沟壑溪流纵横，奇山怪石神态各异；植物群落错落有致，古树名木繁多，景观独特，极具观赏性。

一、森林公园发展条件分析(例表 3-3)

通过对金洞国家森林公园旅游发展的优势、劣势、机遇和挑战的综合分析，可以发现，公园旅游发展的优势比较突出，劣势也比较明显。如何迎接机遇和挑战，并在此基础上充分发挥自身优势、扭转劣势，将成为金洞国家森林公园旅游业发展必须面对的核心问题。从金洞国家森林公园旅游发展实际看，其关键还在于审时度势、趋利避害、采取切实举措，化解弱势、变挑战为动力、化竞争为合作，把区位、交通、市场潜力和综合资源优势转化为公园旅游经济发展和旅游目的地建设的强大动力，具体应在以下几个方面有所突破：

例表 3-3　森林公园发展 SWOT 分析

SWOT 分析矩阵	优势（S）	劣势（W）
	区位环境良好 资源禀赋高、自然条件优越 周边市县客源丰富，市场潜力大	公园旅游发展水平落后 开发不合理、生态保护力度不够 知名度较低、竞争优势不明显 缺乏专业人才
	机遇（O）	挑战（T）
	我国休闲度假快速发展，带薪休假制度将带来休闲度假新热潮 国家近期出台一系列促进森林旅游业发展的政策 湖南省旅游业发展态势良好 永州市积极发展森林旅游	周边森林公园发展竞争激烈 旅游目的地形象不鲜明 旅游开发和环境保护的平衡制约

资料来源：《湖南金洞国家森林公园总体规划》(2021—2030 年)。

1. 抓住政策机遇，做活山水文章，带动公园旅游的全面发展

目前，金洞国家森林公园发展正面临着国家、省、市等各级政府层面大力支持旅游业发展的局面，森林旅游发展深受各级政府关注，因此金洞国家森林公园应抓住政策机遇，利用有利政策条件，以特色旅游资源为基础，以"做活山水文章，创造生态效益"为开发理念，创造良好的旅游投资环境，大力搞好招商引资工作，不断加大旅游投入，强化基础设施建设，着力开发现有的山水资源，深入挖掘潜在的旅游资源，通过山水做特色，通过山水做产品，通过山水带动招商引资、配套设施、园区管理等多方面建设，从而达到带动公园旅游的全面发展。

2. 发挥资源优势，走差异化发展道路，开发特色旅游产品

公园资源禀赋较好，自然条件优越，在未来的旅游开发建设中，公园应立足自身资源优势，认清资源特色，挖掘资源潜力，与周边森林公园和旅游区差异化发展，减少竞争压力，开发特色旅游产品，充分融入康疗养生、科普教育、山地观光、运动休闲、科普体验、休闲度假等旅游主题，开发森林康养、徒步观光、丛林探险、自然教育、户外拓展、营地度假、民俗体验等一系列特色旅游产品，符合大众旅游需求，更要凸显自身精品旅游特色，打造特色鲜明、内容丰富的旅游目的地。

3. 塑造鲜明旅游形象，加大宣传力度，提升市场知名度

旅游目的地形象旅游者对区域内各种自然、社会经济等方面的旅游要素的综合感知和印象，金洞国家森林公园急需构建鲜明的旅游形象，其定位应以楠木为特色，立足公园自然山水，凸显其森林康养功能，同时应积极利用多种创新方式加强旅游宣传，塑造客源目标市场群体所熟知的旅游感知形象，以此提高公园知名度。

4. 优化投资建设环境，注重环境保护，加大高素质专业人才的培养

公园发展旅游业最大的制约因素是开发资金的匮乏，而招商引资是公园开发建设的关键，公园应利用政策机遇，出台系列优惠投资政策，采取多种资金筹措方式，放宽限制，为投资者提供一个良好的投资环境。同时在公园开发建设中，应注意协调环境保护问题，确保以最小代价创造最大价值，此外公园应制定旅游人力资源开发规划，努力造就一支素质高、业务强、诚信好的旅游人才队伍，加大旅游从业人员的培训与旅游企业外向型工作的指导力度，为公园发展出谋划策，提供智力支撑。

二、森林公园主题定位

1. 功能定位

生态保育，生态旅游。森林康养，休闲度假；文化体验，科普教育。严格保护金洞国家森林公园中典型的亚热带天然常绿阔叶林等重要的森林风景资源，保育森林植被及楠木等珍稀物种，保护饮用水资源。提高森林水源涵养和水土保持、水质净化等生态效益，依托良好旅游交通区位，充分挖掘文化资源与自然资源，弘扬以生态旅游和森林康养为核心主题的森林生态文化，开展以森林为主题，以楠木为特色的森林体验、休闲度假、康体疗养、科普教育、户外拓展等活动，建设森林康养示范基地、森林自然教育示范基地。

2. 形象定位

总体形象：楠木王国，氧吧漂流。

备选形象：潇湘康养谷，金洞"森"呼吸。

3. 森林公园区划

依据区划原则和《国家级森林公园总体规划规范》（LY/T 2005—2012）的要求，从金洞国家森林公园实际出发，结合森林公园目前和未来发展趋势，规划将森林公园内部划分为四大功能分区，即管理服务区、核心景观区、一般游憩区、生态保育区，同时将与森林公园关系极为密切的上三垒区域划为公园的规划协调区（例表3-4）。

4. 分区项目建设及景点规划（例表3-5）

例表 3-4　湖南金洞国家森林公园功能区划

区划	功能区细分	面积(km²)		占公园面积比例(%)
管理服务区	桐子山管理服务区	0.20	0.57	2.31
	葫芦岐管理服务区	0.22		
	冷水沅管理服务区	0.14		
核心景观区	—	1.45	1.45	5.82
一般游憩区	三公垒景区	4.24	15.25	61.01
	葫芦岐景区	9.24		
	冷水沅景区	1.76		
生态保育区	—	7.71	7.71	30.86
规划协调区	三公垒协调区	2.99	2.99	—
合计		25.00	25.00	100

资料来源：《湖南金洞国家森林公园总体规划(2021—2030 年)》。

例表 3-5　湖南金洞国家森林公园功能区划及景点规划

区划	功能区细分	景点规划内容
管理服务区	桐子山管理服务区	游客综合服务中心、云溪里民宿、三公垒生态停车场、溪林谷民宿、靛兰坪生态停车场(景区服务点)、德胜桥、森林生态博物馆、红军烈士纪念馆
	葫芦岐管理服务区	森林康养基地、秘境水云间民宿、葫芦岐生态停车场
	冷水沅管理服务区	星空营地、教山庵(仙人观)、道教文化养生民宿、仙人点金池、冷水沅停车场
核心景观区	—	毅行栈道、毅行游步道、天门栈道、林冠走廊、点将台、穿越火线观光道、悬空栈道、将军岩溜索、云溪里溜索、红军驿、将军岐观瀑栈道、将军岐渡槽
一般游憩区	三公垒景区	三公垒溯溪体验步道(溯溪栈道)、三公垒瀑布驿站、三公垒观瀑台、三公垒溜索、科普教育步道、UTV体验道、金洞漂流、龙须凼观景台、大木沅茶室
	葫芦岐景区	楠木王国、楠木森林浴场、楠木康养步道、负离子呼吸平台(森林瑜伽台)、楠木科普步道、森林骑行道、防火瞭望台、葫芦岐溯溪步道、麻拐槽溯溪步道、小黄司河亲水景观栈道、李中堂驿站、高桥驿站、麻瓜槽驿站
	冷水沅景区	哈巴口观瀑平台、哈巴口游道、古树群科普游道
生态保育区	—	—
规划协调区	三公垒协调区	云天湖、自然教育营地、户外拓展运动基地、云天湖民宿、生态停车场

资料来源：《湖南金洞国家森林公园总体规划》(2021—2030 年)。

三、森林生态旅游产品设计

1. 森林生态旅游产品定位

根据对金洞国家森林公园旅游资源、客源市场、功能定位的分析,在遵循旅游产品开发原则的基础上,以现有自然、人文资源为依托,以客源市场为导向,迎合游客需求,避免与周边森林公园同质化发展,进行差异化建设,经过精心设计、加工、生产、包装后,使资源优势转变为产品优势,以新型旅游产品突出公园特色,着力打造以森林生态观光为基础,主要游憩项目包括山地观光徒步、森林风景观光、峡谷观光;以文化体验和休闲度假为重点,主要游憩项目包括红色旅游、露营休闲、峡谷漂流、民俗度假;以森林康养和森林体验为特色,主要游憩项目包括森林康养、山地运动、溯溪体验、自然教育的四大旅游产品体系,再经过宣传、营销等渠道,使产品优势转变为商品优势,以此提高公园的经济效益和知名度。

2. 游憩项目策划

(1) 红色旅游

依托毅行步道、毅行栈道、红军烈士纪念馆等项目,结合党建需求及红色文化研学体验需求,配套相关服务设施,定期策划相关红色主题活动,让游客更深入地体验当年红六军团长征经过金洞的各种情景。

(2) 山地观光徒步

依托将军岩、南天门等高地势资源基础和点将台、毅行步道、天门栈道、林冠步道等游道基础,迎合游客观光需求,配套瞭望台等设施,让游客把锻炼身体与观光游览有机地结合起来,能在海拔视角最好、森林景观最美、植被资源最丰富的地段将金洞国家森林公园全景尽收眼底,在徒步中领略公园山水风光,真正使游客与自然融为一体。

(3) 森林观光

公园内西南部麻拐漕——葫芦岐地段是公园植被覆盖率最高、风景资源最好的区域,是开展森林风景观光的绝好去处,依托公园规划的楠木王国、主题步道,串联各个景观资源点,使游客能更深入感受金洞国家森林公园的森林风景。

(4) 露营休闲

利用冷水沅管理服务区内植被环境良好、水资源丰富、地势平坦空阔、道路交通便捷等有利条件,建设以帐篷营地为主的星空营地项目,规划总占地面积约 2 500 m²,同时结合仙人点金池配套各种露营设施及活动场地,包括篝火晚会、滨水烧烤场等配套项目。

(5) 峡谷观光

小黄司河由东向西贯穿整个金洞国家森林公园,其中下游,溪水潺潺,鸟语花香,谷幽山静,河滩较多,两边是高耸的山体,茂密的森林,形成一个相对封闭的峡谷,河内怪石嶙峋,是观光体验的好去处。依托优越的景观资源,在公园安全设施建设及交通体系完善后,游客可以更方便地进行峡谷观光休闲体验。

(6) 峡谷漂流

依托小黄司河上游金洞漂流段,对其进行漂流河段整治及起漂点设施改造,沿河设立漂流导游标示牌,标示牌上应标明滩名、潭名、长度、水深、景点名称等。在弯急、水急、落差大处应设立醒目的警示标志,以提示游客预先做好应急准备。对漂流河段的危险基石进行清理,漂流险要处应安排救援人员站岗,在确保游客安全的基础上,让游客能更尽情尽兴地体验峡谷漂流。

(7) 民俗度假

依托冷水沅瑶乡风情及周边优良的森林风景资源,建议在冷水沅处结合现有民居规划道教文化养生民宿,民宿房屋采用瑶族吊脚楼式结构,精选上等木材,向阳依山而建,在保证卫生舒适的前提下,最大程度保留原始建筑风貌,同时植入道教主题文化元素,规划统一对民宿的生活垃圾和生活污水集中处理。

(8) 山地运动

随着山地自行车旅游的兴起,越来越多的游客热衷于山地自行车游览,因此建设一条拉通葫芦岐至靛兰坪结合公路一起的自行车道,结合靛兰坪上葫芦岐的车道建设形成环线,对接森林公园的主干道路,自行车车道宽 2.5 m、长 8 km。依托公园山林内现有路基和山脊道路,在尽量不破坏植被的前提下进行修建。在靛兰坪和葫芦岐建设山地自行车租赁站,在视野开阔、风景资源较好处建设观景平台,满足自行车爱好者的骑行和短暂休憩需求。同时对漂流点至大木沅处现有道路进行改造整治,道路两边做近自然化植被改造，在漂流起点结合现有设施规划山地车体验起点，配置1~2台改装山地越野车，由专业司机驾驶带领游客体验穿越丛林和自然的快感。

(9) 森林康养

葫芦岐景区森林植被茂密，空气洁净，空气中负氧离子和植物精气含量高，十分适合开展森林康养活动，游客在此自由呼吸空气负氧离子和植物精气，以达到康体、养生的目的。葫芦岐目前仅有一户人家居住，用地条件良好，规划将葫芦岐（田边）现有村民房屋及废弃进行改造，统一采用湘南传统民居建筑风格，整体打造成森林康养基地。规划占地面积约40 000 m²。规划改造民居4栋，其中3栋改造成森林康养木屋，作为住宿及疗养用房，每栋提供住宿床位15个，共60张床位，建筑面积约2 000 m²；另外选择入口处1栋，交通方便、面积大的民居作为森林康养基地管理服务用房，房内配置康养医疗器械和常规药品，设药房、检查室、管理室和工作人员生活室，配备2名康养师负责整个中心的运营和管理工作。森林康养中心内空隙地设置室外运动健身器材，包括太极轮、漫步机、荡板、健身车、棋盘桌等。康养基地同时配套森林美食馆，规划面积约400 m²（配套生态厕所约30 m²），规划餐位60个，通过药膳、食疗、品药茶等健康方式，为游客提供一个营养、健康、干净、舒适的用餐环境和养生场所。

(10) 溯溪体验

三公垒溪流两侧植被茂密，瀑布跌水众多，碧潭清澈见底，依山顺势而修溯溪栈道，路线曲折峰回路转，游客不仅可沿路欣赏美景，更可以尽自然丛林探险之乐趣。结合步道设置科普教育设施、康疗养生设施，局部设置栈道，沿途结合小跌水设置2~3个负离子呼吸平台（休憩点），15~20个垃圾桶，1~2处厕所使游客在溯溪体验的同时，能放松身心，将其打造成为森林公园内的核心景观之一。

(11) 自然教育

在桐子山规划森林生态博物馆，利用现有的民居进行改造，在展示森林生态文化的同时，针对各个年龄层次，开发相应的自然教育体验项目，传承可持续发展理念，推广可持续生活方式。包括森林展览区（森林博物馆）、森林研修馆、森林手工坊、森林教室、森林课堂、森林剧场、森林科普教育长廊等，规划占地面积约1 800 m²，规划建筑面积约600 m²，让游客在游玩体验自然中学习科普知识。

3.2.2.5 地质公园生态旅游规划编制

(1) 规划指导思想

地质公园生态旅游规划应以独特的地质地貌与地质遗迹景观资源为主体，充分利用各种自然与人文旅游资源，在保护的前提下合理规划布局，适度开发建设，为人们提供旅游观光、休闲度假、保健疗养、科学研究、教育普及、文化娱乐的场所，以开展地质旅游促进地区经济发展为宗旨，逐步提高经济效益、生态环境和社会效益。

(2) 规划基本原则

根据地质遗迹资源的特点提出相应的规划原则和方法。

①规模适中原则。地质公园应以地质遗迹景观和地质生态环境为主体，突出自然科学情趣、山野风韵观光和保健旅游等多种功能，因地制宜，发挥自身优势，形成独特风格和地域特色的科学公园。

②有效保护原则。以保护地质遗迹景观为前提，遵循开发与保护相结合的原则，严格保护自然与文化遗产，保护原有的景观特征和地方特色，维护生态环境的良性循环，防止污染和其他地质灾害，坚持可持续发展。

③协调发展原则。要协调处理好景区环境效益、社会效益和经济效益之间的关系，协调处理景区开发建设与社会需求的关系，努力创造一个风景优美、设施完善、社会文明、生态环境良好、景观形象和旅游观光魅力独特、人与自然协调发展的地质公园。

(3) 规划内容大纲

地质公园生态旅游规划内容大纲

第一章　总则
第一节　公园位置
第二节　范围、边界、面积
第三节　规划期限
第四节　规划依据
第五节　公园发展概况及规划背景
第二章　地质公园的性质与发展目标
第一节　公园性质与特色
第二节　发展目标
第三章　地质遗迹景观及评价
第一节　地质地貌概述
第二节　地质遗迹类型
第三节　地质遗迹对比评价
第四章　其他景观资源及评价
第一节　生物及其他自然景观及评价
第二节　人文景观及评价
第五章　总体布局与功能分区
第一节　总体布局与园区、景区划分
第二节　功能区划分
第六章　地质遗迹保护
第一节　地质遗迹保护区的划分及边界坐标的确定
第二节　各级保护区的控制要求与保护措施
第三节　特殊地质遗迹的保护方案
第七章　生态环境与人文景观保护
第一节　地质公园环境容量控制与自然生态环境的保护
第二节　灾害防治
第三节　珍稀物种名录及保护
第四节　人文景观保护
第八章　科学研究
第一节　课题选择和依据
第二节　计划编制
第三节　近期研究计划的实施
第四节　研究经费
第九章　解说系统规划
第一节　解说系统架构
第二节　地质公园博物馆及科普影视厅
第三节　公园主、副碑及综合图文介绍栏
第四节　景点、景物解说牌
第五节　公共信息标识牌
第六节　图书音像的出版和推广
第七节　解说系统设施维护与更新
第十章　科学普及行动
第一节　中小学生科普活动
第二节　大中专学生教学实习活动
第三节　社区科普活动
第四节　游客专项科普活动
第十一章　生态旅游发展
第一节　生态旅游客源市场
第二节　地质公园推广计划
第三节　生态旅游项目及生态旅游产品
第四节　专题考察路线
第十二章　地质公园信息建设
第一节　地质遗迹数据库
第二节　地质公园监测系统
第三节　地质公园网站建设
第十三章　基础设施及服务设施
第一节　道路交通
第二节　水电设施
第三节　环境卫生
第四节　服务设施
第十四章　土地利用
第十五章　社区行动计划
第十六章　规划实施的保障措施
第一节　公园管理
第二节　各类专业人员的配备
第三节　导游员及其培训

第3章 自然保护地生态旅游规划 ·85·

第四节 管理层培训　　　　　　　第六节 投资估算与资金筹措方案
第五节 近期建设项目计划

资料来源：《国家地质公园规划编制纲要》。

(4) 规划原则和功能区划

①规划原则。根据地质公园综合发展需要，结合地域特点，应因地制宜地设置不同功能区，是地质公园能提供给游客丰富多彩、引人入胜的旅游活动和优质便捷的旅游服务。

②功能区划。地质公园生态旅游功能区划分见表3-15。

表3-15 地质公园生态旅游功能区划

区划	区划范围
地质遗迹景观区	以地质遗迹景观为主及其他重要自然景观的分布区域（可含人文景观点）
人文景观区	具有一定范围的历史古迹、古典园林、宗教文化、民俗风情等游览观光区域
综合服务区	主要包括公园门区、地质广场、博物馆、影视厅和提供游客服务与公园管理的区域
居民点保留区	园内规划保留的居民点用地
自然生态区	除地质遗迹景观区、人文景观区、综合服务区和居民点保留区以外的处于自然环境状态的区域

资料来源：《国家地质公园规划编制纲要》。

规划案例

《浙江苍南矾山国家地质公园总体规划（2021—2035年）》节选

浙江苍南矾山国家地质公园位于浙江省温州市苍南县矾山镇和南宋镇辖区内，以火山岩地貌为主，有闻名世界的矾山明矾石矿，总面积11.33 km²，共有国家级以上地质遗迹3处，省级地质遗迹14处，省级以下地质遗迹43处。

一、地质遗迹景观及评价

根据地质遗迹评价方法与标准进行综合评价，评价方法参照《国家地质公园规划编制技术要求》，按科学价值、美学价值、科普教育价值及地学旅游价值等指标进行对比评价。将地质遗迹划分为4级，即Ⅰ级（世界级）、Ⅱ级（国家级）、Ⅲ级（省级）及Ⅳ级（省以下级）。34处遗迹中有Ⅰ级地质遗迹2处，占6%，Ⅱ级地质遗迹8处，占24%，Ⅲ级地质遗迹12处，占36%，Ⅳ级地质遗迹11处，占34%。

1. 地质

公园位于浙闽粤沿海中生代火山活动带，出露的地层较为简单，仅出露中生界下白垩统高坞组（K1g）、西山头组（K1x）和朝川组（K1c）。区域大地构造处于华夏大陆板块之普陀—文成中生代陆缘火山活动带之文成—苍南火山隆起带（I3-2-1）。在构造上位于前歧—埔坪—北山街平缓背斜的东南翼，地层倾角一般处于20°～30°，褶皱轴向大致为北北东向。区域性断裂以北东向、北北东向为主，其次为北西向、近东西向及南北向。北北东向断裂带和海岸线平行，与太平洋西部现代岛弧方向一致。这些断裂控制了本区的岩浆活动、火山喷发以及构造变动，是构造分区的界线，并控制了火山构造洼地的分布。沿海两组北北东向的断裂直接和间接地控制了明矾石等矿床的形成。

2. 地貌

公园处于武夷山脉北段，雁荡山脉的南端，所在区域地貌类型属低山丘陵，四面群山环抱，北部和东部高，西部低，西侧为沟口，形如葫芦状，属较典型的山间盆地。盆地海拔240～300 m，山体最高海拔为东侧鹤顶山峰（989.5 m）。区内海拔800 m

以上山峰部分，风化作用和重力崩塌作用较强，基岩裸露，坡度达30°~40°，山巅形成高至70 m的悬崖，山坡堆积着大量碎岩块，集成"石河"；600~800 m为过渡带，是30°左右的坡地；600 m以下，河谷深切，谷坡陡峭，发育着多级夷平面，呈多层结构地貌。鹤顶山一带900 m、天湖岗一带700 m夷平面保持良好，小丘与洼地复杂，地表波状起伏。

二、总体布局与功能分区

1. 总体布局

公园分为鹤顶山地质园区和矿山园区两个独立园区，矿山园区又分三大岗山、鸡笼山和福德湾3个独立游览区。从"两镇一矿"区域发展着眼，结合遗迹景观的空间分布、组合特征和旅游发展的需求，以实现辐射区域内环境、社会、经济三者效益的稳定、持续、协调发展，确定公园未来空间发展结构是以福德湾游览区和鸡笼山游览区所在的"矾矿核心区"为"心"，以矾山中心镇区作为门户，大岗山游览区和鹤顶山游览区作为支撑。

2. 功能区划

公园划分为地质遗迹景观游览区、人文景观区、综合服务区、自然生态区四大功能区（例表3-6）。

例表3-6　浙江苍南矾山国家地质公园功能区划

区划	主要功能
地质遗迹景观区	是重要地质遗迹的集中分布区，并存在一定的科普教育、科学考察等活动，本区域划分是使珍贵的地质遗迹和其他特殊景观资源免遭人为破坏或减缓自然改变速度，必要时采取一些人为保护和补救措施。 鉴于矿业遗迹"地质、文物"双属性的特点，在对矿业遗迹划定遗迹保护区时，考虑未来可持续发展利用的操作实施性，针对三车间、大岗山矿硐群、溪光炼矾址、鸡笼山采矿遗址采用"点控"的方式，即按照申遗和文物保护要求对局部或单体进行保护和建设控制，其余部分可合理利用建设。地质遗迹根据自然属性、成因类型进行等级划分 二级保护区：福德湾炼矾遗迹区：位于福德湾矿工村北部，包含福德湾1号煅烧炉、福德湾2号煅烧炉、福德湾3号煅烧炉、福德湾4号煅烧炉、福德湾堆料场、福德湾锅炉房等 三级保护区：石门岭炼矾遗迹区：位于大岗山矿段石门岭，修建于民国时期，终于1992年。包含石门岭煅烧炉、石门岭加热灶、石门岭风化池、石门岭结晶池等。 福德湾采矿遗迹区：位于福德湾南部山体，包含400平硐、雪花窟通风洞、红粉硐、火龙坑等 大岗山矿硐-溪光村炼矾遗迹区：位于大岗山山顶东侧，包含大岗山矿硐群和溪光炼矾遗址等遗迹 鹤顶山山顶地质遗迹区：位于鹤顶山山顶，包含鹤顶山石海和白鹤仙师庙等遗迹
人文景观区	福德湾矿工村虽作为国家级历史文化名村有众多的矿业遗迹，但考虑到其社会属性和未来居民生活的诉求，将其中的居民集中生活的区域纳入人文景观区
综合服务区	将三车间作为未来地质公园重要的服务设施区域，三车间以矾山溪为界，分南北两部分，以南部分为冶炼炉等设施，位于公园以内，以北为仓库等在公园以外。以南部分作为公园的综合服务区，在符合文物保护的要求下开展游客服务、科普研学体验等相关活动
自然生态区	是保护公园生态环境为主要功能的区域，包含旅游发展储备用地，其人为生产生活影响较小

资料来源：《浙江苍南矾山国家地质公园总体规划（2021—2035年）》。

三、旅游项目及旅游产品

本轮规划在坚持以地质遗迹科普观光、矿业遗迹展示体验为主打旅游产品的基础上，搭建"1568"旅游工程体系（例表3-7），1为1个苍南矾山国家地质公园，5为五大旅游产品体系（地质矾都、工业矾都、生态矾都、度假矾都、亲子矾都），68为68个重点旅游项目。"1568"旅游工程体系目的是为满足不同游客的旅游需求，开展多样的旅游产品，发展专项特色游，以丰富旅游内容，增加游客人数、延长旅游停留天数，增加旅游收入，树立"世界矾都"的旅游品牌形象，加大区域合作联动发展，将地质公园打造成为苍南县黄金旅游线上新兴的重要旅游目的地。

例表3-7 "1568"旅游工程体系表

体系类别		产品形式	旅游产品策划	68个重点项目
旅游产品体系	地质矾都（地质科普科考旅游）	地质遗迹观光、地质科考、地学科普体验	打造1个矾山地质公园博物馆，丰富地学文化科普体验。 依托现状地质景观点，完善景观环境与游览设施，打造12个地质遗迹观光点。 将鹤顶山地质园区作为1个地质科普科考旅游区重点打造	矾山地质公园博物馆（与矾矿博物馆双馆合一）；12个地质遗迹观光点（矾山破火山、鹤顶山柱状节理、将军庙石峰、鸡笼山单面山、王面坑隔头正断层、鸡笼山勘探剖面、水尾山勘探剖面、牛皮滩朝川组剖面、矾山硅帽剖面、窑坑碱性花岗岩剖面、水尾山流纹岩剖面）；"矾山之径"；矾矿博物馆、矾矿露天博物馆、福德湾矿工村；南垟312平硐矿硐工业旅游基地；溪光传统矿业生产遗迹科普展示基地；石门岭炼矾遗迹展示基地；挑矾文化徒步游线沿溪滨水绿道；鹤顶山高山休闲度假区；鹤顶山生态避暑庄园；鹤顶山自驾营地；福德湾精品民宿村；大岗山特色矾都度假酒店；亲子小火车；世界矾都舞台剧；大岗山亲子乐园；研学营地（矾矿博物馆研学营地、矿硐地下研学营地、鹤顶山科普研学营地）
	工业矾都（矿业文化体验旅游）	矿业遗址观光、矿业遗址文化体验、矿业文化科普教育	打造1条地下+地上+空中立体多层贯通的"矾山之径"游览系统。 打造1个矾矿博物馆，集中介绍矾矿生产历史、生产技艺、历史文化等。 依托三车间现有的煅烧炉等特色工业设施，打造1个矾矿露天博物馆，展示炼矾遗址，并做精、做特三车间夜景灯光秀。 打造1个中国第一活态矿工文化古村——福德湾矿工村。 利用矾山最大的炼矾采矿遗址312矿硐，通过旅游业态产品及配套设施建设，打造1个中国规模最大、设施最全、业态最丰富的矿硐工业旅游基地。 利用溪光炼矾遗迹，打造1个传统矿业生产遗迹科普展示基地	
	生态矾都（山水生态旅游）	生态观光、休闲徒步	挑矾古道为浙江省省级文物保护单位，依托现状古道打造1条"挑矾文化徒步游线"。 依托现状矾山溪资源，打造1条"沿溪滨水绿道"。 依托鹤顶山良好的生态资源，打造1个鹤顶山高山休闲度假区，通过山林漫步道串联鹤顶山山门、鹤顶杜鹃花海、高山茶园、鹤顶石海等景点	
	度假矾都（精品度假旅游）	特色精品度假旅游、疗养度假旅游	鹤顶山高山气候适宜避暑疗养，规划依托现状茶园，打造1个生态避暑庄园。 打造1个鹤顶山自驾营地，融观景、运动、休闲、露营于一体。 打造1个福德湾精品民宿村。 打造1个大岗山特色矾硐度假酒店	
	亲子矾都（亲子休闲旅游）	亲子活动体验	打造1条亲子小火车游览项目。 打造1部山界矾都舞台剧。 打造1个大岗山亲子乐园。 打造3大研学营地（矾矿博物馆研学营地、矿硐地下研学营地、鹤顶山科普研学营地）	

资料来源：《浙江苍南矾山国家地质公园总体规划（2021—2035年）》。

3.2.2.6 湿地公园生态旅游规划编制

(1) 规划指导思想

湿地系统作为一个重要的生态系统，其规划指导思想应该是"保护第一，生态环境第一"。不同类型的湿地公园其规划侧重点不同，不同的规划目标，其规划内容不同。湿地公园规划特别强调旅游资源要调查清楚,如果本地资源不清楚,就谈不上保护。湿地旅游除了一般意义上的旅游资源外,还特别需要强调湿地的环境资源,因为湿地环境既是重要的保护对象,又是重要的旅游资源,湿地中的动植物资源、鱼类资源的种类、种群、数量、特征和品质必须清楚。

(2) 规划基本原则

①保护优先、科学修复、合理利用。国家湿地公园建设应从维护湿地生态系统结构和功能的完整性、保护野生动植物栖息地、防止湿地退化的基本要求出发,通过适度人工干预,保护、修复或重建湿地景观,维护湿地生态过程,展示湿地的自然和人文景观,实现湿地的可持续发展。

②统筹规划、合理布局、分步实施。国家湿地公园建设要根据湿地保护和区域经济发展等进行统筹规划,根据湿地的地域特点和保护目标合理布局;国家湿地公园建设可以先易后难,分步实施,分期建设。

③突出重点、体现特色、因地制宜。国家湿地公园建设应重点突出湿地景观,保留湿地的生态特征;最大限度维持区域的自然风貌,体现特色;在湿地生态系统服务功能展示和湿地合理利用示范、湿地自然景观和湿地人文景观营造时要因地制宜。

(3) 规划内容大纲

湿地公园生态旅游规划内容大纲

第一章　基本情况
第一节　自然地理概况
第二节　社会经济概况
第三节　历史沿革
第四节　公园建设与旅游现状

第二章　景观旅游资源分类、调查与评价
第一节　区域水文概况
第二节　水文旅游资源评价
第三节　开发建设条件评价

第三章　环境容量与游客规模
第一节　环境容量
第二节　游客规模

第四章　旅游业发展条件

第五章　总体规划依据和原则
第一节　总体设计依据
第二节　总体设计原则

第六章　总体布局
第一节　湿地公园性质
第二节　公园范围

第三节　功能分区

第七章　旅游形象策划及市场营销规划
第一节　旅游形象策划
第二节　市场营销规划

第八章　主要建设规划
第一节　保护恢复工程规划
第二节　景观建设
第三节　宣教工程建设
第四节　科研监测工程建设
第五节　游览设施建设
第六节　安全、卫生工程建设

第九章　生态环境监测与评价
第一节　生态环境监测
第二节　游客监测
第三节　生态环境影响评价

第十章　组织管理
第一节　管理体制
第二节　组织机构
第三节　人员编制

第十一章 投资概算与开发建设时序	第十二章 效益评价
第一节 概算依据	第一节 经济效益评价
第二节 投资概算	第二节 生态效益评价
第三节 资金筹措	第三节 社会效益评价
第四节 开发建设时序	

资料来源：《国家湿地公园建设规范》(LY/T 1755—2008)。

(4) 建设目标和功能区划

①建设目标。在对湿地生态系统有效保护的基础上，示范湿地的保护与合理利用；开展科普宣传教育，增强公众生态环境保护意识；为公众提供体验自然、享受自然的休闲场所。

②功能区划。国家湿地公园一般划分为湿地保育区、湿地生态功能展示区、湿地体验区、服务管理区等区域(表3-16)。

表3-16 湿地公园生态旅游规划功能区划

区划	主要功能
湿地保育区	具有特殊保护价值，需要保护或恢复的湿地区域；需要保护的湿地区域一般具有相对明显的湿地生态特征和完整的湿地生态过程，或丰富的生物多样性，或是湿地生物的栖息场所或迁徙通道；对有潜在生态价值的受损湿地，进行湿地恢复；在湿地保育区内，可以针对特别需要保护或恢复的湿地生态系统、珍稀物种的繁殖地或原产地设置禁区或临时禁入区
湿地生态功能展示区	展示湿地生态特征、生物多样性、水质净化等生态功能的区域
湿地体验区	国家湿地公园内的湿地自然景观或人文景观分布的湿地区域；可以体验湿地农耕文化、渔事等生产活动，示范湿地的合理利用，本区域允许游客进行限制性的生态旅游、科学观察与探索，或者参与农业、渔业等生产过程
服务管理区	在湿地生态特征不明显或非湿地区域建设的可供游客进行休憩、餐饮、购物、娱乐、医疗、停车等活动，以及管理机构开展科普宣教和行政管理工作的场所

资料来源：《国家湿地公园建设规范》(LY/T 1755—2008)。

 规划案例

《安徽淠河国家湿地公园总体规划(2021—2030年)》节选

安徽六安淠河国家湿地公园位于安徽省六安市西北部，南临横排头水利枢纽北端，北至合六叶高速下游500 m，总面积44.48 km²。公园地处老淠河中游，湿地率61.28%，属北亚热带向暖温带转换的过渡带，有维管束植物96科298种，有鸟类14目34科129种。2011年12月，安徽六安淠河经国家林业局(现国家林业和草原局)批准后开始试点建设国家湿地公园，2017年12月，安徽六安淠河国家湿地公园正式通过验收。

一、湿地面积与分布

安徽淠河国家湿地公园内的湿地主要为永久性河流湿地，其他湿地类型为零星分布，面积较小。安徽淠河国家湿地公园内湿地面积为38.58 km²，公园的湿地率为84.61%。

二、总体布局

1. 功能分区

根据分区原则，结合安徽淠河国家湿地公园资源特征和分布情况、自然人文单元的完整性和管理便利的需要，将安徽淠河国家湿地公园分为保育区、恢复重建区和合理利用区3个功能区(例表3-8)。

2. 分区建设目标与发展(例表3-9)

例表3-8　安徽淠河国家湿地公园功能区划

区划	面积(km²)	占总面积比例(%)	湿地面积(km²)	占总面积比例(%)
保育区	21.76	47.71	20.01	43.88
恢复重建区	8.89	19.51	6.93	15.21
合理利用区	14.94	32.78	11.64	25.53
合计	45.60	100	38.58	84.61

资料来源：《安徽淠河国家湿地公园总体规划(2021—2030年)》。

例表3-9　安徽淠河国家湿地公园分区建设内容

保育区	范围	保育区位于湿地公园内淠河上游东西淠河两河口交口至宁西铁路，河流长度29.29 km，面积21.76 km²，占湿地公园总面积的47.71%。该区域湿地生态系统较为完整、人为干扰较小、生物多样性丰富，有大量的湿地鸟类在此栖息，为安徽淠河国家湿地公园的重要湿地。主要开展湿地鸟类保护与科研监测等工作
	建设目标	①保护现有湿地生态系统；②改善保育区水系构成；③保护和改善生物多样性；④改善和提升水质；⑤贯通水系、修建鸟岛等措施，为鸟类和鱼类提供良好的栖息和生活环境；⑥开展湿地生态系统的科研和监测工作
	发展规划	该区域以保持良好水质、消除各种污染和人为破坏对淠河水质影响、保护现有湿地为主要目标。同时，在该区规划进行适度的科研与监测活动。为淠河湿地保育提供基础支撑，为湿地保护、恢复和管理提供数据支持。保育区内只允许开展湿地保护、科学研究与观察工作。可根据需要设置一些小型设施，所有人工设施应以确保原有生态系统完整性和最小干扰为前提
恢复重建区	范围	恢复重建区位于湿地公园的下游寿春路桥至合叶高速向下游3.0 km。河流长度9.84 km，面积8.89 km²，占湿地公园总面积的19.51%。该区水位变化较大，并因采砂等活动导致湿地生态系统破坏较为严重，湿地植被不完整，亟须恢复
	建设目标	①对区域范围内的现有河滩湿地进行保护，并在保护的基础上逐步修复；②恢复和扩大野生动植物栖息地，恢复湿地生态系统多样性，丰富湿地公园景观；③增强区域内河流水系的生态防护功能，提高湿地公园的生态功能
	发展规划	恢复重建区以恢复湿地生态系统多样性为目标，在不影响防汛、行洪的条件下，对现有河滩地采取自然恢复和人工促进恢复相结合的措施，进行河滩及河岸湿地生态系统恢复和重建，以营造不同类型的生物栖息地，构建多样的湿地景观

(续)

合理利用区	范围	合理利用区位于湿地公园中部宁西铁路至寿春路桥。河流长度15.62 km，面积14.949 2 km²，占湿地公园总面积的32.78%。该区域包括科普宣教、管理服务和旅游观光等功能
	建设目标	①建设相关科普宣教设施，开展湿地科普宣教活动，使湿地公园成为人与自然和谐的生态文明教育基地；②利用自然资源及设施条件，开展生态农业观光、生态农渔展示等体验活动；③结合湿地周边的历史遗址遗迹，进行历史文化展示，将湿地公园建成湿地历史文化展示的窗口；④湿地游览和生态休闲的场所、湿地资源可持续利用示范区，开展湿地观光、原生态湿地探索、民俗文化展示等，体验人与湿地的和谐统一；⑤湿地公园对外形象的窗口，提供综合管理服务，协调调度、后勤保障
	发展规划	在合理利用区的湿地科普宣教区域规划建设科普宣教中心及相关宣教、科普、科研监测、湿地观光休闲等设施；重点展示湿地生态系统、生物多样性、水质净化和湿地自然景观等生态功能，让参观者直观和亲身感受湿地的多种功能。合理利用区的管理服务区域主要包括湿地公园的管理、服务机构和设施，主要规划有湿地公园管理处及参观者服务中心、停车场、生态广场及特色风貌街等。湿地服务管理区主要具备管理和服务功能，使湿地公园得到科学有效的管理和保护，为参观者提供优质的服务。根据保护和管理的需要，构建安徽淠河国家湿地公园完善的保护和管理体系，并建设相应的保护、管理设施；配置相应的保护、管理设备，为参观者提供优质高效的服务，实现良好的管理、保护和服务功能。针对该区域人为干扰严重，交通方便，旅游服务设施相对完善，可在此区域开展以湿地为主体的休闲游览观光以及以水上体育为特色的体验活动

资料来源：《安徽淠河国家湿地公园总体规划(2021—2030年)》。

三、保护（恢复）规划

1. 水系保护措施

（1）水系沟通

将园内各类型水域视为整体，协同保护，实施沿岸水环境湿地水系连通工程，实现沿岸湿地之间水系全沟通，保持水系景观和谐。

（2）生态补水

在定期调查监测和专家论证评估的基础上，加强水情控制和生态基流调节，在需要时对淠河湿地进行生态补水，保证湿地生态基流，为淠河湿地的野生动植物提供良好的生存环境。

（3）橡胶坝维护

为保证淠河湿地保持一定的生态基流，需加强对园内的橡胶坝进行管理和维护，确保其正常发挥控制生态基流的作用。在专家论证的基础上，对现有的橡胶坝(城北橡胶坝、凤凰河橡胶坝、新安大桥橡胶坝)进行维护，充分发挥其调节淠河湿地生态基流的功能。

2. 水质恢复措施

在规划期内，为了有效切断进入安徽淠河国家湿地公园的污染源，改善城市水环境，六安市不断加大污染防治力度，改善、促进生态文明建设，积极开展黑臭水体和海绵城市建设工作，投资8亿元，对城区内水系蒋家沟、南面大沟、西门大沟、北门大沟、均河、九墩塘等进行治理，彻底改善水环境，消除淠河污染源。同时实施六安市城南水利枢纽工程，对淠河上下游两岸进行防护和绿化；实施六安市淮河支流裕安段水环境治理项目(项目建成后可处理城镇污水约6 100t/d)、分路口鲍家杠泄洪渠综合治理工程，以改善淠河水质，提升淠河国家湿地公园水环境。

3. 水岸恢复措施

规划期内，完善在312国道上游部分区域的护坡堤防，长度约15 km，其中，在苏埠镇及园艺场区域采取滩补偿进行横断面工程措施加固护岸，提升防洪等级；开展六安市淮河支流裕安段水环境综合治理，涉及裕安区西河口、独山、青山、平桥、城南、分路口、新安等沿淠乡镇。拟建设沿线生态护岸266.6 km，生态隔离带约4 km，生态沟渠约140 km，生态步道约416 km，景观平台若干；开展六安市淠河城南段水环境综合治理项目，对淠河六安城南水利枢纽工程回水段 10.5 km 左右岸岸坡进行生态防护。

4. 河床修复

规划期内，对因采砂等因素造成的河道破坏区域进行恢复修建，特别是窑岗嘴大桥以上区域。对采砂等人为因素形成的入河小道通过工程措施予以隔断，清除进入河床的道路，清理遗留的采砂船只、设施等。拆除各类附属建筑物及硬化河床地面，平整采砂坑塘，恢复河道及堤坝原貌，实现淠河两岸水清岸美的目标。

5. 科普宣教规划

规划期内，对科普宣教资料进行更新，对相关系统进行升级改造。在公园管理处各主要节点处设置宣传栏，张贴湿地宣传海报；在公园内设置指示牌、宣传标牌、警示牌等 300 个，在恢复重建区建 10 km 木栈道。在恢复重建区修建一处观鸟屋，要求庇荫，与周边环境协调一致。在沿河道两岸修建湿地科普长廊，并在各主要节点配置不同类型的湿地宣教牌示系统和湿地宣教标语、湿地宣教小品，向参观者展示安徽淠河国家湿地公园的历史和自然魅力。

3.2.2.7 沙漠公园生态旅游规划编制

(1) 规划指导思想

在对沙漠公园所在地自然资源与环境特点、社会经济条件、资源保护和合理利用的可能性进行综合分析基础上，明确沙漠公园的范围、面积、性质、发展方向和空间布局。统筹安排沙漠公园保护、科普宣教、科研监测、合理利用、基础设施等方面的建设内容，处理好沙漠(荒漠)资源保护和利用的关系，科学指导沙漠公园的生态旅游发展。

(2) 规划基本原则

应与国土规划、生态功能区规划、防沙治沙规划和土地利用规划相衔接，与生态资源保护利用、区域发展等相关规划相协调。

(3) 规划内容大纲

沙漠公园生态旅游规划内容大纲

第一章　基本情况及现状评价
第一节　基本情况
第二节　现状评价
第二章　指导思想、原则、目标及定位
第一节　指导思想
第二节　基本原则
第三节　规划依据
第四节　规划目标
第五节　规划定位
第三章　规划分区与总体布局
第一节　功能分区
第二节　总体布局
第四章　保护规划
第一节　原生沙漠(荒漠)生态系统保护

第二节　沙漠(荒漠)景观资源保护
第三节　野生动植物及其栖息地保护
第四节　水资源保护
第五节　文物古迹及自然遗迹文化保护
第五章　沙漠(荒漠)植被恢复与治理规划
第一节　防护林体系建设工程
第二节　流动、半固定沙地固定工程
第三节　沙化草原治理工程
第四节　水土流失综合治理工程
第六章　科普宣教规划
第一节　科普宣教主题和发展目标
第二节　科普宣教内容和方式
第三节　科普宣教设施设备建设
第七章　科研监测规划
第一节　科研规划

第二节 监测规划	第二节 社区经济调控
第三节 科研监测基础设施设备建设	第三节 社区协调与共建共管
第八章 合理利用规划	**第十二章 管理机构规划**
第一节 容量和客源市场分析	第一节 管理机构设置
第二节 沙漠(荒漠)景观建设工程	第二节 机构职能与人员编制
第三节 沙漠(荒漠)生态旅游	第三节 保护管理能力建设规划
第四节 游览路线组织	**第十三章 环境影响规划**
第五节 旅游服务设施建设工程	第一节 生态环境质量现状
第九章 基础工程规划	第二节 工程建设对生态环境的影响
第一节 公园管理机构、管护站(点)办公用房建设	第三节 生态环境保护对策
第二节 道路工程	**第十四章 投资估算及效益分析**
第三节 通信、供电、给排水工程	第一节 投资估算
第四节 供热、燃气、广播电视工程	第二节 效益分析
第十章 防灾与应急管理工程规划	**第十五章 保障措施**
第一节 防灾管理	第一节 政策保障
第二节 应急管理	第二节 组织保障
第十一章 区域协调规划	第三节 资金保障
第一节 土地利用协调	第四节 科技保障
	第五节 宣传保障

资料来源：《国家沙漠公园总体规划编制导则》(LY/T 2574—2016)。

(4)规划原则和功能区划

①规划原则。有利于保持沙漠(荒漠)生态功能和沙漠(荒漠)景观资源的完整性和稳定性、突出沙漠公园(荒漠)地区自然环境与资源价值特点、沙漠(荒漠)资源的合理保护和利用、沙漠公园的长远发展。

②功能区划。沙漠公园一般划分为保育区、宣教展示区、体验区、管理服务区等区域(表3-17)。

表3-17 沙漠公园生态旅游功能区划

区划	区划范围
保育区	指沙漠(荒漠)生态系统保存最完整和沙漠(荒漠)景观资源最集中分布区域。保育区内应实行最严格的生态保护和管理，除开展必要的保护、生态恢复和科研监测活动外，不得进行任何与沙漠(荒漠)生态系统保护无关的其他活动
宣教展示区	是开展沙漠(荒漠)生态系统展示、科普教育的活动区域。宣教展示区内可以适当修建展示牌和科普教育设施以及必要的游览道路等基础设施
体验区	是在不损害沙漠(荒漠)生态系统功能的前提下对沙漠(荒漠)资源进行适度利用的区域。体验区内可以开展沙漠(荒漠)生态旅游、生态种(养)殖以及其他不损害沙漠(荒漠)生态系统的利用活动，可以建设必要的旅游景点、游憩和生产经营设施

(续)

区划	区划范围
管理服务区	是在不损害沙漠(荒漠)生态系统功能的前提下对沙漠(荒漠)资源进行适度利用的区域。体验区内可以开展沙漠(荒漠)生态旅游、生态种(养)殖以及其他不损害沙漠(荒漠)生态系统的利用活动，可以建设必要的旅游景点、游憩和生产经营设施
其他	宣教展示区和体验区可根据具体情况在划分若干景区(或亚区)

资料来源：《国家沙漠公园总体规划编制导则》(LY/T 2574—2016)。

阅读材料

建设新疆沙湾国家沙漠公园总体规划构想

一、公园定位

1. 性质定位

根据区域特点、历史文化资源及项目区域内的生态系统特点，本公园定位生态保护类沙漠公园。具体内容包括以下几个方面：

目标：建设生态文明、共建丝绸之路

主题：治理现有沙化土地，防治沙漠化扩张，建构天然屏障

前提：维护生态系统稳定，保护动植物多样性

2. 功能定位

保护园区范围内的动植物、水资源，维持地区生态平衡建立安全的沙漠环境适度开发建设生态旅游，科普宣教展示沙漠文化开展沙化治理工程和基础设施建设等。通过多方面的建设工作；将沙湾县国家沙漠公园打造成为生态系统健康、文化底蕴深厚、景观独特的西北内陆地区沙漠公园的成功典范。总体上看，本公园功能定位如下：

①生态服务功能。治理土地沙化，调节地区小气候，优化地区环境整体质量，完善地区生态保护系统。

②科普宣教功能。建设公园宣教中心和宣传解说系统，集中展示地区的沙漠文化、民族文化、美食文化、生态文化等，积极宣传环保理念，加强人们对沙湾的了解和保护。

③旅游服务功能。依托沙漠自然景观、地区文化建设有特色、有内涵的旅游景观，发展生态旅游产业。

3. 形象定位

本公园作为生态保护类沙漠公园，其形象定位不只仅限于自治区、地方层面，俨然上升到了国家乃至国际层面。从地方层面上讲，按照国家公园标准建立沙漠公园，保护园区内的沙漠资源，营造沙漠景观，建设完善的沙漠生态系统，展现沙漠文化、民族文化．将沙湾打造为休闲之都，提升沙湾形象，带动沙湾社会、经济、文化各方面全面发展。从自治区层面上讲，本公园的建立可以为天山北坡经济带提供天然屏障，改善地区生态环境促进地区发展。从国家层面上讲，本公园保护我国西北地区沙漠资源，有利于沙漠资源的合理利用和保护，是国家推动新疆地区发展的一个重要的战略部署。从国际层面上讲，本沙漠公园是古尔班通古特沙漠的一部分，建成后将提供给普氏野马繁育良好的生态环境，产生的积极影响远播国际。

二、规划内容

1. 沙地保育区

本分区拟建占地面积 84.05 hm^2，是沙漠公园的核心区，生态脆弱，敏感度高，其规划工作尤为注重保护动植物的多样性。为此，除了开发建设工作外，本区禁止一切与开发无关的工作，不得进行破坏沙漠资源的非法活动。首先，从沙漠生态系统保护、动植物多样性保护出发，制定生态保护、保育、恢复措施，构建健康的生态系统，为动植物栖息、生长提供适宜的环境。其次，利用各种技术手段、先进设备等，对沙漠土质、植被、土壤等进行全程监测，掌握各种资源变化情况，为生态保护工程、生物工程和治理措施制定提供数据参考。

2. 植被恢复区

本分区拟建面积 164.38 hm², 占沙漠公园面积比例最大。本分区内的植被覆盖面小, 生态脆弱, 如沙化进一步扩展, 会造成更严重的后果。所以, 本分区主要工作是采用综合治理措施尽快恢复植被。

3. 宣教展示区

本分区拟建面积 48.99 hm², 位于公园中北部, 负责对外宣传等工作。其规划建设要与生态保护、地区文化等结合起来, 提供可听、可看、可参与的多层化科普宣教窗口给游客, 展示地区特色文化, 增强人们的保护意识。

4. 合理利用区

拟建面积 66.50 hm², 位于公园中部。该分区承担部分宣教功能, 其规划建设要依托于当地的生态景观和地域文化, 适应公园建设目标, 为游客提供观光、运动、体验等旅游服务。

5. 管理服务区

拟建面积 9.08 hm², 主要建设公园管理服务设施, 负责公园日常工作, 包括行政、保护、管理、协调等工作。

3.2.2.8 海洋公园生态旅游规划编制

(1) 指导思想

根据国家和地方经济与社会发展和海洋保护事业的需要, 制定规划期间海洋公园建设和发展应遵循的方针、政策、原则以及要达到的目标等。以保护海洋、海岛生态环境及人与自然的和谐为主线, 通过在海洋公园内实施可持续的生态保护、资源利用、监测评估、规划管理等一系列措施和手段, 合理配置海洋资源, 优化海洋生态系统功能, 使海洋资源利用与生态环境保护更为科学、合理、有序、实现区域经济、社会、资源和环境的协调发展。

(2) 基本原则

①规划应坚持海洋资源可持续开发原则, 贯彻"保护为主, 适度开发"的原则, 坚持"在保护中开发, 在开发中保护"的方针, 处理好海洋、海岛资源利用与生态系统和环境保护的关系。

②规划应贯彻海洋保护和经济发展相协调的原则, 充分考虑地方的经济发展现状, 统筹协调好保护与开发、近期与远期、个别与整体、重点与一般之间的关系, 有利于促进海洋经济和社会可持续发展。

③规划应坚持与海洋功能区划、海洋环境保护规划, 海域使用总体布局相协调一致的原则, 规划应突出重点、统筹兼顾、点面结合、分步实施。

④规划应实行分区管理原则, 建立功能分区系统和指标体系, 实施综合管理, 重点解决制约主导功能发挥的各类限制性因素; 规划应尊重客观规律, 因地制宜, 在经济、技术上可行。

⑤规划应体现综合效益原则, 充分平衡和统一社会效益、经济效益、资源效益和环境效益的综合效益。

(3) 规划内容大纲

海洋特别保护区生态旅游规划内容大纲

第一章 总则
第一节 规划背景
第二节 建区必要性和意义
第三节 规划编制依据

第四节	规划范围和期限	第一节	保护管理建设规划
第二章	自然环境、海洋资源与社会经济状况	第二节	基础设施能力建设规划
第一节	自然资源基本特征	第三节	资源合理利用规划
第二节	海洋资源的种类及利用现状	第四节	生态产业发展规划
第三节	社会经济状况与海洋产业布局	第五节	科研监测规划
第三章	建设现状及存在问题	第六节	生态修复规划
第一节	概况	第七节	宣传教育规划
第二节	保护区的性质和保护目标	第八节	社区共管规划
第三节	保护区的生态和资源特点	第七章	实施规划的保障措施
第四节	影响保护目标的主要制约因素	第一节	法规政策保障
第四章	规划的指导思想、基本原则和发展目标	第二节	组织保障
第一节	指导思想	第三节	人力资源保障
第二节	基本原则	第四节	科技保障
第三节	规划期目标	第五节	资金保障
第五章	总体布局与功能分区	第六节	保护与管理措施
第一节	主导功能的确定	第七节	其他保障措施
第二节	功能分区概述	第八章	综合效益评价
第三节	各分区管理目标	第一节	资源效益
第四节	各分区保护与开发活动安排	第二节	生态环境效益
第六章	规划重点项目建设	第三节	社会效益
		第四节	经济效益

资料来源:《海洋特别保护区功能分区和总体规划编制技术导则》(HY/T 118—2010)。

(4) 功能分区的划分和命名

根据不同的主导功能,海洋公园可划分为重点保护区、生态与资源恢复区、适度利用区、预留区等4个功能区(表3-18)。

表3-18　海洋特别保护区生态旅游功能区划

区划	区划范围
重点保护区	包括领海基点、军事用途等涉及国家海洋权益和国防安全的区域,珍稀濒危海洋生物物种、经济生物物种及其栖息地,以及具有一定代表性、典型性和特殊保护价值的自然景观、自然生态系统和历史遗迹作为主要保护对象的区域。重点保护区的面积一般不少于保护区总面积的30%。重点保护区应维持现状,禁止一切开发活动。通过在保护区内实施各种资源与环境保护的协调管理以及防灾减灾措施,防止、减少和控制海洋、海岛自然资源与生态环境遭受破坏
生态与资源恢复区	指生境比较脆弱、生态与其他海洋资源遭受破坏需要通过有效措施得以恢复、修复的区域。除保护区总体规划所明确可以开展的生产经营和项目建设活动外,不得从事其他生产经营和项目建设活动。通过实施海洋资源循环利用,海洋生态恢复整治、海洋生物多样性保护等海洋生态工程,促进已受到破坏的海洋资源和环境尽快恢复

(续)

区划	区划范围
适度利用区	指根据自然属性和开发现状，可供人类适度利用的海域或海岛区域。适度利用是指开发项目不以破坏海域或海岛的地质地貌、生态环境和资源特征为前提。可以开展不与保护目标相冲突的生产经营和项目建设活动，应与保护区总体规划相协调，建立协调的生态经济模式，促进区域原有产业的生态化。在有效保护海洋生态的前提下，探索海洋资源最优开发秩序，达到最佳资源效益和经济效益
预留区	除上述功能区外的其他未利用区域或暂时未能定性的区域可划为预留区，并提出今后可能的保护和利用方向

资料来源：《海洋特别保护区功能分区和总体规划编制技术导则》（HY/T 118—2010）。

 规划案例

《蓬莱国家级海洋公园总体规划（2020—2030年）》节选

蓬莱国家级海洋公园位于蓬莱北部沿海，南界到滨海路北侧，北界到蓬莱登州水道以南，西至海滨西路的蓬莱西海岸海洋文化旅游产业聚集区，东侧到海滨路的蓬莱新港范围。地理坐标为 120°39′15.840″E～120°49′25.680″E，37°47′31.560″N～37°51′47.920″N，总面积68.299 km²，主要保护园区内登州浅滩、河口湿地、沙滩等重要生态服务功能区域及区内资源，同时保护沿岸区域重要的人文历史景观。海洋公园陆地面积4.674 km²，占海洋公园总面积的6.8%；海域面积63.624 km²，占海洋公园总面积的93.2%。

一、功能分区及管理目标

1. 重点保护区

重点保护海洋公园登州水道等重要功能区域及牙鲆和黄盖鲽等海洋生物资源，以及蓬莱阁、水城等历史文化景观资源。维持与改善海洋生态环境，使区域内自然资源得到妥善的保护和修复。此区域严格限制任何不利于重点保护目标保护的建设活动，可以开展管护巡护、科学研究、资源调查、灾害防控、生态廊道建设以及修建军事、必要的科研监测保护设施、重大生态保护工程。

2. 生态与资源恢复区

该区域生态环境脆弱，拟通过保护管理和积极的资源与环境修复，维持与改善海洋公园内海洋生态环境及海洋生物资源，使区域内的生态环境得到有效保护，重点开展牙鲆、黄盖鲽等重要物种的恢复工作。

3. 适度利用区

在适度利用区内，在确保海洋生态系统安全的前提下，允许适度利用海洋资源。鼓励实施与保护区保护目标相一致的生态型资源利用活动，在科学规划和合理布局的基础上，发展生态旅游、生态养殖等海洋生态产业。可以建设管护、宣教和旅游配套设施，设施建设必须按照总体规划实施，并与景观相协调，不得污染环境、破坏生态。其中，本规划期内，蓬莱西海岸海洋文化旅游产业聚集区区域按照《蓬莱西海岸海洋文化旅游产业聚集区围填海项目生态保护修复方案》开展保护与恢复工作。

二、生态保护与修复规划

1. 生物多样性保护与恢复

海洋公园内浅滩资源广阔，水质肥沃，营养盐丰富，水温适宜，是鱼、虾、蟹、贝多种海洋生物天然的产卵场和索饵场。规划结合对海洋公园的科研监测能力建设，依托海洋公园内设置的在线监测浮标，实时监测海水生态环境，防止海水因子剧烈变化对海洋生物产生影响。定期开展海洋公园的渔业资源监测，确定海洋公园保护的生物资源种类与数量，并根据监测结果制定修复计划。通过改善海域生态环境质量，在海洋公园适度利用区开展合理的增殖放流和生态养殖活动，提高海域生物多样性，形成和谐的海洋生态环境。

2. 海洋公园岸滩综合整治修复规划

海洋公园内有多处自然沙质岸线，但由于登州浅滩盗挖海砂及海水养殖或围海堤坝建设等人类活动的侵占，改变了岸滩周边的水动力环境，使其受到不同程度的侵蚀或淤积。不仅使沙滩周边海域环境受到影响，也导致沙滩质量下降，景观性受到损害，影响了海洋公园的可持续健康发展。因此亟须对海洋公园利用区的沙质岸滩开展综合整治修复工程，清理沙滩垃圾，减少人为活动对沙质岸滩的影响，对受到侵蚀的岸滩采取补沙、基岩岸线加固等修复措施，对淤积的岸滩采取清淤等修复措施。具体措施如下：开展水动力修复，通过建设桥梁的方式，疏通人工岛岛间及其与陆地间的水道，改善岛间水道及近岸水道的水交换，改善水道内水质和海洋生态，尽量减少围填海对周边海域水动力环境的影响；清理近岸堆存的建筑垃圾，改善近岸环境；开展人工沙滩修复，通过人工补沙、清理沙滩垃圾、滩面修复等措施，减缓海岸侵蚀，修复优美沙滩；开展海洋环境复监测，评估修复效果等。此外，建议与海事等部门加强合作，运用海事雷达等手段对海洋公园西北部的登州浅滩进行监视监管，严防盗挖海砂等会对登州浅滩水动力造成进一步恶化的事件发生。保障登州浅滩的浅滩资源能够逐步自然恢复。

3.2.2.9 水利风景区生态旅游规划编制

(1) 规划指导思想

科学、合理地开发利用和保护水利风景资源，促进人与自然和谐相处，规范水利风景区的规划、建设与管理工作。

(2) 规划基本原则

水利风景区规划应坚持以人为本、因地制宜、统筹兼顾、可持续发展的原则，突出"退护水工程、保护水资源、改善水环境、修复水生态、弘扬水文化、发展水经济"的理念，体现出科学性、合理性和可操作性。

(3) 规划内容大纲

水利风景区生态旅游规划内容大纲

第一章	基本情况（资源调查）	第二节	规划目标
第一节	自然条件	**第四章**	**规划布局**
第二节	人文条件	第一节	规划布局
第三节	社会条件	第二节	功能分区
第四节	经济条件	**第五章**	**专项规划**
第五节	水资源调查	第一节	水资源保护规划
第六节	水工程调查	第二节	水生态环境保护与修复规划
第二章	**现状分析与评价**	第三节	景观规划
第一节	现状资源调查	第四节	交通与游线组织规划
第二节	资源综合评价	第五节	服务设施规划
第三节	基础条件分析	第六节	配套基础设施规划
第三章	**规划水平年与目标**	第七节	土地利用规划
第一节	规划水平年	第八节	竖向规划

第九节	安全保障规划	第二节	风景区环境容量
第十节	标识系统与解说规划	第三节	风景区游人容量
第十一节	水利科技与水文化传播规划	第七章	投资估算及效益分析
第十二节	管理与营销规划	第一节	投资估算
第六章	风景区容量	第二节	效益分析
第一节	风景区承载能力	第八章	规划环境影响评价

资料来源：《水利风景区规划编制导则》(SL 471—2010)。

(4) 功能区划

规划布局应在风景区规划范围内，统筹安排，合理协调，在充分考虑各节点之间的空间关系和交通联系基础上，划定功能区，并安排相应的项目和设施。功能区应包括出入口（集散）区、游览区、服务区、保护区、管理区等（表3-19）。

表3-19　水利风景区生态旅游功能区划

区划	区划范围
出入口（集散）区	应根据风景区对外交通关系和景观特色来选定位置，通常包括一个主出入口区和若干个次出入口区。出入口应设含水利风景区标识的标志物和大门引导游客进出
游览区	应根据自然和人文景观特色进行划定，其内可根据游客的需求设置适宜的娱乐项目
服务区	应根据游客容量合理设置，配套服务设施要完备，应对建筑物高度、密度、材料风格和绿地等提出相应要求
保护区	根据风景区实际情况，可设立生态保护（恢复）区和历史景观区等保护区。规划应明确保护区的位置和范围，并提出相应的保护原则和措施
管理区	风景区单位可根据管理工作需要设置管理区，其相应的设施外观应与风景区环境相协调

资料来源：《水利风景区规划编制导则》(SL 471—2010)。

规划案例

《浦东新区滴水湖水利风景区规划（2020—2035年）》节选

上海浦东新区滴水湖水利风景区，依托滴水湖水域及其相关水利设施而建，属于城市河湖型水利风景区，2009年被水利部认定为国家水利风景区。滴水湖水利风景区包括春涟河、夏涟河、秋涟河、冬涟河四条涟状河道、赤风港、橙和港、黄日港、绿丽港、青祥港、蓝云港、紫飞港七条射状河道，以及滴水湖出海闸、芦潮引河出海闸、黄日港节制闸、绿丽港节制闸等众多水利工程，形成了防汛挡潮、引排自如的水利体系，使"水安全、水资源、水环境、水景观"统筹兼顾。

滴水湖水利风景区，是南汇新城的标志。南汇新城以水兴城、以水美城的建设理念，让一座现代化新城成为一座露天水利工程博物馆，为现代城市建设发展提供了成功范例。该景区拥有中国水利工程优质（大禹）奖、"助推绿色发展 建设美丽长江"全国引领性劳动和技能竞赛美丽河流（湖泊）、上海市最美河道等荣誉。

一、总体布局

《规划》通过挖掘现状生态和资源特色，形成了"一湖、一环、一轴、七射、多点"的滴水湖水利风景区总体布局，进一步深化环湖景观带、水系游线、旅游节点等特色项目建设。

未来，将以水资源保护、交通与游线、水利科技与水文化传播等十二大专项规划为指引，提升服务设施布局与品质；串联现有景区资源，丰富景区的游览活动与路线；加强水文化和水科普的宣传教育，强化目的地属性。

二、生态旅游规划开发经验

1. 以水利工程为主导，突出生态建设和保护，服务和支撑现代化新城建设发展

坚持规划引领，找准发展定位。2021年5月，《浦东新区滴水湖水利风景区规划（2020—2035）》通过上海市水务局行业审核，引领滴水湖水利风景区新一轮开发建设。景区将以水资源保护、交通与游线、水利科技与水文化传播等十二大专项规划为指引，提升服务设施布局与品质；串联现有景区资源，丰富景区的游览活动与路线；加强水文化和水科普的宣传教育，强化目的地属性。按照"一湖、一环、一轴、七射、多点"的总体布局，将打造成"江、河、湖、海"相连、湖泊水系相通，湖在城中、景映水中的国家水利风景区。将建设成为最具活力的世界级滨海环湖开放空间、城市河湖型国家水利风景区标杆。

（1）贯彻落实河湖长制，充分发挥主体作用

按照分级管理、属地负责的原则，滴水湖一级湖长由上海市委常委、浦东新区区委书记、临港新片区管委会主任兼任，二级湖长由南汇新城镇及港城集团主要领导担任，三级湖长由申港社区主要领导担任。在临港新片区管委会和南汇新城镇统一领导下，港城集团承担景区建设管理工作，组织编制水利风景区规划，开展滴水湖水质管理与监测、水域使用管控，结合河道和景观工程建设营造优美宜居水环境，引进优质文旅资源、举办重大赛事节庆活动，弘扬水文化，完善配套设施，不断提升景区知名度。

（2）坚持以生态为基，注重开发与环保齐头并进

①塑造水生态景观。景区环滴水湖规划建设80 m景观带工程，在景观带内种植各种适生树木、灌木和绿草，各式精美建筑点缀其中。内涟河贯穿城市公园带，河道生态建设与城市公园景观相互融合。中涟河、外涟河是城市社区水景，根据河道生态建设和水景需要，建设各具特色的生态护岸和亲水平台。主城区水系涟河与射河交汇构成众多人工湖泊，发挥水体缓冲、生态自净等功能，结合城市功能布局形成城市楔形绿地。

②建设水生态系统。由于滴水湖没有野生鱼类，为了保持和改善水质，改善水生态，景区每年投入一定量的滤食性鱼类、河蚬、螺蛳等，同时每年春季科学控制出海闸开闸排水时间和流量，连通附近水域引入鱼苗，形成了以滤食性鱼类为主，各种本地鱼类共存的健康生态系统。

③融入海绵城市建设。结合国家海绵城市试点项目，进行景区范围内海绵生态本底建设工作。滴水湖环湖景观带采用了透水铺装，达到雨水就地下渗消纳的要求。景区选用透水盲管、生态湿地、生态驳岸等海绵技术，对地面雨水进行收集净化和处理，四涟河道工程采用了生态护岸、雨水排放口水质净化措施、植被缓冲带等，在解决积水、内涝等问题的同时，防止水资源流失。

（3）加强水体生态综合管理，维护水安全

①建立全面的管理体系。作为城市景观湖，滴水湖自2003年引水后，没有完善的生态系统，水环境不稳定。为了管理好滴水湖的水质，港城集团成立了上海港城滴水湖建设管理有限公司，专门负责滴水湖后续建设和维护管理；相继出台了《滴水湖水系水域维护管理办法》《滴水湖水系运行调度管理办法》等水系管理制度。2014年，上海市临港地区开发建设管理委员会出台了《上海市滴水湖环境保护与管理暂行办法》，进一步为滴水湖管理提供抓手。在浦东新区打造"社会主义现代化建设引领区"，被赋予先行先试的立法权的政策契机下，全力推动滴水湖水域保护立法。

②完善水系闸控系统。滴水湖一期水系建设了滴水湖出海闸、黄日港控制闸和绿丽港节制闸，辅之芦潮引河出海闸，构成了滴水湖水系引排水"二进二出"的闸控系统。目前闸控系统基本具备引排水、防汛防涝功能，控制水系引排水、水体置换及水体流动等。

③系统治理水生态，维护水安全。因滴水湖

建于重盐碱的滨海滩涂,水土盐碱化严重,景区结合滴水湖核心区水利自身特点,创新开展以潮差式引排水、水体洗盐洗碱等工作,为水体中水生植物生长和繁殖提供条件,改善和丰富湖泊、河道的食物链和生态系统结构。景区提出"像保护眼睛一样保护滴水湖的水质",在水质监测、水生态治理、污染源防控、水域常态化巡查、政企联动、智能化信息管理平台等领域加大管理力度。

(4) 弘扬水文化,发展文旅产业

①依托滴水湖和港城的地域特点,发掘文化旅游资源。景区充分发挥江河湖海汇聚优势,在特色景点打造、文旅项目引进、海洋产业布局上下足功夫,丰富功能业态,扩大规模效应。

②提供亲水体验。景区在构建城市公园健康生态系统的同时,搭建游客、市民亲水和休闲娱乐的公共活动平台,成为重要的城市水岸空间会客厅。

③开展水利科普。依托上海临港海洋节、上海海洋论坛等文化活动,推出一批了解海洋、亲近海洋、感受海洋的系列活动,让市民深切感受海洋文化;通过打造水利科技实践基地、科普长廊等,宣传节水、爱水、护水深入人心,提高公众对于水利知识的认知,增强水生态环境保护意识。

2. 景区发展生态、发展方式、发展成效发生系统改变,彰显"国际风、海湖韵、未来感"

蓝绿交融筑牢生态屏障。景区初步形成了"水清、岸绿、景美、生态"的城市河湖生态景观,产生了良好的生态效益。滴水湖水质持续改善,大部分指标达到Ⅰ~Ⅲ类;滴水湖培养的生态鱼类是一种优质的生态资源,已于2011年向国家绿色食品中心申报滴水湖绿色水产品8项,并获得批准,成为滴水湖旅游文化中的品牌水生态产品。景区利用"湖、河"环网相连,完善环网放射的河道水系网络,实现绿地网络化渗透,支撑"城在景中"的生态体验;依托楔形绿地,形成放射状嵌入城市的重要生态空间,实现绿色与城市交融。景区建成了蓝色透水沥青慢跑道、生态护岸、生态湿地、特色景观桥、亲水栈道、全龄儿童游乐设施、精致游憩设施等,提升了环境品质,凸显海湖韵特色城市风貌。

文旅融合发展动力强劲。景区挖掘利用生态、文化等特色资源,通过布局"湖景、河景、海景、江景",引入海洋主题文旅项目,开展科普宣传,举办系列赛事、节庆活动等,使得水文化、海洋文化深入人心,文旅产业蓬勃发展。例如,中国航海博物馆、上海海昌海洋世界、冰雪之星、上海天文馆等优质文旅项目主题鲜明、规模宏大、世界领先,未来每年将吸引游客1 000万人次;2018年开园的上海海昌海洋公园高峰期日客流量达5万人次,2021年刚开馆的上海天文馆更是一票难求,日均客流量达到5 000人次。2018—2021年连续四年举办世界顶尖科学家论坛;2015—2021年,于"世界海洋日"和"中国航海日",连续四年举办上海海洋论坛,连续五年举办上海临港海洋节。围绕滴水湖举办了一系列国际与国内赛事活动,如世界著名体育赛事——环法自行车赛事、世界水上摩托艇锦标赛、全球顶级障碍赛跑——斯巴达勇士赛、滴水湖铁人三项赛。同时,临港新片区新年烟花秀、临港新片区迎新跑、滴水湖阳光音乐节、上海临港海洋节、工业旅游等系列文化活动已成为临港特色,展现了景区的"国际风、海湖韵、未来感"。

景区知名度不断提升。景区不断强化多维度宣传,营造良好发展氛围。结合国家成立临港新片区契机,加强对滴水湖水利风景区内各项配套设施、城市功能、旅游功能的推介;景区范围内推动海绵生态本底建设工作,吸引全国各地海绵城市建设单位参观学习,打响了生态城市名片;通过新一轮水利风景区规划编制的契机,以规划进社区、进校园、进园区等方式加强对景区规划的科普宣传工作。2018年,滴水湖被中华全国总工会、水利部和中国农林水利气象工会联合授予"长江经济带2018年最美河流(湖泊)"称号,滴水湖环湖沥青跑道获颁吉尼斯世界纪录"最长的蓝色透水沥青慢跑道"证书,滴水湖则获颁吉尼斯世界纪录"建有环湖景观桥数量最多的人工湖"证书,春涟河于2020年荣获上海市"最美河道"称号。

3. 推动水利风景区高质量发展的经验启示

科学规划引领,强化制度保障。景区的发展离不开科学的引领和管理制度体系的健全,以高效能治理赋能景区高质量发展。景区规划要结合高质量发展要求,将新发展理念贯穿始终,结合建立河湖长制、生态文明建设等工作,确立发展定位和目标,并配合出台相关的管理制度加以保障。

夯实生态本底，提高发展质量和效益。景区抓住了"生态"这一实现高质量发展的"牛鼻子"，将保护滴水湖生态环境和安全放在首位，为建设国际化的城市会客厅筑牢生态本底，实现生态和经济效益双赢，真正将"绿水青山就是金山银山"的理念落到实处。

深挖文化内涵，培育文化氛围。景区根据自身独特的文化内涵，在旅游开发中注重挖掘滴水湖内在的水文化，充分利用现有的水利工程文化，大力弘扬滴水湖的地域文化，充分发挥水文化的引导、约束、规范、凝聚和激励功能。

坚持以人为本，打造高品质景区。景区坚持"高起点规划，高标准建设"，从项目引进到工程设计、实施，从功能导入到公共空间打造都坚持以满足人民高品质生活需要为奋斗目标。由此，一系列优质文旅项目使景区宜业、宜居、宜乐、宜游，进而提升市民的获得感、幸福感和安全感。

3.3 国外自然保护地生态旅游规划案例

3.3.1 肯尼亚生态旅游开发案例

3.3.1.1 肯尼亚生态旅游发展概况

旅游业是肯尼亚国民经济的支柱，在旅游业中至关重要的是与野生动物有关的生态旅游，肯尼亚也是非洲开展生态旅游最早的国家。肯尼亚举国上下、各行各业对生态旅游的关心程度很高，于1990年召开了关于生态旅游区域性工作会议，诞生了全非洲第一个生态旅游协会(ESOK)，并在1997年主办了关于生态旅游的国际研讨会。肯尼亚自然生态旅游观光业曾迅速发展，但由于狩猎旅游产生和缺乏科学的规划和良好的管理，严重影响了野生动物的生长和繁衍，为保护野生动植物，肯尼亚政府于1977年宣布禁猎令，通过强迫原住民迁离等办法，共成立了26座国家公园、28处保护区和1处自然保护区，共占国家陆地面积的12%，这样的改变取得了非常好的效果，不仅使旅游人数、旅游业收入增加，还给当地企业和民众带来了正面效应。

自从旅游形态改变后，肯尼亚有更多的私人企业投入旅游业，陆续出现了许多属于本国人自己经营的旅游集团、旅游服务公司，为当地居民带来许多就业机会。肯尼亚旅游发展协会成立于1966年，该协会的设立宗旨是协助有兴趣的私人企业取得政府的资金赞助，发展生态旅游。根据肯尼亚的法律规定，所有的旅游企业都需有部分股权为肯尼亚人所拥有，肯尼亚旅游发展协会作为外国投资者和本国商人之间的中介者和联系人，发挥着至关重要的作用。

3.3.1.2 肯尼亚生态旅游发展经验分析

(1) 严格的生态环境和生物多样性保护

肯尼亚和南非政府指定的生态旅游相关政策大都偏向保护动物、限制人类活动。公民利益一旦受到野生动物侵害，全部由政府负责赔偿，而任何捕杀野生动物的行为都将受到法律的严厉制裁。基于严格的保护，野生动物才能成为旅游的主体。如在肯尼亚，每年由大象带来的旅游收入达2亿美元。可见，实行严格的生物多样性保护政策，作为旅游主要吸引物的野生生物的数量和种类不断增多，增强了旅游景区的吸引力，加之旅游对农业、园艺、交通和通信等产业的乘数效应，国家财政收入增加，财产支出更多资金用于生物多样性保护，形成良性循环，实现了可持续利用生物多样性资源的生态旅游。

(2) 制定并严格执行专门的法律法规

南非关于生态旅游的立法比较完善，在国家层面，1993年制定了《旅游法》，1996年和2000年分别进行了修订，还先后制定了《保护区法令》《生物多样性法令》《国家公园法令》《湖泊发展法令》《海洋生物资源法令》《山地集水区域法令》《导游守则》等。这些保护法令深入生物多样性保护和生态旅游的具体领域，促进了国家公园和保护区的有效管理。肯尼亚已颁布实施的自然保护区管理法律有《环境管理和协调法》《森林法》《野生动植物保护和管理法》等。在法律法规的实施中，肯尼亚采取前瞻性、预防性的有效措施来加强国家公园和自然保护区中野生生物的安全，如对偷猎者的地面和航空巡查保证了野生生物、野生生物栖息地及游客的安全。

(3) 强调社区参与、兼顾当地居民的利益

社区包括野生生物廊道和公园及保护区外的分散地。肯尼亚野生生物服务署一直鼓励社区居民参与野生生物相关的行业，力推兼顾当地居民权益和保护生态环境的管理模式。当地居民真正分享到生态旅游的收益后，成为协助政府部门加强野生动物及生态环境保护的重要参与者，地方议会也会每年拿出一定比例的收入回馈支持当地部落的发展，如兴建医疗服务站、学校、供水设备、改善牲畜蓄养设施以及修建道路等。现在，当地居民不仅不再冒险去打猎，而且尽力保护野生动物。

(4) 建立广泛的合作伙伴关系

生态旅游的利益相关方众多，建立广泛的伙伴关系有助于基于丰富生物多样性的生态旅游良性发展。国家公园和自然保护区周围的社区容易产生人兽冲突，是一个重要的利益相关方，因此建立战略伙伴关系，使社区为野生生物的安全提供帮助，也为游客提供服务和保障措施。一般情况下，肯尼亚野生生物服务署通过能力建设、基于保护的商业、教育和健康项目等对社区进行授权和支持，肯尼亚野生生物服务署也通过多种方式与其他利益相关方建立伙伴关系。对于国家政府，保证游客和野生生物的安全，通过旅游增加国家税收和提升全民公众意识；与坦桑尼亚和乌干达等邻国野生生物管理部门开展跨国境的野生生物安全协同行动；对于私人农场，采用全国性野生生物政策法规规范经营；与地方当局在野生生物的安全和科学管理方面进行合作，帮助地方投资，构建野生生物的可持续管理责任意识；其他密切合作的利益相关方还有警察局、司法部和生物多样性保护非政府组织等。

3.3.2 美国黄石国家公园生态旅游开发案例

3.3.2.1 资源环境及背景条件

黄石国家公园占地面积约为 8 956 km²，主要位于美国怀俄明州，部分位于蒙大拿州和爱达荷州。黄石国家公园是世界上第一个国家公园，有着丰富的生态旅游资源和发展经验，对生态旅游起步较晚的中国而言具有重要的学习价值和意义。

黄石国家公园自然景观有以石灰石台阶为主的热台阶、大峡谷、瀑布、湖光山色、间歇喷泉与温泉等。公园内栖息着60种哺乳动物、12种鱼、6种爬行动物、4种两栖类动物、100多种蝴蝶、300多种鸟，其中不乏世界珍稀动物北美野牛、灰狼、棕熊、驼鹿、麋鹿、巨角岩羊、羚羊等。由于异常丰富的旅游资源，在长达 100 多年的旅游历史中，众多特许经营商加盟公园，每年约有 300 万游客到公园旅游，有 1/3 的美国人一生中至少去黄石国家公园一次，如今黄石国家公园已经成为旅游者的天堂。

作为世界第一个国家公园，黄石国家公园的发展轨迹显得曲折而艰难，不仅体现在探索初期人们在观念、开发、管理、经营、治理保护等方面与传统经验的冲突上，而且体现在后续的经营管理的瓶颈突破上。黄石国家公园的发展过程可归纳为起步探索、快速发展、规范管理、稳步发展 4 个阶段（表 3-20）。

表 3-20　黄石国家公园发展历程

发展阶段	主要事件
起步探索阶段 （1860—1917）	1860—1885 年，联邦政府管理，铁路公司参与其中的管理模式，旅游开发与环保冲突不断，公园管理方向偏向旅游开发。 1886—1917 年军队直接管理，强调生态保护，旅游开发未得到重视
快速发展阶段 （1918—1963）	自 1918 年起，由美国国家公园管理局进行专门统一的全权管理。1918—1963 年，强调在生态保护的基础上进行旅游开发，对二者的关系有了更加理性的认识和把握，但前期在实践上仍然存在诸多不足亟待完善
规范管理阶段 （1964—1984）	1964 年以后，美国环境意识开始觉醒，NPS 通过环境立法、规划分区、客流控制、许可证经营等开始做出缓慢调整。但未真正解决旅游和生态之间的矛盾，也未真正触及生态旅游的内涵，仅仅是将人与生态分隔开来
稳步发展阶段 （1985—　）	1985 年以后，"生态旅游"观念和业务都有了一定拓展。景区管理上也结合解说系统、监测系统、学术研究等来实现更加精准高效的管理运营。生态和旅游的关系逐渐得到平衡

资料来源：《中国生态旅游发展报告（2021—2022）》。

3.3.2.2　生态旅游开发现状

(1) 保护措施

黄石国家公园员工引以为傲的是国家公园系统长期以来保持的优良传统，即：公园的所有工作人员都参与公园资源的保护工作。黄石国家公园鼓励所有的员工参与到游客教育活动中来，当游客们看到在公路上慢悠悠行走的野生动物时，员工们会为游客讲解关于野生动物的生活习性、种群状况等方面的情况，此时，游客们成为公园守护者的忠实的听众。

为了加强经营管理和资源保护方面的联系，黄石国家公园除了安排专家负责监督公园的自然和文化方面的资源状况之外，还会安排 5 名全职的资源运营协调员，通常情况下，还有 15 名雇员被安排在资源运营和保护部工作。除了专家、协调员和雇员，参与黄石国家公园的维护人员还有来自各个行业的志愿者、合作伙伴、合作协会、基金会以及黄石国家公园的赞助商。

①正式雇员。公园的守护者，提供关于公园的信息服务和传递保护环境的内容。

②志愿者。公园的管理当局为了在旅游旺季中保持公园的平稳运作，每年都要招募许多临时雇员和志愿者。

③合作伙伴。即与非营利机构合作以帮助公园的雇员，为游客提供更好的服务以及对公园的资源进行更好地保护。

④黄石国家公园合作协会。黄石国家公园协会通过在公园观光中心销售教育资料、发展会员等途径募集资金。

⑤黄石国家公园基金会。成立于1996年，便于吸纳更多的私人资金用于维持、保护、加强黄石国家公园的资源管理。

⑥黄石国家公园的赞助商。Chip Davis：美国留声机总裁及Mannheim Steamroller集团公司制片人；佳能：提供设备和资金用于研究棕熊以及打印公园的宣传品；Diversa Inc.：对狼的DNA进行实验分析以找出黄石国家公园中的狼与美国其他地方的狼的血缘关系；环境系统研究所：提供了软件和培训，以帮助公园雇员绘制资源图以及获得空间信息，以便于研究人员利用；Univer Home & Personal Care公司：提供资金支持关于公园热点问题的科学研讨会、捐助回收材料用于老忠实泉周围的人行道。

无论公园的守护者是专家、雇员，还是志愿者，他们的职责核心就是维护黄石国家公园的自然环境不被破坏；监督资源状况，从而确定游客的影响程度，并采取有效措施将这种影响降至最低；在游客经常光顾的景点开辟道路、野营地以及添置设施设备，教育游客如何保护公园的资源，加强法律和公园规章制度的实施力度。

(2) 旅游项目

黄石国家公园的旅游活动包罗万象、丰富多彩，适合形形色色的旅游者。据活动组织者的不同，黄石国家公园内的旅游活动可分：具有官方性质的活动、由公园守护者组织的活动、由特许经营者组织的活动、自助旅行等。根据在公园内旅行所采用的交通方式的不同，可分为乘坐公园大巴旅行、自驾车游览、骑自行车旅行、骑马、划船、冬季雪上项目、徒步旅行等。根据地质特征和生态景观的不同，可分为温泉旅游、峡谷瀑布旅游区、黄石湖区旅游、间歇喷泉区（包括间歇喷泉、温泉、热水潭、泥地和喷气孔）旅游等。根据旅游活动的内容不同，可分为参观景点、讲解和讨论、观赏野生动物、参与带有学术性质的旅游活动、探险、野营和篝火、垂钓、柯达摄影展示以及其他旅游活动等。黄石国家公园内除了传统观光旅游项目外，还开展了以下特色旅游项目。

①初级护林员。黄石国家公园针对5~12岁的孩子开展了一项名为"初级护林员"的官方项目，其目的是向孩子们介绍大自然赋予黄石国家公园的神奇魅力。每个家庭只需要为长达12夜的活动支付3美元，孩子就可以成为一名初级护林员，孩子们可以参观公园的任何一个游览中心。该项目由公园护林员引领孩子们在公园的小道上徒步旅行，完成一系列的关于公园的资源和热点问题的活动，了解诸如地热学、生态学的相关概念等，在过程中表现出色的孩子将被授予官方的"初级护林员"荣誉称号。

②探险黄石。该活动是针对4~8年级学生的旅游项目，国家公园为学生提供4~5天的野外课程，由学识渊博的护林员作为老师传授学生关于公园的自然、文化历史课程，指导学生进行野外调查、讨论问题、编排戏剧、撰写旅行日记等，学生们能够在与护林员、父母的互动过程中获得各种野外知识及体验。

③探寻野生动物教育。黄石国家公园是美国观察大型野生哺乳动物的最佳地区之一，该活动在黄石国家公园协会的经验丰富的生物学家的带领下，探寻黄石国家公园内珍稀的

野生动物。通过该活动，参与者将会了解在何时、何地观察野生动物，并且从它们的行为、生态学以及保护状况中得到满足。

④寄宿和学习。该项目对于想通过游历国家公园而获得乐趣、恢复精力的游客而言，真正达到了集教育、休闲于一体。白天，参与者在黄石国家公园研究会的自然学家的带领下探寻黄石的有趣之处；夜晚，他们返回住处享受美味佳肴和舒适的住宿设施，并且在有历史性的公园饭店内体验丰富多彩的夜生活。

⑤现场研讨会。该活动为游客提供了一段相对集中的近距离教育经历，主要涉及一些专门领域，如野生动物、地质学、生态学、历史、植物、艺术、户外活动的技巧等。研讨会的指导者一般是对黄石国家公园充满感情的，并且愿意与他人共享其专业知识的知名学者、艺术家和作家。无论是长期从事科研工作的学者还是初来黄石国家公园的游人，凡是具有某一方面好奇心的游客，都会成为该活动的积极参与者。大多数的研讨会都会在黄石国家公园内的骆驼谷（Lamar Valley）、野牛牧场（Buffalo Ranch）或公园的饭店举行，活动一般会持续1~4天，人员限制在13人以内，费用为55~65美元/天。

⑥徒步探险。黄石国家公园是全美国最原始的荒原地区，但不乏适合徒步行走的小道。在公园守护者的带领下，游客花半天的时间，参观鲜为人知的地区、探寻野生动物的栖息地、游历黄石国家公园的一段荒凉地带。总体来说，黄石国家公园的徒步探险旅游可选择的活动线路有很多，由于海拔、距离和险峻程度不同，徒步旅行的难度也从轻松到艰险不等。

⑦野营和野餐。黄石国家公园内共有12个指定的野营地点，不同地点收费也不相同，其中大部分野营地遵循谁先到就先为谁服务的原则。在野营地点，游客可以既欣赏黄石国家公园的美景，又可以远离喧嚣的都市，体验悠闲自得的恬静的乡野生活，同时，还可以通过与公园守护者、其他游客的交谈以加深对黄石国家公园的美好印象。

⑧钓鱼和划船。黄石国家公园内允许开展有偿的钓鱼和划船活动，公园内有专门的商店出售钓鱼用具和出租船只（有非机动船和机动船之分）。国家公园对钓鱼活动的时间、地点都做了详细的规定，并且在公园进行钓鱼和划船活动前，必须办理许可证。

⑨骑自行车和骑马。美丽广阔的黄石国家公园是自行车迷的天堂，每年有大量的游客在公园内进行自行车骑行行动。公园内规定自行车可在除徒步小道和木质栈道外的所有道路上行驶，同时自行车的露营地也被限制在一定的区域内。骑马是很多游客喜欢的游览方式，骑马欣赏公园内的各种美景，增加游客体验，公园内规定骑马必须有导游陪同。

3.3.2.3 生态旅游开发特点

(1) 注重教育性

无论是成年人还是小孩，通过导游讲解、解说牌等方式，充分了解认识公园内的历史、景观和动植物资源，从而在所参加的旅游活动中感受到良好的环境教育。为了增加教育性，黄石国家公园还为不同年龄阶段的游客专门开展了一些旅游活动项目，如针对5~12岁孩子的"初级护林员"和针对4~8年级学生的"探险：黄石"等项目。

(2) 注重体验型

国家公园成立之初的一项重要目标就是为大众提供旅游与游憩的机会，因此在国家公园的旅游项目中不仅仅是满足大众浅层次的观光需求，还更多地开展一系列体验性较强的项目，如徒步、自行车和野营等活动项目。

(3) 注重环保性

"保护第一"是国家公园开发最重要的原则，黄石国家公园也采取许多措施进行环境保护。第一，国家公园内禁止开展一些对环境及生物多样性影响较大的旅游活动，如狩猎。第二，对国家公园内的各种旅游活动进行控制，把旅游活动限制在一定范围和时间之内，如对自行车、野营、徒步等活动都有明确线路安排，游客只能在限定区域内游览；对垂钓等活动采取许可证制度，规定活动的时间、地点，限制游客人数。第三，对国家公园内的设施进行控制，如国家公园内禁止修建索道，尽量避免修建道路对环境造成破坏。

3.3.3 加拿大班夫国家公园生态旅游开发案例

3.3.3.1 资源环境

班夫国家公园(Banff National Park)占地面积 6 666 km^2，位于加拿大阿尔伯塔省西南部，是加拿大第一个国家公园。班夫国家公园是世界著名的避暑胜地，素有"北美九寨沟"的美誉。班夫国家公园内有一系列冰峰、冰河、冰原、冰川湖、高山草原和温泉等景观，其奇峰秀水，居北美大陆之冠。公园中部的路易斯湖，风景尤佳，湖水随光线深浅，由蓝变绿，漫湖碧透，沿落基山脉，有多处这类冰川湖泊，犹如一串串珍珠，把静静的群山点缀得生气勃勃。园内植被主要有山地针叶林、亚高山针叶林、花旗松、白云杉和云杉等，主要动物有棕熊、美洲黑熊、鹿、驼鹿、野羊和珍稀的山地狮、美洲豹、大霍恩山绵羊、豪猪、猞猁等。公园建有现代化旅馆、汽车旅馆和林中野营地，高山还架设有悬空索道，从山下一直通向山顶，峰顶建有楼阁和观望台，游人可凭栏远眺周围景色。

3.3.3.2 生态旅游项目及特征

(1) 开发现状

班夫国家公园已成为著名的旅游胜地，每年有 400 万游客到此旅游，国家公园内根据天气条件不同，制定了一系列季节性的旅游活动项目：

①豪华巴士或火车观光。这些旅游活动主要是提供给一些高消费层次的游客，乘坐豪华巴士欣赏国家公园的胜景对游客具有很大的吸引力。由于加拿大太平洋铁路从班夫国家公园内穿过，游客可选择乘坐豪华列车在国家公园内观光。

②高尔夫球。班夫国家公园内有高尔夫球场，可开展高尔夫球运动，包括一系列高尔夫球课程、豪华住宿、汽车租赁等项目。

③泛舟漂流。班夫国家公园内有许多商家提供半天、一天或多天的泛舟漂流活动，其中，泛舟最好的地点是路易斯湖，面积虽不大，但由于背靠雪山，风景宜人，泛舟其上俨如置身仙境。

④徒步。徒步旅游是班夫国家公园内游客喜欢的旅游活动，游客可选择时间长短不同的徒步项目，如有向导的一日远足、多日的背包游、观野生动物游、"午夜太阳"之旅等。

⑤乘雪橇。每年冬天狗拉雪橇是必然开展的旅游项目，游客在欣赏班夫国家公园美景的同时也能体验到"加拿大人"的生活。

⑥滑冰及滑雪。班夫国家公园内有大量的滑冰地，最著名的是路易斯湖，是滑冰爱好

者的天堂,滑雪也是国家公园内受欢迎的项目,同时公园内还有带向导的穿雪鞋徒步活动。

(2)生态旅游开发特点

①为国民提供各种游憩机会。1930 年,加拿大国会通过了《国家公园法》(National Park Act),确立了设立国家公园的宗旨,即为了加拿大人民的利益、教育和娱乐,服务加拿大人民。国家公园应该得到很好的利用和管理从而使下一代使用时没有遭到破坏,国家公园在保护自然资源的前提下尽可能地为国民提供各种游憩机会。

②重视对原有设施的利用。有一条高速公路(跨加拿大高速公路)及一条铁路(加拿大太平洋铁路)贯穿国家公园,而公园借助这些设施开展特色的豪华大巴及豪华列车游览项目,使原有设施得到了充分的利用。

3.3.3.3 公园管理与规划

1930 年通过的《国家公园法》明确了由加拿大公园管理局负责班夫国家公园的管理工作;1964 年修订的《国家公园法》中强调了环境保护;1988 年,修订后的《国家公园法》将生态环境保护放在第一位;1994 年,班夫国家公园制定公园管理计划,为便于管理,班夫国家公园根据特殊保护区需要,规定了公园"环境敏感地带"(表 3-21)。

表 3-21 《班夫社区计划》可持续目标要点

分区	保护数量和面积	组成及特点	提供的游览设施
特别保护区	4 个,占 4%	由洞穴系统、草地、盆地沼泽和考古遗址组成,具有独特和濒危的特点	游人不能进入
荒野区	大片连续,约占公园面积的 93%	由险峻的山坡、冰川和湖泊组成,弱度利用区	小路、原始的山地野营地、高山小屋、小路避难所
自然环境保护区	占公园面积的 1%	在多个游憩区和野营地周围	设施标准高于荒野区,有进入通道和古朴的乡村式客栈
户外游憩区	4 个,约 1%	万尼卡湖和 3 个滑雪场,游人相对集中	有机动交通直达,路两侧有乡村风格的设施和旅社
公园服务区	1 个,小于 1%	班夫镇和路易斯湖	有各种齐全的服务设施
环境敏感地	3 个	湿地、温泉、河流阶地	根据特点予以特殊保护

注:引自 Draper, 2000。

《班夫社区计划》要求建立年际监测系统,每年形成一份城镇说明报告,向公众报告上一年成绩,讨论翌年工作重点。《合并协议》规定班夫许可经营的商业企业必须符合一定的基本准则:①为游客提供食宿供应和其他商品及服务;②给需要在镇内居住的人提供舒适的生活社区。《合并协议》还要求商业必须:①位于镇域内;②为有活力的传统旅游业作贡献;③对世界遗产遗址是适合的;④提供必需的社区服务;⑤必须从事国家公园允许的活动;⑥没有产品生产的增值过程或在其他地方出售的服务行为。

慕课学习

《旅游地理学》(保继刚，中山大学)：第 11 讲 旅游开发的区域影响；第 12 讲 旅游规划。

延伸阅读

1. 洪剑明，冉东亚，2006. 生态旅游规划设计[M]. 北京：中国林业出版社.
2. 梅燕，2016. 自然保护区旅游地学资源保护性开发研究[M]. 北京：科学出版社.
3. 田里，毛志睿，2019. 普者黑国家度假公园开发研究[M]. 北京：中国旅游出版社.
4. 吴必虎，黄珊蕙，王梦婷，等，2022. 旅游与游憩规划[M]. 北京：北京大学出版社.
5. 杨锐，赵智聪，庄优波，等，2019. 三江源国家公园生态体验与环境教育规划研究[M]. 北京：中国建筑工业出版社.
6. 杨锐，赵智聪，庄优波，等，2019. 武夷山国家公园与自然保护地群落规划研究[M]. 北京：中国建筑工业出版社.
7. 杨锐，庄优波，赵智聪，2020. 国家公园规划[M]. 北京：中国建筑工业出版社.

课外作业

1. 以某一自然保护地为例，对案例地开展生态旅游的程序规范进行考察，如不符合规范，请依照现行法律法规及规范标准为案例地撰写一份整改报告。
2. 以某一自然保护地为例，撰写一份生态旅游规划编制程序，需包含规划指导思想、基本原则、内容大纲和规划布局等具体内容。

第 4 章

自然保护地生态旅游产品

1. 知识目标
- ❖ 掌握生态保护红线的概念及科学意义。
- ❖ 了解国内自然保护地开展生态旅游规划的空间约束和政策限制。
- ❖ 掌握自然保护地生态旅游产品类型。

2. 能力目标
- ❖ 能够将自然保护地的空间约束条件和政策限制运用到编制自然保护地生态旅游规划中。
- ❖ 能够熟知各类自然保护地所开展的生态旅游产品，运用"游憩机会谱"理论和"可接受改变极限"理论进行开发设计。

3. 教学设计
- ❖ 课堂讲授(7学时)：自然保护地生态旅游产品设计准则(1学时)；自然保护地生态旅游产品类型(5学时)；各类自然保护地生态旅游产品体系(1学时)。
- ❖ 翻转课堂(2学时)：讨论在自然保护地中开展生态旅游活动时，如何通过产品设计减小旅游活动对环境的影响？

4.1 自然保护地生态旅游产品设计准则

(1) 科学认识自然保护地与生态旅游的关系

生态旅游的发展与自然保护地密不可分，自然保护地除了肩负生态系统和生物多样性保护功能外，因其独特的自然环境特征和资源基础，也通常被视为重要的旅游空间。一方面，丰富的自然景观与资源作为自然保护地内重要的吸引物，为自然保护地发展生态旅游提供了基础；另一方面，生态旅游的发展为自然保护地的保护和建设提供了资金途径、推动了周边社区的建设和基础设施的提升、带动了社区居民参与旅游经营和生计多样化。自然保护地旅游的高质量发展，离不开优秀的生态旅游产品的设计和开发，兼顾旅游可持续发展与自然保护地科学保护，在适度范围内以合适的方式发展旅游，才能实现保护和发展的双重效应(朱鹤，2021)。因此，在建设以国家公园为主体的自然保护地体系过程中，需要进一步明确旅游在保护地中的重要定位，科学认识二者关系，破除生态保护与旅游发展二元对立的传统观点,发挥自然保护地准公共产品属性功能,通过科学制定自然保护地不同类型旅游准入标准,实现生态保护与旅游的相得益彰(吴必虎等,2022)。

(2)正确利用红线开展自然保护地生态旅游

生态保护红线是指生态功能极重要、生态极脆弱,以及具有潜在重要生态价值,必须强制性严格保护的区域,包括整合优化后的自然保护地。生态保护红线的实质是生态环境安全的底线,目的是建立最为严格的生态保护制度,对生态功能保障、环境质量安全和自然资源利用等方面提出更高的监管要求,从而促进人口资源环境相均衡、经济社会生态效益相统一。生态保护红线原则上应当按照禁止开发区要求进行管理,严禁在被划定为生态保护红线的区域内进行不符合主体功能定位的各类开发活动。根据2019年中共中央、国务院发布的《关于建立以国家公园为主体的自然保护地体系的指导意见》,中国自然保护地体系并不排斥传统农牧业以及自然教育、自然游憩、生态旅游和观光游览等低强度低密度利用方式。因此,自然保护地生态旅游开展应该明确回答在红线内的区域如何处理人地关系的问题。近几年来,国家出台的文件关于自然保护地开展旅游、人为活动的规定回答了诸如划入核心保护区内的包括旅游者在内的人类活动能不能进行、能不能开展一些必要的解说、接待以及相应适量的服务设施建设等问题(表4-1)。总体而言,自然保护地生态旅游应以"生态保护第一"为首要前提,在不破坏生态环境的前提下,可以在特定区域内开展特定的旅游、人为活动。在权威、科学、合理的法律法规出台前,利用生态保护红线开展自然保护地生态旅游活动应科学划定自然保护地的核心保护区和一般控制区,并确认不同区域能够提供的游憩机会类型,兼顾保护和利用,将绿水青山转化为金山银山。

表4-1 各类文件对于自然保护地开展旅游/人为活动的开展要求

文件名称	对于旅游/人为活动的开展要求
《生态文明体制改革总体方案》 (2015年9月21日印发)	国家公园实行更严格保护,除不损害生态系统的原住民生活生产设施改造和自然观光科研教育旅游外,禁止其他开发建设
《建立国家公园体制总体方案》 (2017年9月26日印发)	规定严格规划建设管控,除不损害生态系统的原住民生产生活设施改造和自然观光、科研、教育、旅游外,禁止其他开发建设活动
《关于建立以国家公园为主体的自然保护地体系的指导意见》 (2019年6月26日印发)	国家公园和自然保护区实行分区管控,原则上核心保护区内禁止人为活动,一般控制区内限制人为活动,自然公园原则上按一般控制区管理,限制人为活动; 在保护的前提下,在自然保护地控制区内划定适当区域开展生态教育、自然体验、生态旅游等活动,构建高品质、多样化的生态产品体系
《关于在国土空间规划中统筹划定落实三条控制线的指导意见》 (2019年11月1日印发)	在符合现行法律法规前提下,除国家重大战略项目外,仅允许对生态功能不造成破坏的有限人为活动
《生态保护红线生态环境监督办法(试行)》 (2022年12月27日印发)	生态保护红线内,自然保护地核心保护区原则上禁止人为活动,其他区域严禁开发性、生产性建设活动,在符合现行法律法规前提下,除国家重大战略项目外,仅允许对生态功能不造成破坏的有限人为活动; 生态环境部门对生态保护红线内的有限人为活动实行严格的生态环境监督

(3) 明确游憩与生态旅游的准公共产品属性

自然保护地是自然资源的承载形式，也是开展生态旅游活动的重要依托和空间载体（杨锐，2019；吴必虎等，2021；钟林生等，2016）。2017 年印发的《建立国家公园体制总体方案》和 2019 年印发的《关于建立以国家公园为主体的自然保护地体系的指导意见》两份文件均体现了我国保护地内广泛存在旅游活动的客观事实，并指出游憩机会是自然保护地为公众提供的服务和功能之一。从生态系统服务价值实现来看，游憩是自然保护地客观存在的一类生态系统服务，即生态系统通过自身结构和功能的维持来提供支持人类生存和发展的产品、资源和环境；从社会义务和责任的角度而言，游憩供给是自然保护地部门应当履行的法定义务，现如今"为公众提供亲近自然、体验自然、了解自然以及作为国民福利的游憩机会"的表述已经确立了自然保护地作为公民游憩活动空间载体的这一定位，自然保护地相关部门有义务确保自然保护地的游憩机会供给；从人类幸福感与福祉的角度而言，自然保护地游憩服务能够为人类带来更大惠益，给人以身体、心理、精神、社会方面的感知，提升整体幸福感。因此，基于自然保护地的游憩和旅游是一类重要的准公共产品，管理部门需要实现作为管家而非业主的身份转型，明确自然保护地游憩和旅游的准公共产品定位（吴必虎等，2022）。

(4) 制定自然保护地不同类型旅游准入标准

我国大多数自然保护地应该根据自然和人文资源相互结合的实际情况，以国际上较为先进的"游憩机会谱"理论和"可接受改变极限"理论为依据，开展自然保护地生态旅游体验活动的安排与布局。

游憩机会谱系（recreation opportunity spectrum，ROS），强调不同环境条件可开展不同类型和强度的体验活动。该理论发源于美国，对美国的特定环境条件进行了从城市区域、到乡村地区、到荒野地区的特征划分，使用预先制定好的"机会等级"对不同的活动进行分类，进而把自然资源或环境条件和它们最适合的活动相匹配。每种机会等级都包含一套为访客准备的体验和活动，并制定针对生态环境、社会环境和管理环境的政策。

可接受的改变极限（limits of acceptable change，LAC），强调对游客的适应性管理，即通过监测判断游客带来的改变是否突破了可接受的程度，并以此来判断是否需要改变管控措施。通过限制自然保护地中人类活动的数量，提高人类活动的行为质量，降低单位人类活动对生态系统的影响强度，最终将人类活动控制在生态系统稳定性可以接受的"红线"之内。各类自然保护地通过建立生态体验和环境教育的长效监测机制，包含生态体验环境影响监测、生态体验效果监测、环境教育效果监测等，将保护管理建立在长效监测反馈和科学研究之上，做出能够实现最佳管理决策的"决策—实施—监测—反馈—修改决策"的适应性管理。

4.2 自然保护地生态旅游产品类型

本书将自然保护地生态旅游产品类型划分为科考探险、自然野生动物旅游、自然教育、健康休养、户外运动旅游、风景观光旅游、文化体验七大类型。

(1) 科考探险类

自然保护地的建设目标包括科研监测服务，科考是自然保护地一类基础游憩活动，但参与者仅限于科学家和相关考察人员，总体规模极小。探险活动是人们出于兴奋、挑战、风险、不确定性、危险、新奇、逃避、刺激而开展的旅游活动，尤其是中部和西南部的风景名胜区和地质公园。我国自然保护地中的探险旅游活动涵盖了漂流、洞穴、登山等形式，还包括一些商业性质的蹦极、跳伞/滑翔伞等活动。从户外旅行网站来看，目前流行的极限运动类保护地户外运动主要还是登雪山和长线穿越。

(2) 自然野生动物旅游类

我国的自然保护区有专门的"野生动物"类别，约13%为以野生动物保护而设立的自然保护区，在9种自然保护区类型中覆盖面积最大（王玉山，2003）。自然野生动物旅游是以自然生境下的野生动物观赏和体验为目的的游憩活动形式，不包括完全圈养或半圈养的野生动物旅游，主要发生在大型哺乳动物栖息地或鸟类栖息/迁徙停留的保护地，例如我国的三江源雪豹体验、卧龙大熊猫旅游和扎龙丹顶鹤旅游。这类活动一般由公园方免费、小额收费提供或由特许经营方收费提供服务和接待，并对到访人数、规模进行控制，对旅游者的野生动物知识水平也有要求，因此，自然野生动物旅游对环境影响一般很小。

(3) 自然教育类

自然教育旅游是以在自然中认识世界、获取知识、促进个人全方位发展为宗旨的游憩活动，它能培养到访者对自然的兴趣，使他们热爱和保护自然。自然教育与早期的科普旅游关系密切，且受众广泛。从国家政策和产业发展形势来看，常常与研学旅游/旅行相关，主要面向6~15岁的中小学生（张佳，2019）。

从自然保护地发展历程来看，自然教育旅游与地质公园关系最密切。我国国家地质公园的申报和规划对科普设施建设的要求最为明确、细致和严格，开展科普和旅游被明确作为地质公园设立的三大任务中的两项。国际研究中也有"地质旅游（geotourism）"这一术语。总体上，我国目前77%的自然保护地均有环境解说规划、51%有博物馆或展览馆、74%有解说牌、80%提供印刷材料、85%提供向导服务，游客到访量大、建立时间早的自然保护地往往提供更多的解说服务。只有很小一部分自然保护地（9%~18%）提供专业讲座、专业化读物和开展自然教育活动。近年关于推动自然保护地自然教育的政府文件也反映了类似问题，认为自然保护地与教育部门衔接有限。我国的自然保护地自然教育旅游产品供给硬件配备相对完善，但软性服务存在很大缺口，而市场充满活力。2013—2016年受政策和市场需求影响，我国自然教育机构和公司如雨后春笋般出现，它们多以"××自然营""××营地（教育）"命名，以各类自然保护地为重要目的地。至2018年，我国已有各类自然教育机构至少398家，超过一半机构的年服务人次在500以上。

(4) 健康休养类

健康休养类活动以活动者身心健康的促进和恢复为主要目标，包括休养、健身、自驾露营等。根据对服务设施的需求强度不同，这类活动可能发生在自然保护地外部或内部，自然保护地的优良自然环境是活动的依托。自然保护地成为康养旅游产品的基础吸引物，主要是因为其能够满足康养旅游的4种动机特征：令人向往、对日常生活的逃离感、将小我置于大自然中的沉浸感、对个人偏好多样化的兼容性。我国的户外康养活动由来已久，例如古代道家修仙、佛家禅修均以自然山水为背景，其中，洞穴、竹林等又有其独特的意境。在此传统下，我国的自然旅游多强调养生功能，中国本土化的"生态旅游"一词所蕴含的康养内涵就说明了这一点。

（5）户外运动类

户外运动旅游活动同样有健康促进效用，但参与者更热衷于活动的竞技性和对体能的挑战性，如徒步、登山、定向越野等，我国很多自然保护地还会举办相应赛事。总体上，我国自然保护地户外运动旅游活动大众性更强，对生态环境的影响也更大，但一些活动仍对参与者有专业技能要求，对专业技能要求高的活动规模和环境影响更小。赛事活动由于其短时性特征，加之与旅游旺季的重合，可能在较短时期内吸引大量到访者而对自然保护地造成较大环境影响。

（6）风景观光类

观光旅游产品是供旅游者观赏、游览和参与体验的旅游产品，是供旅游者消费的自然风光、文化内涵的展示品和民族风情体验等方面的旅游经历。观光旅游产品是生态旅游产品的基础组成部分，它不会因为旅游向高级市场发展而失去市场的购买力（覃建雄，2018）。这里的"风景"包括两类，一类是不仅有独特、壮丽的自然景观，而且因中国传统文化的沉积而形成的更具历史文化意义的山水环境，例如，中华五岳、黄山、秦岭地区，在自然保护地类型中，主要以风景名胜区形式体现；另一类是奇特的、壮丽的自然美景或自然野生动植物风景，例如，九寨沟、张家界等地，除风景名胜区外，还可能是地质公园、森林公园、沙漠公园、自然保护区。风景资源内涵的不同形成了观光产品在向导服务配备和环境解说内容上的差异。自然观光旅游是旅游业发展的最初阶段产品，其发展与旅游资源赋存密切相关，总体上，我国95%的自然保护地开展观光旅游活动。我国自然保护地旅游发展至今，大部分未特别指明产品类型的旅游形式均为自然观光旅游，自然观光旅游产品一般规模很大，如四川九寨沟、黄龙寺每年旅游人数达120万人次以上。

（7）文化体验类

文化旅游产品是指以文化旅游资源为支撑，旅游者以获取文化印象、增智为目的的旅游产品，旅游者在旅游期间进行历史、文化或自然科学的考察与交流、学习等活动。作为文化旅游产品，其开发的基本原则是文化导向，它的吸引点就是旅游资源的文化性，任何缺乏文化内涵的旅游资源都不可能开发为文化旅游产品。

4.3 各类自然保护地生态旅游产品体系

（1）国家公园

在国家公园内开展生态旅游活动符合重视和保护原始自然景观、野生动植物以及独特地域文化的理念，也正因为如此，国家公园具备生态旅游的吸引力来源和物质基础（张玉钧，2018）。由于目前我国国家公园尚处于建设阶段，国内生态游憩产品体系构建有待进一步探索。国外国家公园内游憩活动及管理已经形成一系列理论体系和技术成果，生态游憩产品体系可归纳总结为户外运动类、动植物观赏类、文化类、观光类、特色景观观赏类、科普教育类、体验类、疗养类等 8 种产品类型（表 4-1），可供国内国家公园建设和管理借鉴。

表 4-1 国家公园生态游憩产品体系

产品类别	产品细分类型
户外运动类	徒步远足、骑行、骑马、登山、攀岩、攀冰、滑雪、滑冰、溪降、瀑降、野外露营、垂钓、摄影、滑翔伞运动、浮潜、潜水、冲浪、漂流、滑水、皮划艇运动、游泳、高尔夫球运动、野外定向运动、观星、浮冰漫步
动植物观赏类	观鸟、野生动物观赏、野生植物观赏、野生动植物观赏
文化类	观看艺术表演、参观古村落、参观遗产遗迹、参观岩画遗址、参观博物馆、参观展览、参观寺院、参观教堂、参观灯塔、参观文化中心、参观主题草场、参观种植园、主题节会、宗教朝圣、体验地方居民生活、体验原住民文化、文化体验、艺术家驻地计划
观光类	游船观光、喷气快艇观光、机动车观光、洞穴观光、夜间浏览原始森林、骑象观光、热气球观光、树顶小径观光、乘单峰骆驼观光、乘骆驼观光
特色景观观赏类	工业景观观赏、火山景观观赏、溪谷景观观赏、溪流景观观赏、瀑布景观观赏、湖泊景观观赏、冰川景观观赏、峡谷探险、蝙蝠洞探秘、沙丘景观观赏、地质景观观赏、间歇泉观赏、紫水晶矿观赏
科普教育类	自然观察、户外教育活动、防灾教育活动、参观海龟繁育中心、参观动物孤儿院、参观保育中心、参观环境教育中心、参观自然中心、参观天文观测站
体验类	虚拟公园体验、少年游侠计划
疗养类	温泉疗养、海水浴、日光浴、森林浴、洞穴泥浴

（2）自然保护区

充分发挥自然保护区景观资源的优势或特色，围绕保护对象，兼顾观景、游览、休憩、疗养、保健、科普等多种功能，依据旅游资源与环境的分布特点，规划资源性游憩活动和娱乐性游憩活动。

资源性游憩活动包括以自然保护区不同生态系统、保护物种、地方特色物种等生态旅游资源景观的观察、生态研究、史迹研究及环境教育为目的的旅游活动，其系列产品和景观类别（表 4-2）。游憩方式包括徒步、骑自行车、骑马、自驾车船、乘坐气球或滑翔机、登山、攀岩、探险等。

娱乐性游憩活动配合生态旅游资源提供的游憩性活动，其系列产品包括野餐、野营、骑马、垂钓、戏水、潜水、冲浪、漂流、泛舟、温泉浴、民俗活动等。

（3）风景名胜区

风景名胜区游赏项目组织应包括项目筛选（表 4-3）、游赏方式、时间和空间安排、场地和游人活动等内容，并应遵循下列原则：①应符合景观特色、生态环境条件和发展目

表 4-2　自然保护区资源性游憩活动系列产品

产品系列	景观类别
森林生态旅游 （登山、健行和森林浴）	生物景观：森林、古树名木、奇花异草、野生动物 水域风光：风景河段、漂流河段、瀑布、泉、湖泊
草原生态旅游 （观鸟和自然放牧观赏）	生物景观：草原、沼泽、野生动物、奇花异草
高山生态旅游 （登山、野营、专题观赏）	气候天象景观：雪景、云海、佛光 地文景观：山岳风景环境 生物景观：野生动植物
近海生态旅游 （赶海、专题观赏）	水域风光：海水、海潮、小型岛屿、港湾、红树林 气候天象景观：海市蜃楼 生物景观：浅海生物
湿地生态旅游 （观水禽、水生生物考察）	生物景观：水生和陆栖生物、草甸、蒲苇草荡 水域风光：滩涂、沼泽、地下溶洞水系
乡村旅游及 生态农业旅游	乡村景观：特色城镇与村落、民俗街区、乡土建筑、民风民俗、农林牧渔和手工业产业景观
科普考察游	地质人文景观：山岳风景环境、典型地质构造、标准地质剖面、生物化石点、自然灾害遗迹、火山熔岩景观、侵蚀景观、洞穴、沙漠、风城、砾石(滩) 生物景观：野生动植物
古迹鉴赏游	历史存遗景观：文化遗迹、军事遗迹、古城遗址、宗教圣地、古塔、牌坊碑碣、古桥、陵寝陵园、石窟摩崖石刻、历史街区

资料来源：《自然保护区生态旅游规划技术规程》(GB/T 20416—2006)。

表 4-3　风景名胜区游赏项目类别

游赏类别	游赏项目
审美欣赏	览胜、摄影、写生、寻幽、访古、寄情、鉴赏、品评、写作、创作
野外游憩	清闲散步、郊游、徒步野营、登山攀岩、野营露营、探胜探险、自驾游、空中游、骑驭
科技教育	考察、观测研究、科普、学习教育、采集、寻根回归、文博展览、纪念、宣传
文化体验	民俗生活、特色文化、节庆活动、宗教礼仪、劳作体验、社交聚会
娱乐休闲	游戏娱乐、拓展训练、演艺、水上水下运动、垂钓、冰雪活动、沙地活动、草地活动
户外运动	健身、体育运动、特色赛事、其他体智技能运动
康体度假	避暑、避寒、休养、疗养、温泉浴、海水浴、泥沙浴、日光浴、空气浴、森林浴
其他	情景演绎、歌舞互动、购物商贸

资料来源：《风景名胜区总体规划标准》(GB/T 50298—2018)。

标,在此基础上组织新、奇、特、优的游赏项目;②应权衡风景名胜资源与自然环境的承载力保护风景名胜资源,实现永续利用;③应符合当地用地条件、经济状况及设施水平;④应尊重当地文化习俗、生活方式和道德规范。

(4) 森林公园

与自然保护区以保护为主不同,森林公园主要是为公众提供回归自然、观赏自然风光,特别是休闲度假的场所,其游憩产品设计应围绕此目的进行。按照游客对产品体验的不同深度,可以将森林生态旅游产品分为三大类:观光型、认知型、体验型(表4-4)。

表4-4 森林公园生态旅游产品体系

产品类别	产品细分	产品类别	产品细分
观光型	大森林生态观光旅游产品	体验型	探险旅游产品
	大文化生态观光旅游产品		山地运动旅游产品
认知型	珍稀野生动物观察旅游产品		户外艺术创作旅游产品
	珍稀野生植物观察旅游产品		度假疗养旅游产品
	科普及夏令营旅游产品		商务会议旅游产品
	科考科研旅游产品		原生态文化体验旅游产品

观光型旅游产品是指那些能够满足旅游者基本审美需要,但只局限于游赏观光性质的旅游产品;认知型旅游产品是指在满足一般审美需求的基础上,注重于学习知识、研究学术一类的旅游产品;体验型旅游产品是指能为游客提供参与体验机会,关注他们精神需求的一类旅游产品。

(5) 地质公园

地质公园旅游活动不同于一般的风景观赏,需要有专业性很强的地质历史知识作为基础,这使地质公园的旅游活动具有生态旅游科普与环境教育的特点。地质公园的生态旅游项目和产品设计既要突出地质公园自然景观本身的特色,又要通过利用多样化,特别是高科技手段,充分展示地质遗迹和地质景观的美学价值、科学价值、实用价值与人文价值。同时,通过充分挖掘和利用当地的自然环境、经济生产与传统文化特色的潜力,形成以地质公园为中心的系列生态旅游产品(表4-5)。

地质公园的生态旅游是与地质旅游、科普旅游、农家田园休闲旅游相结合的旅游。地质公园内的生态旅游应该包括地质景观元素、生态元素、人文元素。由上述三大元素构成生态游憩产品还应具备以下特点。

①生态旅游将对环境的冲击降到最小。生态旅游线路范围内,维护生态景观,不大兴土木,不搞城市式公园,不建传统概念的景区。

②让游客切身成为对自然环境保护的正面贡献者。在旅游活动中,管理者与旅游者对生态环境保护达成共识,响亮地提出"除了摄影什么也不取,除了足迹什么都不留"的口号,强化环保意识。

表 4-5　地质公园生态旅游产品体系

产品类别	产品细分	产品类别	产品细分
地质科考和地学科普教育旅游产品	典型地层剖面科考游	地质生态观光旅游产品	地质灾害遗迹景观观光
	化石科考游		水体景观观光
	古火山科考游		地质工程观光
	古海洋寻踪科普游	休闲体验型旅游产品	文化生态旅游产品
	生物科考游		农业生态旅游产品
	气候气象科考游		户外艺术创作旅游产品
	生态环境教育游		度假疗养旅游产品
地质生态观光旅游产品	岩溶地貌观光		商务会议旅游产品
	花岗岩地貌观光		原生态文化体验旅游产品

③让游客远浸在自然环境中，摆脱都市生活压力，行走方式上以徒步为或者徒步与车行(接送)、徒步与自驾车相结合。不建大型步道，尽量利用乡间、山间的羊肠小道。

④让游客得到游想的满足，在细细欣赏中获取知识，乐在自然，解读大自然的神秘。

⑤以最尊重的态度对待当地的文化，游玩的活动具有一定互动性、参与性，内容如耕作体验(种植、收割、采摘等)；与村民交流，和小朋友共同学习游戏等。

⑥建立一套适合当地的经营管理制度，在行动上、经济上回馈地方。

(6) 湿地公园

湿地公园可开发利用的游憩价值包括景观美学价值、休闲娱乐价值、康体健身价值、自然教育价值、民俗体验价值。湿地公园生态游憩产品首先应基于"以人为本，人地和谐"的理念，将自然生态环境保护与改善的理念和服务于人的需求统一起来；其次是规划设计、建设以生态学理论做指导，尊重自然生态规则来设计景观和游憩项目，尽量避免建造人工设施，必要的人工设施也采取隐蔽、朴素、分散、自然化处理等措施；最后，所有湿地游憩项目都直接或间接存在有生态、环保教育功能(表4-6)。

表 4-6　湿地公园生态游憩产品体系

产品类别	产品细分
湿地生态教育游憩产品	知识科普、公园人员讲解、影像展示、仿生模型、学术报告、益智课堂
湿地观赏游憩产品	观鸟、野生动物观赏、野生植物观赏、野生动植物观赏
湿地专业游憩产品	摄影、绘画、修学
湿地休闲游憩产品	湿地垂钓、划船、餐饮
湿地户外运动游憩产品	徒步旅游、户外自行车、攀登、环湖自行车
湿地地方民俗游憩产品	民俗文化体验、地方民俗游憩、渔家乐体验

(7) 沙漠公园

生态旅游在国家沙漠公园建设中是一项重点内容，能够带动区域发展，改善沙区贫困状况，促进生态资源向生态经济的转化。荒漠生态系统由于自然条件特殊性，生态环境极其脆弱，因此在发展生态旅游过程中需严格控制开发建设强度，以低影响、近自然为规划理念，避免对沙漠生态系统造成破坏。黄耀丽(2006)认为，沙漠公园的景观资源同质化问题较为突出，在建设过程中要因地制宜，深入挖掘该区域的地貌、植被等独特的自然景观风貌，同时注重人文资源与自然资源的结合，突出地域特色(表4-7)。

表4-7 沙漠公园生态旅游产品体系

产品类型	产品细分
观光游览产品	荒漠花海、摄影基地、荒漠步道、观星台、汽车露营、穿越沙地、沟壑、荒漠步道、徒步远足、小型天文台、举办公益观星
环境教育产品	科普宣教中心、讲解说明系统、沙漠课堂、沙漠植物园、沙漠科普长廊、宣教解说、生态保护教育
拓展探险产品	滑沙、沙地冲浪、荒漠打靶、沙地定向越野、沙漠娱乐
文化探秘产品	写生绘画、摄影观光、登山祈福、宗教祭祀

(8) 水利风景区

水利风景区生态旅游产品设计应遵循可持续发展、因地制宜、坚持生态保护、坚持以人为本、突出水利工程特色的开发原则。首先，为生态旅游产品发展设立符合当地文化特色和水利风景区资源特色的设计主题，为产品设计定下基调，提供基本内涵。其次，针对设计主题，为水利风景区树立良好的形象定位，提高水利风景区生态旅游产品的竞争力，加深旅游者对水利风景区的印象。为生态旅游产品设计合理的游玩线路，使其能够更好地满足游客需求，达到最佳游览体验效果。加强对生态旅游产品设施的建设，坚持以人为本，为游客提供全方位，多层次的优质服务，提高旅游者的感知体验，以达到提升景区核心竞争力的目的。最后，经营者应根据实际需要建立管理系统，根据游客反馈和实际实施中出现的问题改正，力求打造出更加符合旅游者需要和生态环境保护的生态旅游产品(表4-8)。

表4-8 水利风景区生态旅游产品体系

产品类别	产品细分
观光型	山体观光、水体观光、生物观光、气象观光、水利工程实体观光
保健型	湿地摄影、绘画、鱼疗保健、水保健、生态健身
度假型	徒步旅游、户外骑行、攀登、环湖骑行、垂钓、野营、划船
文化科教类	水利工程知识讲解、影像展示、仿生模型、学术报告、益智课堂、民俗文化体验、地方民俗游憩
美食购物类	多种类型的水产品以及美食

慕课学习

《足尖上的森林——森林生态旅游学》(杨晓云,西南林业大学):第 6 讲 森林生态旅游产品设计;第 13 讲 森林生态旅游文化。

延伸阅读

1. 邱守明,孙倩,王赛赛,等,2023. 国家公园生态体验项目:国内外经验及普达措国家公园实践研究[M]. 北京:中国农业出版社.
2. 朱彦鹏,付梦娣,李俊生,等,2020. 国家公园规划研究与实践[M]. 北京:中国环境出版集团.
3. 王连勇,2003. 加拿大国家公园规划与管理:探索旅游地可持续发展的理想模式[M]. 重庆:西南师范大学出版社.
4. MOORE R L,DRIVER B L,2012. 户外游憩:自然资源游憩机会的供给与管理[M]. 李健,译. 天津:南开大学出版社.

课外作业

1. 以某一自然保护地为例,对案例地开展的生态旅游活动进行梳理,并撰写一份生态旅游活动调查报告。
2. 以某一自然保护地为例,撰写一份生态旅游活动产品设计书,要求生态旅游产品应符合法律法规约束并能突出案例地的特色、具有一定的创新性。

第 5 章

自然保护地生态旅游管理

1. **知识目标**
   ❖ 理解自然保护地生态旅游游客管理的概念及内涵。
   ❖ 理解自然保护地生态旅游游客管理和社区管理的意义。
2. **能力目标**
   ❖ 掌握自然保护地该如何管理游客，深刻理解生态旅游游客教育、游客行为管理及满意度反馈的具体内容。
3. **教学设计**
   ❖ 课堂讲授(5学时)：自然保护地生态旅游游客管理(2学时)；自然保护地生态旅游社区管理(2学时)；自然保护地生态旅游安全管理(1学时)。
   ❖ 翻转课堂(2学时)：以某一自然保护地为例，讨论如何开展生态旅游游客教育、行为管理和满意度反馈工作。

5.1 自然保护地生态旅游游客管理

5.1.1 生态旅游游客教育

生态旅游游客教育是指在生态旅游的背景下，对游客进行的一系列教育活动，旨在提高游客对环境、文化和社会经济问题的认识，培养他们的环境保护意识和责任感，促进可持续旅游行为。

5.1.1.1 生态旅游游客教育的内容

(1) 生态哲学思想

①"天人合一"的生态整体思想。"天人合一"是中国传统哲学的精髓，强调人与自然的和谐共生。这一思想早在《道德经》中就有体现，老子将人视为自然的一部分，提倡人应与自然和谐相处。这种观念认为，只有当人类的行为既符合自身利益，又尊重自然生态的价值时，才能实现真正的可持续发展。在生态旅游产业发展中，这一理念尤为重要，生态旅游的发展需要我们摒弃短视的功利主义，转而采纳更加全面的生态哲学视角。这意味着在规划和实施旅游活动时，我们不仅要考虑到经济效益，还要充分考虑生态平衡和环境可

持续性，通过这种方式，我们可以构建一个人与自然和谐共存的旅游生态系统，这不仅能够保护自然环境，也能够为人类带来更加丰富和持久的旅游体验。总之，将"天人合一"的思想融入生态旅游的发展中，是实现生态旅游产业可持续发展的关键。

②"以道观之，物无贵贱"的生态平衡思想。生态哲学的视角下，万物平等是其核心原则之一，强调所有生命形式都应受到平等的尊重。庄子的"以道观之，物无贵贱"思想，提醒我们不应以人类的主观需求为由，去破坏自然界中的任何生命。这一思想倡导我们遵循自然规律，维护生态系统的完整性和动态平衡。在生态旅游的实践中，这意味着我们不能仅仅为了短期的经济利益而牺牲环境的长期健康。开发和规划生态旅游项目时，我们必须考虑到生物多样性、环境承载力以及生物间的相互关系。这样的规划应当基于对旅游资源的全面评估，包括资源的当前状况、独特性以及它们在地理空间上的分布。为了确保旅游活动的可持续性，我们必须采取一种全面的方法，这种方法不仅关注旅游带来的直接经济收益，还要考虑其对环境、社会和文化的影响。这包括保护自然资源，促进当地社区的参与，以及教育游客尊重和保护他们所访问的目的地。总之，生态旅游的发展应该建立在对自然深刻理解和尊重的基础上，通过科学规划和管理，实现经济效益与生态保护的双赢。这样，我们不仅能够为当代人提供丰富的旅游体验，也能够为后代留下一个健康、多样的地球。

③"道法自然，无为而治"的生态发展思想。"道法自然"作为中国古代传统生态哲学思想的典型代表，其阐述的自然生态观贯穿千年，认为"道"是无为的，但并非无所作为，而是应该尊重自然规律，以规律约束万物运行，万物均遵循客观规律而为。因此，要实现生态旅游的可持续化发展，必须遵循自然界的客观规律，要有所为而不妄为，做好规划，合理开发和保护旅游资源。

(2) 生态旅游价值

生态旅游价值是指生态旅游活动对环境、社会和经济产生的积极影响，包括环境保护、文化传承和经济发展。通过生态旅游游客教育游客能够理解他们的行为如何影响目的地的生态系统，教育游客认识到自然环境的脆弱性和保护环境的重要性，从而在旅游活动中采取更加环保的行为，促进负责任的旅游，从而采取负责任的旅游方式。此外，有助于游客了解生物多样性的价值，鼓励他们支持保护工作，减少对野生动植物的干扰。另一方面在增强文化敏感性方面，教育游客尊重和理解目的地的文化和传统，促进文化交流，减少文化冲突。同时，在推动可持续消费方面教育游客选择可持续的产品和服务，如环保住宿、当地食品和绿色交通方式具有天然优势。最后通过生态旅游游客教育，游客能够更好地欣赏和理解目的地的自然和文化价值，从而提升旅游体验的质量。

5.1.1.2 生态旅游游客教育的渠道

对生态旅游游客进行理论知识的培养主要有以下几种渠道。

(1) 生态旅游游客自学

随着科技的发展和人们生活方式的改变，各种传媒是传播信息的主要途径之一，生态旅游游客可以通过广播、电影、电视、杂志、报刊等学习与生态旅游相关的内容，提高自身的生态旅游知识水平，同时对破坏生态环境的行为进行揭露和批判，将与环境及生态保护有关的政府政策、法律条文、科研成果等信息传播给大众，把生态意识上升为整个社会的全民意识,有效地促进人们生态旅游意识的培养;可以参与相关的生态环保组织,如"湿地保护组织"等,通过各种环保活动,如义务植树、纪念"世界环境日"等方式来提高自身关于生态旅游的认识;或者直接参加生态旅游实践活动,切身体验生态旅游过程,丰富自身的生态旅游知识。其中,通过实践活动对生态旅游的学习效果尤其明显,研究表明,有经验的生态旅游游客比例越来越大,且他们之中有1/3的人是重复消费者,主要原因在于他们通过一次或多次的生态旅游活动,更加深刻地理解了自然与生态的内涵,愿意回归自然、体验生态。

(2)学校教育

如今,生态环境的破坏已经成为一个全球性问题,学校作为教育部门有责任开设关于生态旅游的相关课程,制定教学大纲,将生态教育纳入国家义务教育的范畴,促进人们去了解、认识、关心环境及生态问题,培养更多的人成为潜在的生态旅游游客。学校进行生态教育的目的是通过系统教学、教育的有机渗透,使学生从小就树立起人与自然和谐相处的生态价值观与环境保护意识,培养学生尊重自然、爱护自然的生态正义感、义务感、良知感、善恶感和生态危机意识。

(3)法律法规约束

全国人大相继通过了《中华人民共和国野生动物保护法》《中华人民共和国森林法》《中华人民共和国环境保护法》《中华人民共和国海洋环境保护法》《中华人民共和国大气污染防治法》《中华人民共和国固体废物污染环境防治法》《中华人民共和国环境噪声污染防治法》《中华人民共和国水污染防治法》《中华人民共和国环境影响评价法》《中华人民共和国放射性污染防治法》等法律,同时在《中华人民共和国刑法》中增加了惩处破坏环境的内容,这些法律已经成为构建社会生态道德约束体系的主要部件,有助于促进人们学习与了解生态旅游的理论知识。

5.1.1.3 生态旅游游客教育的手段

(1)标识牌

标识牌是生态旅游景区提高其旅游资源视觉效果的重要基础设施,它可谓是游客在游览途中的无言向导。标识牌的设立构建了游客与景区旅游资源的渠道,使其自然内涵、人文内涵通过这一通道有效地得到传达,使游客由表及里、深入浅出地了解景区,进而了解景区。同时,标识牌也是景区旅游管理无形的得力助手,对游客进行有效引导,顺利完成旅游活动提供了保障。

(2)旅游宣传册

旅游宣传册是指传统的旅游宣传印刷品,由设计、内容、印刷规格的大小以及发放情况构成。在设计上要新颖,易于抓住游客的吸引力。在内容上要为游客(包括潜在游客)提供他们所需要的信息及自身所需要传达的教育信息。在印刷品的大小和规格上便于顾客拿在手中随身携带,在发放情况上,能够针对不同的具体场地及目标游客顾客群应有不同的旅游宣传册。一定要选择适当的印刷规模,印刷品的数量能够满足景点的需要。

(3)解说牌

游客最直接、有效地获取旅游景区信息的解说媒介就是解说牌。解说牌主要分为景观介绍牌、景区介绍标识、景观内涵解说牌等。解说牌主要是帮助游客更好地了解该景点的具体事项，起到帮助和教育游客的作用。

(4) 智慧旅游系统

智慧旅游也被称为智能旅游，通过互联网或移动互联网，方便接入终端设备，利用物联网、云计算、下一代通信网络、新技术和高性能的智能数据挖掘、处理信息，及时发布动态信息，使游客可以提前对生态旅游景区有所了解，进而知道哪些事情是不能做的，同时及时处理景区中出现的突发事件。它的发展可促使系统集成和应用过渡到服务更多游客，使游客自主学习能力不断增强，进而提升环保意识和生态意识。

(5) 影像制品

影像产品主要包括景区影像放映厅、游客中心和电子滚动显示屏、广播和分布在景区的电视设施。电子显示屏用图像和文字的形式循环呈现景区的旅游信息以及其他与旅游相关的信息。游客中心图像环境教育馆的产品可用性较好，可以起到保护环境和教育的效果。景区的电视设备，通常布局在景区入口处，方便游客获取相关信息之后进入该区域。

5.1.2 生态旅游游客行为管理

5.1.2.1 生态旅游游客行为特征

(1) 道德性

生态旅游游客行为是受其主观意识支配的，而倡导与自然和谐相处是生态旅游游客的主观愿望，因此道德性是生态旅游游客行为最根本也是最本质的特征。不管是哪个层次的生态旅游者都有环保意识的道德性。生态旅游游客明白保护大自然的重要意义并为之作出贡献，他们有较强的环保意识并将其贯穿到整个旅程。如尊重旅游目的地的自然与文化现况，不吃受保护的动植物，不买卖珍稀动植物制品，不惊扰野生动物。

(2) 适应性

生态旅游游客行为的适应性是指旅游者对旅游途中各个环节的改变更容易接受、适应。反映在旅游时间、交通工具、目的地及活动方式等方面，虽然由于环境的原因而变更，但游客对旅游经历的满意程度也不会减少。其适应性越强，说明游客越容易接受旅游要素的改变，对旅游环境或服务的依赖性越小，也就更能按照环境特点合理布局资源的游憩利用方式，这就有利于生态脆弱的地段受到保护。如在自然保护区的缓冲区修建公路，对环境的破坏太大，而且机动车辆容易产生尾气和噪声污染，如果其进入方式改为徒步或骑马，就能使环境影响减少到较低的程度，游客也能较好适应。

(3) 层次性

生态旅游游客行为过程可分为3个阶段：第一阶段——自然，即回归大自然，到大自然中去；第二阶段——怀旧，怀恋人类童年，勾起对原始美好环境的回忆；第三阶段也是最高阶段——天堂，心境仿佛到了"天人合一"的人间仙境。

(4) 参与性

生态旅游游客行为的参与性指的是生态旅游游客广泛参与旅游中各种有益自然的活动。生态旅游游客改变了传统的被动观光旅游模式，而是积极主动地去体验并享受大自然提供的阳光、空气、水体、山岳、绿色及人与自然和谐的文化，从中获得贴近大自然的情趣，达到自然化、美化与智化的境界，使体魄更健康、精力更旺盛、知识更丰富、视野更开阔。同时，生态旅游游客还直接或间接地参与生态旅游景区的保护事业，促进人与自然的和谐发展。

（5）感染性

生态旅游游客行为的感染性指的是生态旅游游客在旅游途中充分遵循生态行为，这种行为能够使同行的游客受到感染，有所感触而激发出其内心的潜在的环保意识，还能给旅游企业、经营者以心灵的触动，感染他们的经营理念，使环保教育得到更广泛的推广。正是生态旅游游客行为的这种感染性，让越来越多的人逐渐意识到保护自然、保护生态环境的重要性，使得生态旅游得以不断发展。

5.1.2.2 生态旅游游客行为管理的意义

生态旅游游客存在若干不文明行为，这些不文明行为从危害性上看，可能导致生态旅游景区环境污染景观质量下降甚至寿命缩短，其最终结果必然是造成景区整体吸引力下降、旅游价值降低。它严重影响和直接威胁景区(点)的可持续发展，具体表现在以下方面：游客行为对景区的环境管理、经营管理带来极大干扰；游客不文明行为本身往往成为其他游客游览活动中的视觉污染，影响游兴，破坏环境气氛，进而影响其他游客的游览质量；游客不文明行为往往会给自己的人身安全带来隐患，如到一些保护区域(点)游览、违章露营、随意给动物喂食、袭击动物、不按规定操作游艺器械等行为，都可能给游客自身带来意外伤害。近年来，已有不少景区出现安全事故，但很多游客意识不到这一点，因此，加强引导游客行为对景区可持续发展有着重要意义。

5.1.2.3 生态旅游游客行为管理手段

引导生态旅游游客行为的管理手段，在西方国家的自然保护区和国家公园管理中已经有比较成熟的方法。针对保护区和国家公园内的生态旅游游客管理，西方国家提出了一些常用手段(表 5-1)。

表 5-1 生态旅游游客行为管理的常用手段

手段	定义	优点	缺点	举例
使用限制	直接限制可能进入游憩区域人数	维持了预先设计的资源作用强度，潜在地控制了超速增长与过度使用的后果	容易导致冲突矛盾	通过限制停车位来限制日游客量
团队规模限制	限制同时旅行的旅游团队或者游憩群体的最大人数	使小团队规模成为习惯，降低游客影响	客流量限制成本较高	规定某些地域游览的团队规模
预订与预约	通过预约的方式在游客到来之前将相关游憩区分配给个人或团体	优化已知区域容量，方便管理	需要维护预订管理的成本	所有到某区域的游客必须提前预订
关闭区域	禁止所有的或部分类型的游客使用特定区域	关闭区域的旅游负面影响直接消除	需要向游客解释，需要控制管理成本	禁止在特定区域内野营或烧烤

(续)

手段	定义	优点	缺点	举例
用火限制	在特定区域禁止或限制用火	减少火灾隐患	需要管理成本	在特定旅游区全面禁止烟火
群体限制	限制某些特征的游客进行某些区域	明显地减少生态冲击和与其他游客冲击，增加其他游客的满意度	限制了部分游客的自由，需要解释成本	禁止自驾车进入/禁止狩猎者进入等
停留时间限制	在某个游憩区对游客个人或群体设定一个停留时限	可以让更多的游客进入该区域	减少了部分游客的游览机会，需要强制管理成本	不允许在景区内过夜
技术要求	根据环境或安全的需要强制性要求游客携带某些装备	可以降低生态影响，提高安全水平	需要管理，设备可能较贵	必须穿登山鞋才能上山
行程计划	对单个群体使用某个区域进行位置与时间安排	可以减少拥挤，方便解说，降低生态影响	游客失去想看什么就看什么的自由，需要管理成本	指定游览某区域必须在某些时段出发
设置障碍	有意设置一些阻碍游客移动的设施	减少游客冲击，减少破坏行为，提高游客移动的效率	游客失去想去哪就去哪的自由，需要执行与管理成本	设置一个篱笆将游客与动物栖息地隔离
场所硬化	通过建设设施、开辟小道等方式来减少游客对土壤和植物的冲击，也满足游客使用的需要	能够减少游憩活动对生态环境表面的直接冲击	需要建设成本	用硬质材料铺设小路表面，减少风蚀
提供信息	向游客提供与保护区相关的信息、突发事件和行为建议，包括生物地理、游客设施位置、规划以及合适的游客行为	有助于游客了解保护区什么地方正在发生什么，它可能使更多的游客调整适当的行为，从而降低活动影响并提高游客满意度	信息提供成本较高	在旅游区发放宣传单
解说服务	一种能够激励游客学习更多、收获更多的信息提供方式	增加游客对环境与资源的理解，促进其保护行为	需要运营成本	野外导游、小道介绍活页、地图
差异定价	对同样的游憩机会制定两种或多种价格	重新分配保护区资源使用水平，实现社会目标，在高峰时期使收入水平最大化	差异化定价将更难于管理，有可能导致管理人员与游客激励冲突	高峰期收取更高的费用
资格限制	对进行某些区域的游客提出一些资格要求	可以减少区域内资源与环境存在威胁的可能性	社会需要有一套额外的资格认证系统	生态旅游导游必须拥有相应能力证书

注：引自袁新华，2009。

在一些西方国家的自然保护区与国家公园，引导游客行为的管理手段已经比较成熟。一般来讲，有4种方法能够减轻游客对自然保护地负面影响。

①供应管理。管理旅游供应或者游览机会，如增加可用空间或时间来提供更多的游憩利用机会。

②需求管理。对游憩利用需求进行管理，如通过限制停留时间、游览人数或者游览类型等方式进行管理。

③资源管理。对资源的利用能力进行管理，如通过硬化部分场所或者某些具体区域，或者设施的建设等方式进行管理。

④影响管理。对游憩利用产生的影响进行管理，如通过改变使用方式，或分散使用或集中使用等办法减少负面影响。

5.1.3 生态旅游游客满意度反馈

反馈是指将控制系统中的输出信息重新输入系统，并再次影响输出，起到反馈控制效果的过程。在景区游客体验管理中，就是将游客的游后意见进行收集、加以分类，以便景区管理者对景区剧场进行改造。反馈控制是通过总结重新输入系统信息的规律，而为管理者实施调整创造条件，在不断总结和调整中形成良性循环，以提高工作效率。

反馈管理的主要效果是为了保证接下来的系统发展能以实践经验为基础，并在实践经验的基础上不断更新，这是管理控制的主要形式。管理工作中多为负反馈控制，即对不符合标准的情况进行反馈，对之加以调控。旅游景区是服务企业，在景区管理工作中，在游客到景区游览之前，景区就准备好为游客提供的服务和旅游产品，为了时时保证游客的体验质量和游客满意度，鼓励游客游后进行反馈，景区管理人员对反馈意见进行评估之后，对景区的服务管理做出调整。

5.1.3.1 生态旅游游客满意度反馈的意义

开展生态旅游游客反馈调查从实践意义方面来考虑，主要表现为对游客、旅游业经营者、旅游管理部门行为的影响。首先，就游客而言，通过满意度调查，使得游客更加明确自身旅游需求，在出游之前对于目的地选择多加考虑，从而减少期望值和实际感知之间的差距，获得较满意的旅游体验。其次，就旅游业经营者来说，明确游客的满意度，一方面，可以检验自身经营的合理度；另一方面，可以通过游客对各方面的感知改善经营方式，创新经营理念，提供游客需要的旅游产品。最后，就旅游管理部门而言，广大游客的满意度是旅游工作的出发点和落脚点，只有通过调查，才能了解游客的心声，了解市场现状，继而通过合理有效的政策调整，推动旅游业又好又快发展。

5.1.3.2 生态旅游游客满意度反馈的内容

游客满意度反馈是衡量生态旅游服务质量和游客体验的重要工具，可以帮助生态旅游服务提供者了解游客的需求和期望，从而提升服务质量和及时更新生态旅游产品。游客满意度反馈的内容主要体现在以下几个方面：

①接待服务条件。前台接待(咨询服务态度及专业水平)、导游服务人员(知识水平、服务态度、互动性)、餐饮服务(食物质量、服务速度、价格合理性等)、住宿体验(床铺

舒适度、卫生状况、房间大小、房间清洁频率、清洁质量等)

②交通服务条件。交通工具的舒适度、准时性、可进入性等。

③景区基础设施及管理条件。健身房、游泳池、Wi-Fi、交通便利性、周边环境、活动和景点体验、门票价格、排队时间、设施维护、娱乐项目的种类、价格、体验质量等。

④安全和健康。安全措施：紧急情况处理、安全提示、卫生条件、医疗设施等。

⑤其他价值感知。性价比(服务和产品是否物有所值)、预期与实际(实际体验与预期的符合程度)、环境和可持续性(旅游目的地的环境保护措施、旅游活动对环境的影响)、文化体验(文化活动的参与度、文化知识的传达教育、旅游活动中的教育和学习机会)、问题解决(问题反馈的响应速度和解决效果、个性化服务、客户关怀活动)等。

5.1.3.3 生态旅游游客满意度反馈的作用

反馈有助于景区管理者及时了解景区游客的需求变化。在景区的目标市场确定后，可针对目标人群实施更加细致的反馈管理，以完善旅游景区的旅游产品。在了解了游客对景区满意与不满意的地方后，有助于景区对旅游产品的更新甚至创新。对游客实施反馈管理也可以对景区员工的服务形成监督作用，游客的及时反馈在无形中对景区的管理工作和服务形成监督作用。当然这一切有效的前提是旅游景区愿意并且可以有效实施旅游景区的游客反馈管理。在反馈管理的实施中，反馈管理的方法主要分为线上和线下。线下反馈效率较高，景区工作人员可以直接给游客发放调查问卷或请游客填写反馈意见，景区管理者可以及时获得这些资料。线上反馈留言较少，有条件的景区已经拥有了自己的App、微信公众号或官方微博，但是通过调查发现游客使用景区软件的很少，多是关注微信公众号，但是在微信公众号中留言反馈的游客只占少数。在调研中有游客反映，景区对游客的反馈大多呈现不作为状态，这也让游客对反馈失去了信心和关注度。作为景区管理者，对游客反馈进行综合整理，适时调整游客所反馈的问题，有效改善景区游客体验。景区对游客反馈的也会适当提高游客对景区的满意度，为景区赢得较好的口碑。

 游客管理案例

《黄石国家公园游客指南》

黄石国家公园地处号称"美洲脊梁"的落基山脉，总面积8 987 km²。公园自然景观有以石灰石台阶为主的热台阶、大峡谷、瀑布、湖光山色、间歇喷泉与温泉等。黄石公园还是一个野生动物的乐园，园内栖息着60种哺乳动物，12种鱼，6种爬行动物，4种两栖类动物，以及100多种蝴蝶和300多种鸟，其中属于世界珍稀动物的有：北美野牛、灰狼、棕熊、驼鹿、麋鹿、巨角岩羊、羚羊等。黄石国家公园是世界上国家公园管理的典范，它在资源与环境保护、科学研究、宣传教育、员工招募、资金运作等方面为我国的资源保护型生态旅游景区的管理提供了许多有益的借鉴。

一、与野生动物的关系

①野生动物是危险的。

②不要接近、包围、跟随或喂养任何动物。

③野牛、熊和麋鹿会对游客造成伤害要注意安全。

④与熊和狼至少保持100码(91 m)的安全距离。

⑤与所有其他动物至少保持25码(23 m)的安全距离，包括野牛和麋鹿。

⑥如果动物离你很近时，请保持安全距离。

⑦不要随便把车停下来或阻塞道路。

⑧安全地储存食品和垃圾,背包和雪地摩托装备袋都不安全。

⑨禁止喂养任何动物,甚至是鸟类和松鼠。

二、设施和服务

1. 医疗设施服务

①紧急响应和救护车服务呼叫911。②诊所:从紧急情况到轻微需要的医疗护理呼叫307-344-7965。

2. 遗产与研究中心

遗产与研究中心位于蒙大拿州加德纳的北入口外,这个设施是黄石公园博物馆的收藏、档案和研究图书馆的所在地。开放时间:星期一至五上午9:00至下午16:00。

3. 电话服务

①公园和周边地区的手机服务非常有限。一般的景点覆盖区域被标记在报纸公园地图上。②紧急电话911服务仅在覆盖区域提供。在高峰时间和禁止访问期间,蜂窝网络可能非常缓慢。③作为对他人的礼貌,在享受黄石公园的同时,让你的移动设备静音。

4. 餐饮和住宿

黄石国家公园可以提供住宿、餐饮、各种旅游和活动。如需预订,请咨询黄石国家公园酒店。当天预订电话:307-344-7901;其他提前预订:307-344-7311,866-439-7375;Email:Reserve-YNP@Xanterra.com;通讯地址:黄石公园165号信箱,邮编82190。

5. 滑雪活动

每年11月,黄石公园北部地区开始降雪。在每年12月至翌年4月,您可以在这里进行各种雪上运动,比如滑雪、雪地摩托、雪地马车等,可以乘坐雪地马车浏览白雪覆盖中的黄石公园,或者带上自己的滑雪板,体验滑雪运动带来的刺激体验。访问地址:go.nps.gov/YELLtours。

6. 野外露营

①猛犸露营地是全年先到先得,冬季场地每晚25美元,最多住宿30晚。

②便利设施包括冲水马桶和无障碍的场所。用电使用是:上午8:00到晚上20:00。

③在冬季的野外露营需要获得免费的许可证。

④想要了解更多信息请联系中央偏远地区办公室:307-344-2160。

7. 道路信息

由于道路条件和通道受季节性影响,公园的大多数道路对普通车辆是禁止通行的,唯一例外的是:北和东北入口之间的道路,全年都对外开放。

公园其他道路只对有限的雪地摩托和雪地马车旅行开放,访问黄石公园的大峡谷和其他受欢迎的目的地的唯一方式是通过有导游的雪地摩托或雪地教练或通过非商业导游的雪地摩托访问计划。

三、对野生动物进行拍照的注意事项

注意你周围的环境,只能保持在栅栏和栏杆后面,不要近距离接触野生动物,孩子们要一直跟着你,不要试图让他们和野生动物合影。

远离道路,不要在路上停车或站在路上。不要用三脚架、椅子或其他物体阻挡道路的任何部分,不要阻塞交通的自由流动。

四、其他注意事项

禁止在国家公园管理局管理的陆地和水域上发射、降落或操作无人机。

根据州和联邦法规,国家公园内允许携带枪支,但禁止在张贴标志的设施内使用,例如游客中心、政府办公室以及一些特许经营场所。禁止携带和使用其他武器,如弓箭、长矛和弹弓。详情请访问go.nps.gov/yell-laws。

为了野生动物和游客的安全,以下行为被禁止并进行罚款,罚款包括:近距离接触野生动物,干扰野生动物(如用灯光观看),模仿麋鹿的叫声或使用虫子模仿狼嚎叫,用电子设备追踪野生动物等。

只允许在指定的露营地进行露营。不得在拖车、停车场、野餐地或指定露营地以外的任何地方露营。在邻近的社区,也可以提供额外的露营服务。如要在野外露营过夜,需要有许可证。

禁止在洗手间、小径上、建筑物内或距离建筑物入口25 ft(约7.62 m)的范围内吸烟。

只能拍照片。移走或采摘野花、鹿角、岩石和箭头等自然或文化资源是非法的。

5.2 自然保护地生态旅游社区管理

自然保护地生态旅游社区,就是指在生态旅游目的地中具有相对稳定和完整的结构、功能、动态演化特征以及一定认同感的社会空间,是生态旅游目的地社会的基本构成单元和空间缩影。一个较大的功能相对完备的村落可以构成生态旅游社区;几个邻近的村落彼此相互联系,设施配套建设和利用社区居民有种共同的归属感,也可成为一个大的社区。而生态旅游社区管理指的就是对生态旅游目的地所在社区加强管理,促进社区参与生态旅游业,让生态旅游区与社区共同繁荣和持续发展。

5.2.1 生态旅游社区管理的原则

(1) 人与生态和平共处原则

社区是人民群众的主要生活场所,如何做到人与自然和谐相处,合理安排人与生态环境之间的关系是社区生态旅游管理的首要条件。基于此,社会生态旅游管理人员在制定管理方案时必须遵守"人与自然和平共处原则",在提高旅游产业经济时不得破坏生态环境,要在保护生态环境的前提下,制定旅游发展计划,应将旅游经济、生态环境以及社区建设结合在一起制定出科学合理的发展生态旅游管理体系。

(2) "三效益"兼顾原则

"三效益"兼顾原则是指管理者要同时兼顾生态效益、经济效益以及社区效益。在社区生态旅游管理工作中,工作人员不得以牺牲一方经济为代价的前提下开展管理工作,应将生态效益、经济效益以及社区效益共同纳入管理范围内,合理处置社区与生态环境之间的关系、经济体系与生态旅游经济之间的关系,以保证社区生态旅游管理制度符合可持续发展战略。同时管理人员在制定社区生态旅游管理制度时,要以社区经济发展为基础,同时兼顾生态环境保护工作,以保证所制定管理制度的科学性以及合理性。

5.2.2 生态旅游社区管理的基本模式

(1) 政府主导模式

政府主导模式就是在社区生态旅游管理中,政府主导着社区生态旅游的开发、发展、管理、保护等经营管理职能。在这种模式下,政府在生态旅游的规划、发展和管理中起主导作用,提供政策支持和监管,确保生态旅游活动符合可持续发展的要求。根据管理实体和行政定位的差异,这种模式具体又可划分为以下类型:

①政府管理机构模式。根据社区生态旅游区的地域范围,调整行政区划,成立以社区生态旅游区及部分周边过渡地带为行政辖区的人民政府,负责生态旅游区内一切经营管理和行政事务管理。政府机构型管理模式集经营管理和行政管理于一体,由于其体制环境的复制性,其管理效率较低。

②准政府机构模式。其基本形式是,设立专门机构(管理委员会,管理处或管理局),与社区生态旅游区所在地政府同级或低半级,隶属上级政府或由上级政府委托当地政府代管,或作为同级政府的派出机构,负责社区生态旅游区的具体经营管理工作。与政府机构

型管理模式相比，准政府机构行政级别相对较低、管理区域范围更窄，同时准政府机构更偏重于经营管理，弱化行政管理。

③企业化政府管理模式。是以社区生态旅游区当地政府或上级政府为主导，以相关各方的出资比例或旅游资源所有权比例成立旅游公司，该旅游公司取得社区生态旅游区的主要经营权，包括门票专营权、旅游项目开发权等。政府作为该旅游公司的大股东，主导着社区生态旅游的发展，旅游公司负责社区生态旅游的经营管理，社区生态旅游区的行政管理还是由所在地的当地政府履行职能。企业化政府管理模式中，获得经营权的旅游公司在特殊的政府背景下具有先天的资源禀赋，同时专注于社区生态旅游发展的经营管理，其管理更加专业化，所以具有较高的管理效率。

(2) 社区自主管理模式

社区自主管理模式就是在社区生态旅游管理中，社区居民主导着社区生态旅游的开发、发展、管理、经营、保护等管理职能。它要求社区生态旅游管理的主导者是社区居民，他们远比外来利益者更倾向于可持续发展，坚持在保护的基础上开发。社区居民最熟悉当地的社区生态旅游资源，因此在开发和管理过程中能较为完整、准确地解说当地社区真实的人文、自然内涵。这种模式具体又可划分为以下类型：

①松散型社区管理模式。是各经营户相对独立地开展旅游经营活动，相互之间较少进行协调或合作，通常处于社区生态旅游的发展初期，由于其形成主要是各个体户自发而成的，所以这种模式管理效率非常低下，也很难称其为管理模式。

②协会型社区管理模式。是各经营户自愿成立协会，通过协会统一管理协调社区生态旅游的开发、经营、保护等，是一个相对柔性的组织，缺乏强制力，所以其管理效率较松散型高也是生态旅游社区管理模式发展进步的表现。

③企业型社区管理模式。是社区居民按照各自出资比例成立公司，通过企业化的运作进行社区生态旅游的开发、管理、经营、保护等活动。企业化运作符合现代的商品经济环境，更能发挥较强的管理效率，但其管理效率与主体公司管理素质和能力高低相关。

(3) 社区参与模式

社区参与模式是指在生态旅游管理中，确保当地社区成员能够积极参与并发挥其作用的一种组织形式或工作机制。这种模式强调社区成员在项目规划、实施、管理和监督等各个阶段的主动参与，以确保项目或计划能够满足社区的需求和利益，同时促进社区的可持续发展。在社区参与模式中，关键模式如下：

①旅游区与社区一体化模式。在这种模式下，旅游区与社区生活融为一体，社区的文化和生活方式成为旅游吸引物的一部分。例如，西双版纳傣族园旅游区，社区生活是景区的主要构景要素，社区居民参与旅游经营活动，经营旅游成为社区居民生活的一部分。

②多主体共同开发模式。这种模式下，生态旅游项目由多个利益相关者共同参与开发和管理，包括政府、私营企业、社区组织和非政府组织等，通过合作实现共同目标。

5.2.3 生态旅游社区管理机制

目前我国政府相关部门在制定社区生态旅游法律法规时，会在参考国外立法制度的前提下，分析我国社区生态旅游实际情况，然后给出具体的社区生态旅游管理机制，同时地方政府可以结合当地实际情况对律法进行适当调整。具体机制如下：

(1) 构建稳定的利益共享机制

当前，自然保护地生态旅游社区管理中存在的最大问题是与周边社区居民之间的利益共享机制尚未形成，社区居民没有真正成为自然保护区的拥有者和保护者，只是被动地参与自然保护区一些简单的防火、护林等工作。因此，有必要在生态旅游发展较为成功的基础上，建立真正的利益共享机制。主要有以下几种选择：

①由自然保护地管理者与周边社区居民，通过谈判建立生态旅游股份公司，实现利益分红。

②根据现有国家山林征用标准，对划归自然保护区范围的山林，给予社区居民一次性补偿。

③根据1994年自然保护区扩建协议，由自然保护区向周边社区居民依据他们划入森林面积多少给予定额补偿。

其中途径①是确保社区居民享受自然保护区发展利益最为理想的途径，但由于社区居民组织化程度较低，目前推行有一定的难度。途径②和途径③实行起来相对简单，但社区居民可能因此失去享受自然保护区发展所带来的长期利益。同时，还应及时制定科学的自然保护地总体规划，对生态旅游的规模进行适当控制，以降低生态旅游所带来的负面影响。并由自然保护区及当地居民会同当地政府共同制定社区发展规划和优先发展领域，并给予支持实现对周边社区的间接补偿。

(2) 建立有效的伙伴合作运行机制

利益共享机制的实现，需要一个有效的组织作为保障。因为在自然保护地与周边社区居民谈判过程中，社区居民往往处于弱势地位，如果没有一个有效的组织载体使他们能够平等地参与自然保护区决策和管理，就无法真正地实现利益共享。因此，建立伙伴合作委员会构建社区参与式管理新模式，是减缓自然保护区与周边社区之间冲突，实现协调发展的有效组织形式。在建立伙伴委员会时要注意以下几点：

①保护区管理者要转变观念，在自然保护地者内部成立专门的社区共管机制，会同周边社区居民代表、当地政府、相关专家团队及其他主要利益相关者成立伙伴委员会，其中社区居民代表，必须通过村民选举产生。

②由伙伴委员会委托专家，通过计划专题讨论的方法，分析相关利益者（特别是自然保护地与社区居民）的需求及相互之间存在的主要矛盾；明确自然保护地与周边社区居民在旅游开发中的利益分享机制和办法。并在此基础上，共同制定社区发展规划和优先发展领域。

③利用自然保护地的有利条件，积极争取相关组织对社区共管的资金和项目上的支持。

5.3 自然保护地生态旅游安全管理

5.3.1 自然保护地生态旅游安全管理概念及现状

自然保护地生态旅游安全管理是指根据国家旅游安全工作的相关方针政策和法律法

规,为了保证生态旅游目的地和游客的人身财产安全,在生态旅游目的地接待游客和服务的过程当中所采取的一系列制度、措施和方法等活动的总称,它是维护目的地形象、提高目的地的服务质量、保障目的地接待服务正常进行的一项首要条件。近些年,生态旅游正处于一个快速发展的状态,具有广阔及远大的发展前景,并且,随着关于具有目的地安全管理一系列发展战略的提出和实行,我国的生态旅游也得到了空前未有的发展机遇,这大大提高了生态旅游发展的信心。固然有些时候一些管理人员意识到危机不可避免性,但是却没有拟定和制定预防危机的实施计划。

5.3.2 自然保护地生态旅游安全管理内容

(1) 以游客安全为中心

游客安全是最为重要且影响最大的。旅游行业的一切活动都是围绕游客进行开发、规划和组织,这贯穿于旅游产业链的每一个环节,是整个旅游业的中心。因此自然保护地生态旅游安全管理体系只有以游客安全为中心,才能理清安全管理的脉络,采取行之有效的方法,以达到高效管理。保护生态旅游的各利益相关者需要建立这种以游客安全为中心的理念,一切相关的活动、政策也要贯彻这一理念。

(2) 以政府行政管理部门为主导

现行的安全责任制度和保险制度并未提供足够科学有效的利益安排,甚至还为不当行为提供了利益激励,扭曲了旅游安全风险的市场配置。因此,经济市场一样需要政府干预,政府旅游行政部门自然是管理系统的主导。政府部门首先从政策和法律上规范自然保护地生态旅游目的地的安全管理保障机制,明确责任义务。另外,政府还承担着安全问题的预测,并采取相应的应急救援,使安全事故的危害降到最小。

(3) 以媒体、当地居民、旅游从业人员为辅助

旅游产业包含游客、当地居民、媒体、导游、管理者等诸多利益相关者,故自然保护地生态旅游安全管理体系一定要有这些利益相关者的参与才能到达最好的效果。旅游从业人员应该树立安全意识,掌握必要的安全知识和技能。媒体执行着对旅游事件的报道,对旅游政策法规的公布,对相关行政部门的监督,使游客意愿得以反映,深远地影响着整个安全管理体系。

(4) 以安全系统为基础

①安全教育系统。对于自然保护地生态旅游目的地游客以及其他相关人员的安全教育是整个安全管理体系的第一环,通过旅游安全教育,可以有效降低安全事故发生的概率。自然保护地的安全管理主要由政府行政部门和相关旅游机构共承担,管理人员多是在安全事故发生中或发生后才进行处理。消极被动的处理方式不符合生态旅游目的地对安全管理的要求,提前做好做足安全教育才是有效管理的关键。对自然保护地生态旅游安全教育应由政府牵头,企业资助,高校力行,主动上门对社区、目的地、游客等进行旅游安全教育,加强旅游安全观念,增强安全意识。

②安全信息管理系统。该系统作为自然保护地生态旅游安全管理体系的关键子系统之一,处于基础和核心地位,安全预警系统、应急救援系统、安全保险系统及评价系统的每一个环节都需要相应信息的支撑。该系统采用电子信息技术、GPS定位系统、地理信息系

统,搭建以安全设施信息、山体水路、天气指数、内外环境、客流量、交通状况、安全事故等为核心的信息搜集、分析、整理和发布的管理平台。系统相应地细化为安全地理信息系统、安全信息监控系统、通信系统和应急资源系统。

③安全预警系统。安全预警是整个自然保护地生态旅游安全管理体系中是至关重要的,也是最复杂的。生态旅游安全预警系统是通过对生态旅游安全问题的监测、跟踪、分析、信息报告等,建立的一整套有效针对生态旅游安全问题的预警系统。

5.3.3 自然保护地生态旅游安全管理的建议

生态旅游目的地应配备与其范围大小、等级条件相应的安全人员,并配置必要的设施设备。在生态旅游景区内建立区域报警点,安全巡视人员一旦发现安全隐患能够及时消除。例如,清除有碍通行的各类路障,铲除游道旁松动的山体危石,对森林中的危树加固或拔除,设置危险路段交通指示牌、限速标志等。

生态旅游目的地内设施设备和交通工具安全、有效景区内的公共设施,包括防护栏、缆车、索道、交通工具、电力设施等安全可靠,定期维护,随时查验,做到不存在危及人身安全的隐患,并能保证通畅运行。

生态旅游目的地应设置标志牌和警示牌目的地应在适当位置设置规范的景区平面图、示意图、线路图,使游客清楚了解目的地地形地貌、景点布局、距离远近及自己所在位置。在游客集散地、主要通道、危险地带、禁止区域设置安全标志。安全标志应设置在固定而明显的位置,避免障碍物影响视线。

生态旅游目的地服务人员谨慎地为游客提供旅游服务人员本身就是旅游产品的一部分,除按职业要求完成职责,为游客提供周到、细心和安全的服务外,对于游客不安全的行为应及时制止。例如,劝解游客前往非开放目的地;人员拥挤应积极疏导;不正确的操作应即刻纠正;在游客进入到目的地风险性较大的旅游项目时,目的地服务人员要向其说明该旅游项目,对身体条件不符合的旅游消费者,要劝其退出该项目。

(1)建立有效的预防措施

①行政管理机构应建立旅游安全预警机制。政府部门、景区管理部门要严格执行《国家突发公共事件总体应急预案》,依据生态旅游景区的实际情况科学合理地制定事故应急预案及疏散避难预案。同时要增强应对突发旅游安全事故的能力,确保应急救援工作迅速、及时、高效,建立完善的旅游救援体系。例如,由政府充当组织、协调者,并负责组织部分救援基金;由救援机构根据旅游安全事故的性质和等级开展相应的应急救援工作,由保险公司事后赔付。

②生态旅游景区完善安全防范机制。生态景区应配备与其范围大小、等级条件相应的安全人员,并配置必要的设施设备。在生态旅游景区内建立区域报警点,安全巡视人员一旦发现安全隐患能够及时消除。例如,清除有碍通行的各类路障,铲除游道旁松动的山体危石,对森林中的危树加固或拔除,设置危险路段交通指示牌、限速标志等。生态旅游景区内设施设备和交通工具安全、有效景区内的公共设施,包括防护栏、缆车、索道、交通工具、电力设施等安全可靠,定期维护,随时查验,做到不存在危及人身安全的隐患,并能保证通畅运行。

③生态旅游景区应设置基础设施安全管理机制。生态旅游景区应在适当位置设置规范的景区平面图、示意图、线路图，使游客清楚了解景区地形地貌、景点布局、距离远近及自己所在位置。在游客集散地、主要通道、危险地带、禁止区域设置安全标志。安全标志应设置在固定而明显的位置，避免障碍物影响视线。

④生态旅游景区服务人员应提供安全管理服务。景区服务人员本身就是旅游产品的一部分，除按职业要求完成职责，为游客提供周到、细心和安全的服务外，对于游客不安全的行为应及时制止。例如，劝解游客前往非开放景区；人员拥挤应积极疏导；不正确的操作应即刻纠正；在旅游者进入到景区风险性较大的旅游项目时，景区服务人员要向其说明该旅游项目，对身体条件不符合的旅游消费者，要劝其退出该项目。及时妥当地进行旅游事故救助事故发生后旅游景区应立即启动紧急救援体系，相应工作人员应立即赶赴现场，积极进行疏散，将游客带离危险区域。同时，医疗人员对受害游客进行及时的医治，尽量将事故损害降低到最小。

(2) 加强生态旅游安全教育

①倡导全社会生态旅游安全教育。政府部门积极组织宣传法律法规，加强法制教育，提高公民的法律意识；加强道德宣传教育，提高公民的自身素质；加强防火防盗宣传教育，通过对生态旅游安全事故的社会公布来警示公民，增强个人保护意识、危险防范意识和基本的自我救助能力。

②充分发挥旅游行业宣传作用。自然保护地生态旅游要在游客进入目的地前统一配发目的地安全注意事项宣传页，并说明出现安全事故旅游者如何寻求救助。旅行社、导游员、车辆驾驶员、服务员等在宣传目的地景点时，必须告知安全事项，提醒游客安全旅行。例如，在各类旅游宣传手册和广告中强制推行安全提示内容等措施；生态旅游目的地要加强与旅行社的沟通，请旅行社导游把目的地安全问题向旅游消费者详细介绍，并形成一种商业习惯，从心理上增强旅游消费者的安全意识。

③生态旅游目的地应加强员工的安全意识与安全技能培训。例如，采取定期安全培训、岗前安全教育、现场示范、操作训练、经验分享等方式，增强员工的安全管理意识、安全管理责任感以及识别危险与自我保护能力，提高事故预防与应急处理的能力，避免消极态度和抵触情绪。

慕课学习

《足尖上的森林——森林生态旅游学》（杨晓云，西南林业大学）：第 11 讲 森林生态旅游区经营管理。

延伸阅读

1. 李文明，钟永德，2010. 生态旅游环境教育[M]. 北京：中国林业出版社.
2. 国家林业局野生动植物保护司，2004. 中国自然保护区管理手册[M]. 北京：中国林业出版社.

3. 邹统钎，2023. 国家（文化）公园管理经典案例研究[M]. 2版. 北京：旅游教育出版社.

4. 闵庆文，2023. 国家公园综合管理的理论、方法和实践[M]. 北京：科学出版社.

课外作业

1. 以某一自然保护地为例，分析生态旅游游客管理现状、存在问题并提出优化建议。
2. 以某一自然保护地为例，对其社区居民管理工作提出你的看法或建议。

第6章

自然保护地生态旅游设施

1. **知识目标**
❖ 了解自然保护地生态旅游设施的分类。
❖ 理解保护管理设施、服务设施、科研监测设施、科普宣传设施、安全及导示设施的具体内容及它们之间的相互关系。

2. **能力目标**
掌握自然保护地生态旅游设施分类、建设原则，并能够运用到自然保护区生态旅游规划中。

3. **教学设计**
❖ 课堂讲授(6学时)：自然保护地生态旅游设施概述(1学时)；自然保护地生态旅游设施规划与设计(4学时)；自然保护地生态旅游设施规划管理方法(1学时)。
❖ 翻转课堂(2学时)：
(1)收集一些海外和国内的生态旅游设施的布局设计案例，针对不同的场地条件和资源特点，进行分析和总结，归纳出一些具有代表性的特色布局模式，并说明其优缺点。
(2)选择某一自然保护地开展实地调研，根据实地考察或者亲身体验，分析和总结该自然保护地生态旅游设施现状、存在问题，并提出优化方案。

6.1 自然保护地生态旅游设施概述

6.1.1 自然保护地生态旅游设施定义

《自然保护区生态旅游设施建设通则》(LY/T 2010—2012)规定，生态旅游设施是指自然保护区为了更好地开展生态旅游活动，在不影响重点保护物种生存，生物群落和生态系统稳定健康，不破坏景观的前提下，满足生态旅游需求而建的设施。自然保护区必要的生态旅游设施主要包括：界碑、导示、科研监测、科普宣传、道路、供电等管理和服务设施。

传统意义上的设施一般是指基础工程设施(如交通、供水、供电、通信设施等)和各类建筑设施(包括住宿、餐饮、休憩等)。随着生态旅游业的发展及人们思想观念的转变，自然保护地生态旅游设施的研究范围也在发生变化，除了基础工程设施和建筑设施外，还包括专门建设的观鸟屋、游憩设施、体验式科普设施等。

综上所述,本书认为自然保护地生态旅游设施就是自然保护地为实现生态保护、科研监测、环境教育、休憩体验、社区发展等综合功能的设施体系。其建设目标是为人民群众提供生态教育、自然体验和可持续发展的机会,提供更多优质生态产品需要而搭建的平台。

6.1.2 自然保护地生态旅游设施分类

我国自然保护区的基础设施主要包括:保护管理设施、宣传教育设施、道路交通设施等。国家湿地公园基础设施建设主要包括:保护恢复工程设施、宣教工程设施、科研监测设施等。国家森林公园的基础设施主要包括:住宿设施、餐饮设施、康乐设施等。国家地质公园基础设施建设主要包括:界碑界桩、引导标识系统、科普宣教设施等。

基于现有自然保护地基础设施现状,结合自然保护地发展生态旅游的实际需要,本书将自然保护地生态旅游设施分为六大类:保护管理设施、保障设施、科研监测设施、科普宣教设施、安全及导示设施、环境卫生设施(表6-1)。

表6-1 自然保护地生态旅游设施分类

类别	设施内容
保护管理设施	入口、管理中心、界碑、防护围栏、员工住所等
保障设施	公共设施:供水供电设施、访客中心等 住宿设施:山林小屋、生态酒店、野营地等 餐饮设施:自然餐厅、山林餐厅、露营餐厅等 游憩设施:观景台、游玩设施、休息椅凳等 交通设施:行车道、步行道、木桥、停车场等
科研监测设施	科研监测站、科研监测平台、科研监测设备等
科普宣教设施	自然博物馆、科普宣教中心、自然教育径、观鸟屋等
安全及导示设施	安全设施:扶梯、避难所、火警观察塔等 导示设施:解说系统、公共标识等
环境卫生设施	生态厕所、废物箱与废物坑、垃圾焚化炉等

6.1.3 自然保护地生态旅游设施建设原则

(1)和谐性、地方性和实用性应统一

自然保护地生态旅游设施宜小不宜大、宜隐不宜显、宜特不宜奢,决定了自然保护地生态旅游设施建设必须遵循和谐性、地方性和实用性相统一的要求(吕雪蕾,2022)。首先,自然保护地生态旅游设施在建设上必须同周围自然景观和谐一致,应在形态、线条、色彩和质感上与当地景观保持协调。其次,对自然保护地特殊的历史和文化重点自然保护地,应采取和使用合适的材料和相应的施工技术以维护该地区的历史和文化特质,尊重地方风格和民族特色。最后,自然保护地生态旅游设施建设项目选择应合理,设施建设朝向、型式、尺寸及所需面积等要尽量不改变原地形、地物、植被、水体。自然保护地生态旅游设施建设选材应选用环保、无公害、可回收利用的材料，能源利用应尽量考虑再生能源，避免使用水泥和钢材。

(2) 设施建造应体现人文关怀

自然保护地不仅要在规划布局中强化各类旅游设施的特殊性，而且要体现人文关怀的思想，充分考虑人类生理、心理需求和游憩行为的特点，本着健康、环保的原则为不同访客群体营造舒适、安全、便捷的游览环境，多融入自然元素，多添加自然风景，为久居城市的访客提供一个绿色的环境。通过对访客特征、行为、数量以及游憩行为偏好等的调查与预测，全面系统地考虑访客的行为特点，进行人性化的设施设计，在设施建造设计的过程中，应该尽可能使用竹子、木材等低碳环保的建筑材料，尽量拉近设施使用人员和自然的距离。

(3) 设施与自然环境应体现互利共生

为实现人与自然环境的和谐相处和平衡发展，自然保护地生态旅游设施建设要以环境生态为基础，以合理利用为前提，要尊重自然、师法自然、融入自然，成为环境的有机组成部分，形成人与自然永久互利共生的关系，达到"人与自然共生，设施与环境协调"的目标(吕雪蕾，2022)。可以考虑节能、环保、循环再利用，兼顾自然系统的平衡与保育。

6.1.4 自然保护地生态旅游设施建造应考虑的方面

(1) 建造风格

自然保护地生态旅游设施建造因其规模、性质、内容、景观环境、气候条件、地域特点等不同，有许多需要考虑的因素，设施建造风格的确定、创作和形成，应立足"乡土"，体现自然保护地的特色。

①材料对风格的影响最大。天然材料能够赋予自然保护地设施原始特征，应该尝试发挥材料本身的"自然性"，注意材料的处理方案，尽可能还原本真性。

②自然保护地生态旅游设施外观的颜色特别是木造部分，是影响景观协调的重要因素(董明华，2007)。自然保护地生态旅游设施在色彩上，应充分运用生态仿生体现的环境适应性和完美进化模式的共生策略，借鉴大自然赋予野生动物的保护色，这将对他们给大自然造成的侵扰起到很大的调和作用。

③设施可以忠实地按照其本来的构造建造，这样可以将正在逐渐失传的构造方法保存下来以供研究；但是小型的以及经常被重复使用的设施，如小木屋，应采用虽不够独特、耐久但更经济的材料和方法，防止资源遭受破坏。每个设施在自然保护地内仅仅是整体中的一小部分，设施的大小、特征、位置以及功能应服从自然保护地规划及建设目标。设施必须合理地保证规划的可行性和协调性，避免设施成为昂贵而无用的"部件"集合。自然保护地生态旅游设施应成为环境中的风景，它的存在是合理的、有益的，不突兀并与自然融为一体的。

④自然保护地生态旅游设施应立足乡土，也就是本源。吕雪蕾(2022)等提出设施的风格应在地方的习俗色彩、民居建筑的风韵格调、园林空间的含蓄情趣以及山野朴实的自然

气息诸方面都反映出来,从这些母体汲取营养、寻找元素、提炼创造与母体可识别的"符号",使设施具有"充满自然情趣"的格调,显得"土生土长",植根于乡土。

(2) 材料选择

设施材料选择时应重点分析以下因素:①原料成分的来源,包括再生性、永续性、本地取得、无毒性。②原料开采的影响,包括能源投入、破坏栖息地、侵蚀表面土壤、径流造成的淤积和污染等。③运输过程,包括是否本地来源、是否燃料型消耗、是否空气污染等。④处理过程和制造过程,包括能源投入、空气/水/噪声、产生的废弃物和丢弃方等。⑤处理方式和添加剂,包括化学品的运用、接触和丢弃。⑥使用和操作,包括能源需求、产品寿命、室内的空气质量、产生废物等。⑦资源回收再利用,包括重复利用材料的可能性等。

6.2 自然保护地生态旅游设施规划与设计

6.2.1 自然保护地生态旅游保护管理设施

保护管理设施是对自然保护地实施管理、监督和维护所必需的基本设施,以保证自然保护地受到最大保护(陈明霞,2019),入口、管理中心、界碑、防护围栏、员工住所等设施是保护管理设施的代表。

(1) 入口

自然保护地入口同时具有欢迎游人和阻挡游人的作用,既鼓励访客进入保护地,又能防止对保护地的破坏。

示例:美国约塞米提(Yosemite)国家公园泰奥加山口(Tioga Pass)入口

入口由简单的石墩和转轴门构成,旁边有一个设计简洁的门卫室。切削过的橡条顶端显得很有趣,而这里加工大型圆石的石工技术也十分精湛(图6-1)。

示例:美国雷尼尔山(Rainier)国家公园入口

具有顶部构建的入口大门形式在国家公园中并不常见。这个例子具有强有力的体量感,这些巨大的西洋松木无疑体现了当地木材尺寸巨大的特点。这种大体量的门使用滚珠轴承做枢轴十分合适。

图6-1 美国约塞米提国家公园泰奥加山口入口

(2) 管理中心

自然保护地内的管理中心是负责自然保护地内的自然、人文资源保护与管理,规划与建设;引导社区居民合理利用自然资源;组织开展游憩、科普宣教、科研监测等一系列工作开展的场所。选址要考虑交通便利性,布局要考虑与周围环境相融合,建设材料应符合当地环境限制、生态环境等要求进行选择。

示例：加拿大幽鹤国家公园管理用房

加拿大幽鹤国家公园管理用房采用红白相间颜色组成，置身于青山绿水中，宛如一幅山水画。

示例：美国火山口湖（Crater）国家公园的管理建筑

这座大型管理建筑同时又是雷尼尔山朗迈尔的标志。这是一个典型的建筑物，可容纳各种行政管理活动。

(3) 界碑

界碑是保护区区域境界线的标志，自然保护地内界碑设立对于提高保护区边界的空间精度管理具有重要意义，常规划在保护区区域境界线拐点或明显地形地物点埋设界碑。界碑安装时应考虑当地高山地形地貌、交通状况、风俗习惯和管理需求等因素。

示例：西双版纳勐腊县县级自然保护区的界碑

西双版纳勐腊县县级自然保护区界碑是该保护区界限标志，设置在该地的边界及管控区划的重要位置，采用石材制作，耐久性好；字体颜色采用黑色，便于识别；界碑上带有绿色的自然保护区标识，较为醒目（图6-2）。

图 6-2　西双版纳勐腊县县级自然保护区的界碑

示例：广西富川西岭山自然保护区的界碑

广西富川西岭山自然保护区界碑采用仿木制作，字体采用白色文字，有较强的辨析度（图6-3）。

图 6-3　广西富川西岭山自然保护区的界碑

(4) 防护围栏

防护围栏自然保护地是保护动植物的必要设施，不仅可以将动植物生存空间与游客相隔开，还可以点缀自然保护地风光，整体造型应该以简洁为主。

示例：美国黄石国家公园的围栏

美国黄石国家公园围栏就地取材，采用原木制作，三角形围栏骨架不仅工艺简单、自然耐用，而且稳定牢固，置于路边，与周围环境和谐统一（图6-4）。

示例：美国南达科他州卡斯特州立公园的围栏

美国南达科他州卡斯特州立公园围栏，由石材和木材建成的围栏，其美观性超过了实用性。木构件腐朽后，它们和石构件的连接使替换工作很麻烦。

图 6-4　美国黄石国家公园的围栏

（5）员工住所

通常，员工住所的外观都可以适度反映该地区原创住宅特点。为提高自然保护地管理的有效性，员工住所的布局必须根据保护地的集中活动区来分布，员工住所应是在避免受到不当入侵的前提下，可方便通达集中活动的地块。

示例：美国华盛顿州瑞尼尔山国家公园的员工住所

美国华盛顿州瑞尼尔山国家公园，员工宿舍建筑的构件之间呈现一种迷人而简洁的关系（图 6-5），是一般国家公园员工宿舍住所的典型做法，它的和谐感超过了一般水平。

示例：美国火山口湖国家公园的员工住所

尖尖的屋顶有利于冬天积雪的滑落，石结构部分采用了较大的石块，令人印象深刻，粗加工的外墙板、垂直的板条都是主要的共同特点（图 6-6）。

图 6-5　华盛顿州瑞尼尔山国家公园的员工住所

图 6-6　美国火山口湖国家公园的员工住所

6.2.2　自然保护地生态旅游保障设施

自然保护地生态旅游保障设施，除了为自然保护地内部及周边居民生活生产活动提供通信、供水供电、排水、垃圾处理等保障服务的公共设施外，还应为游客提供餐饮、住宿、游憩等体验性的服务设施。比如地处城镇附近的自然保护地，常采用外部城镇水厂直接引水的给水方式，不宜在自然保护地内新建取水厂。远离城镇或占地较广的自然保护区，则可在辖内自行采水满足自身用水需求。自然保护地内取水构筑物建设建筑材料要有良好的抗毁性，尽量不破坏自然景观；自然保护地供电常采用水力、光伏、太阳能等能源发电，各种电力设施设备应尽量在保护电力线路的同时，保证景观的完整性、美观性。

各类服务设施应在国家相关标准、规定下，针对设施规模、设计、造价等情况因地制宜的建设相关设施，核心都应以保护当地景观特色及生态环境为主。

(1) 供水供电设施

自然保护地供水供电设施的规划、建设及管理应该以自然保护地的地形地貌为基础，在保护生态环境安全的基础上保障群众的用地用水需求。通过预测当地用水、用电容量后确定自然保护地的供水、供电方式，确定与自然保护地整体协调的线路走向，制定相应的防护及维修管理措施此保障水电供应系统的良性运行。

示例：英国塔斯曼国家公园的喷水装置

英国塔斯曼国家公园的徒步步道，在进入之前，需经过这样一个装置：有硬鞋刷和喷水装置，用来洗掉鞋底的泥土，以免带来污染(图6-7)。喷水装置设计简洁，以银色为主，遵循安全、方便、经济的原则。

示例：英国塔斯曼国家公园的洗手间

英国塔斯曼国家公园内的洗手间下面放置的大型容器是装排泄物的，直排下去却无异味，装满会用直升机运走。该设置技术先进，节能环保，在保证游客基础需求下最大程度保护当地的自然环境。

(2) 访客中心

访客中心以为访客提供咨询服务为主，访客可以在此获取游玩时间、位置导览、餐饮住宿等相关信息，内部工作人员可以回答访客可能遇到的任何问题。因其综合性常成为地标性设施。

示例：日本阿坎马舒国家公园川玉访客中心

日本阿坎马舒国家公园川玉访客中心室外设有导示牌、景观桌椅等基础设施，身处丛林中，并面向游道而建，房屋色彩采用深褐色，材料以木材为主，布局紧凑(图6-8)。整个环境外观看上去有一种静、虚、空灵的境界交融，呈现典型的日式设计风格。

图6-7 英国塔斯曼国家公园的喷水装置

图6-8 日本阿坎马舒国家公园川玉访客中心

示例：美国劳伦斯·洛克菲勒自然保护区服务中心

美国劳伦斯·洛克菲勒自然保护区服务中心，设计材料采用原木构建，整体色调与周围的雪山、树林相呼应，内部环境与户外大自然融为一体，使游客可以沉浸于自然景观之中，以一种强调环境保护的方式来欢迎游客访问。

(3) 住宿设施

主要指为游客提供住宿服务的山林小屋、生态酒店、野营地等类型的设施。选址常在控制区内或周边地区,需考虑布局、色彩、环境保护等因素,杜绝对自然保护地内的生态环境造成破坏。

示例:南非温特顿山林小屋

南非温特顿山林小屋距离斯皮安科普自然保护区(Spioenkop Nature Reserve)13 km,距离温特顿博物馆(Winterton Museum)22 km,提供自助式住宿。温特顿山林小屋立足保护原有景观特色,区别于城市的星级酒店,建筑保持材料原色,采用石料、木料等材质做支撑,整体设计充满乡村感(图6-9)。

示例:肯尼亚穆朗勒丁姆生态露营酒店

肯尼亚马赛马拉国家保护区附近的穆朗勒丁姆生态露营酒店,不经营有害人体健康的食品或国家保护的野生动物及其制品,该酒店建设在不破坏生态环境的情况下搭建较为豪华的帐篷旅馆,设计穿梭于林木间,在保持较好原真性(图6-10)。

图6-9 南非温特顿山林小屋

图6-10 肯尼亚穆朗勒丁姆生态露营酒店

示例:美国凯托克廷山国家公园山坡上的迷雾山野营地

美国凯托克廷山国家公园山坡上的迷雾山野营地是个人、家庭或小团体的小屋租赁设施。该野营地周围环绕着的硬木森林,享有优美的山景和清澈的溪流,宛如身处原始森林的秘境之地(图6-11)。

(4) 餐饮设施

自然保护地内及周边的餐饮设施是为游客提供食品、酒水、饮料等服务的设施。比如雪山悬崖餐厅、自然餐厅、野营炉等餐饮设施颇具环境保护与旅游开发相协调的特征。

示例:法国南针峰雪山悬崖餐厅

南针峰是法国著名的阿尔卑斯山勃朗峰上的一座山峰,海拔3 842 m,峰顶有家"一览众山小"的餐厅,该餐厅将食物通过大自然融入游客的生活中,独特的地理位置体现出独特的文化风情。游客在雪间美景相融中品尝美食,蔚为壮观!

示例:泰国普吉岛自然餐厅

泰国普吉岛自然餐厅整体由绿色植物包围(图6-12),走进餐厅里面,就像是置身于天

图 6-11　美国凯托克廷山国家公园山坡上的迷雾山野营地

图 6-12　泰国普吉岛自然餐厅

然氧吧,品尝美食之余还能让人感觉到满满的绿色生命气息,令人舒适放松。

示例:南非 Erdvark 山林餐馆

南非 Erdvark 山林餐馆位于南非克鲁格国家公园河畔的野生动物保护区内,餐厅供应当地和现代特色菜肴为主,客人可以一边观赏非洲丛林、野生动物,一边在传统的南非圈地中享用餐,可以亲眼看见野生动物如斑马和捻角羚在公园内自由漫步。餐桌以露天原木搭建为主,营造出人与自然和谐共生的氛围感。

(5) 游憩设施

游憩服务设施能为游客提供观景、休憩、娱乐的设施,主要包括休憩桌椅、观景台、游玩设施、康养设施、滑雪设施等。这部分设施注重为游客提供休闲服务功能。此类设施不宜建在地质灾害易发区,特别注重与环境保持协调一致性;充分考量布局、功能及色彩的组合性。

示例:美国大峡谷国家公园的观景台

美国大峡谷国家公园的观景台,近距离俯瞰大峡谷风光,观景台遵循充分利用地貌环境,仅以辅助简单设施为主的建造理念,是峡谷地貌观景的最佳位置,整个观景台建造仅使用了围栏防护保证游客的安全(图 6-13),除此之外并未做更多处理。

示例:肯尼亚 Safari 国家公园的休憩桌椅

肯尼亚 Safari 国家公园的休憩桌椅以茅草为顶,石材为桌凳(图 6-14),整个设计采用山系色彩搭配,占地面积不大,被周围草木包裹其中,充满原真性。

图 6-13　美国大峡谷国家公园的观景台

图 6-14　肯尼亚 Safari 国家公园的休憩桌椅

示例：黄海国家森林公园的景观小品

黄海国家森林公园的景观小品建造在葱郁的森林中，采用原色木质造型打造，整个景观小品不仅自然有趣，体现地域特色，还设有为游客提供驻足休息的功能（图 6-15）。

示例：捷克利普诺树冠观景道

捷克利普诺树冠步道一条无障碍小径，将会将游客引导至树梢间漫步，在途中沉浸式欣赏周边的美景中，通过螺旋上升的人行道，游客可登上观景塔（图 6-16）。壮观的景色与建筑已悄然融为一体。

图 6-15　黄海国家森林公园的景观小品　　　　图 6-16　捷克利普诺树冠观景道

示例：美国迪纳利国家公园观光飞行

美国迪纳利国家公园为游客提供观光飞行服务。游客在飞机上欣赏风景，视野更开阔。蓝天，雪山，绿树和湖水，一幅大自然的美丽画卷，让人流连忘返。

示例：新西兰国家公园内乘坐热气球观景

在新西兰国家公园乘坐热气球被游客认为较为浪漫的体验项目，在空中飘浮过程中不断欣赏肥沃的坎特伯雷平原到南阿尔卑斯山的全景。

示例：美国麋鹿国家保护区乘雪橇赏麋鹿

在美国麋鹿国家保护区内，游客在雪地上借助雪橇可以近距离欣赏麋鹿。

（6）交通设施

交通设施是游客在出入自然保护地及自然保护地内部活动时所利用的各类设施。主要包括行车道、游步道、生态停车场等。各交通设施建造需要考虑地形、地貌、气候等自然条件的影响，又要凸显景观性。

①行车道。一般分为机动车道、自行车道和混行车道。在自然保护地内通常不会设置专门的行车道，对于一些必须在自然保护地内通行的车辆（如巡逻车辆、抢险救援车辆等），通常会设置特定的通行路线，并在路线两侧设置相应的防护设施。

示例：冰岛辛格维利尔国家公园的行车道

冰岛辛格维利尔国家公园的行车道朴实自然、线行因地制宜，在石化的火山岩土地上顺山势布设，随河势蜿蜒、纵断面随地形起伏（图 6-17）。

示例：加拿大贾斯伯国家公园的行车道

加拿大贾斯伯国家公园的行车道为水泥（沥青）路面（图6-18），呈现本土化、综合化、绿色化，干净整洁，最大程度降低对环境的影响，便于通达，一般用于客流量大的区域，连接园内主要游览景点、访客服务区、行政办公区等主要道路。

图6-17 冰岛辛格维利尔国家公园的行车道

图6-18 加拿大贾斯伯国家公园的行车道

②游步道。具有生态教育、遗产保护、休闲服务等功能，是保护区中自然与文化的综合载体，也是国家公园中的主要交通设施。注重自然体验，在自然保护地建设中应注重自然材料选用、沿线体现人文或自然特征的两大重点。

示例：美国阿帕拉契亚国家风景步道

美国阿帕拉契亚国家风景步道是美国较为古老但也是目前为止较为热门之一的一条长程徒步国家风景步道。它有着美国最具挑战力的徒步地貌，有沼泽、巨石阵、树根，有些地区需要手脚并用，沿途经过的千余座山峰为此条绿色走廊增添了壮阔的景色。沿途中还有营地、标识标牌等服务设施。

示例：瑞典国王步道

瑞典国王步道大部分路段即可夏季徒步又可冬季滑雪。徒步道路为了方便徒步者在岩石、草地等路段行走，还包括桥梁和划艇穿越水域。途中既能领略萨米族人的风土人情，又能脚踏如诗如画的地貌，身临仙境一般的山顶瀑布，慢慢品味着人文与自然融合的极致。

示例：日本东海自然小径

日本东海自然小径是日本第一条长距离的自然小径，小径贯穿具有丰富的自然资源和珍贵的历史遗迹地区，途径高山、峡谷、草原、森林等地带，游客可以欣赏到日本优美的自然景观和历史人文景观，了解日本文化，体验当地传统生活。

示例：罗霄山国家森林步道

罗霄山国家森林步道全线森林占比90%以上，途经森林为中亚热带常绿阔叶林和北亚热带常绿阔叶林（图6-19）。主要路段由板石路、砂石路、古道组成。在建设的过程中，罗霄山国家森林步道对沿线各具特色的原有自然道路加以利用，串联了大量古道，成为集地理、生态、文化、美景为一体的地标性建筑。

示例：加拿大布雷顿角高地国家公园的天际线小道

加拿大布雷顿角高地国家公园天际线小道是一条最具特色的徒步线路，被誉为世界上最美丽的徒步小路之一，传说这条步道可以通向遥远天空（图6-20），步道尽头是原住民与神灵对话的地方。

图 6-19　罗霄山国家森林步道　　　　图 6-20　布雷顿角高地国家公园的天际线小道

③生态停车场。是为访客、当地管理人员提供停车服务的场所。自然保护地通常会设置特定的停车场供游客停放车辆，以减少车辆对自然环境的影响。这些停车场通常会设计成远离核心区、靠近入口处或游客中心的位置，并且只能在固定的位置停放车辆。

示例：美国红杉树国家公园的生态停车场

美国红杉树国家公园生态停车场的路面以水泥铺设为主，周边植被丰富并设有休息屋（图6-21），整体配置实用、自然、美观。

示例：冰岛辛格维利尔国家公园的生态停车场

冰岛辛格维利尔国家公园的生态停车场结合地形、地势以及车辆的种类分区设置，同休憩场地相结合弹性布置使用，借助低矮的块石围合自然式区分了停车和非停车区域（图6-22）。地面采用冰岛的火山碎石铺设，透水性好，施工简易，对自然环境的人为干扰最少，与自然环境最融合。

图 6-21　美国红杉树国家公园的生态停车场　　　　图 6-22　冰岛辛格维利尔国家公园的生态停车场

6.2.3 自然保护地科研监测设施

科研监测设施不仅能为科研人员提供科研设备、科研场所、休息空间等，还能为自然保护地的科研监测工作及公众展开自然探索提供支撑平台，科研监测设施主要包括科研监测站、科研监测平台、科研监测设备等。

(1) 科研监测站

科研监测站作为自然保护地内集中开展科学研究的场所，在建设过程中首先要合理选址，其次要充分利用本地自然材料，最后要针对科研活动中产生的垃圾进行科学回收。

示例：武夷山国家公园的固定式水质监测站

武夷山国家公园的固定式水质监测站充分利用石材与木材，没有过多修饰（图6-23）。

示例：武夷山国家公园的空气质量监测站

武夷山国家公园的空气质量监测站，选址在空旷区域，使用防腐木对监测站进行围合保护（图6-24），以防止野生动物的破坏。

图6-23 武夷山国家公园的固定式水质监测站　　图6-24 武夷山国家公园的空气质量监测站

(2) 科研监测平台

科研监测系统配备一定的信息基础设施，具有信息化、智能化、精细化的特点，是实现自然保护地内开展自然资源调查及监测、生物多样性观测及监测、生态环境监测等工作的有力保障。

示例：东北虎豹国家公园的监测系统

东北虎豹国家公园的监测系统（图6-25），对东北虎豹国家公园保护区进行着全方位的监测记录，为研究和保护野生东北虎豹的生存空间、科学开展东北虎豹保护工作提供了充分支持。

示例：生态环境监测系统

生态环境监测系统将环境实时监测和显示发布融为一体，解决了自然保护地从现场环境数据采集、数据存储分析、显示发布和数据管理的技术和应用问题（图6-26）。生态环境监测系统也可用于展示自然保护地的植树造林、环境治理成果及该地区空气的清新程度，为政府相关部门提供相关环境数据，同用于宣传当地生态环境保护成就。

图6-25　东北虎豹国家公园的监测系统

图6-26　生态环境监测系统

(3) 科研监测设备

科研监测设备对于自然保护地内的相关工作人员高效开展科研监测工作具有辅助作用，利用科技手段为相关人员的保护管理及科研工作保驾护航。

示例：监测野生动物的红外相机

红外相机利于监测野生动物，为区内的生物资源本底调查工作提供保障。图6-27中，陕西周至老县城国家级自然保护区易家坪保护站工作人员在调试红外触控相机。

图6-27　监测野生动物的红外相机

示例：武夷山国家公园的科研监测设施

武夷山国家公园内有环境因子监测、水文水质监测、碳通量监测等设备设施（图6-28至图6-30），这些秘密武器担负着"生态卫士"的使命，也受到有关法律的保护，它们提供的数据、资料将经过科研人员的研究向公众开启生物之窗更加精彩的奥秘。

图6-28　环境因子监测设备

图6-29　浮标式水质监测设备

6.2.4 自然保护地科普宣教设施

自然保护地生态旅游科普宣教设施主要为访客及当地居民宣传教育当地民族传统文化及生态环境方面的相关知识，通过自然体验达到生态教育目的。这方面设施主要包括自然博物馆、科普宣教中心、生态教育小径、观鸟屋等。

(1) 自然博物馆

自然博物馆是收藏、制作和陈列地质、植物、动物和人类等方面具有历史文化意义的标本，主要向人们展示水文气候、森林植被、动植物等资源概况及奇特多元的民族文化。

示例：日本日光国家公园自然博物馆

日光国家公园自然博物馆采用暖黄色与深褐色结合，整体风格显得格外温暖，材料主要使用木材、砖瓦结合，体现出日式建筑的风格（图6-31）。

图 6-30　碳通量监测设施

示例：玉龙雪山冰川博物馆

玉龙雪山冰川博物馆位于玉龙雪山海拔3 050 m处。该博物馆由中国科学院玉龙雪山冰川与环境观测研究站进行技术指导，是专门展示冰川地质地貌的主题博物馆。博物馆以叠石结构为主，采用深蓝边的透明玻璃作为大门，体现了传统与现代相结合的设计（图6-32）。馆内展示着关于玉龙雪山及其冰川的丰富介绍。馆内利用数字沙盘投影、互动翻书、数字橱窗、全息投影等多媒体科技手段（图6-33），通过大量珍贵的标本和图片、场景复原、全方位、多角度展示了地质多样性和生物多样性，在展馆内构成了一个集科学性、观赏性和趣味性于一体的冰川知识体系。

图 6-31　日本日光国家公园自然博物馆

图 6-32　玉龙雪山冰川博物馆

（2）科普宣教中心

科普宣教中心通过图文、视频、广播等形式开展自然教育，对于访客提升环保意识具有重要意义。

示例：贵州阿哈湖湿地科普宣教中心

阿哈湖湿地科普宣教中心共分为3个展厅：第一展厅（贵州湿地）、第二展厅（探索之旅）和第三展厅（智慧的阿哈湖），几个部分紧紧围绕阿哈湖湿地逐步解密（图6-35至图6-37）。该中心通过普及科学知识，营造热爱湿地、保护湿地、宣传湿地的良好氛围，让公众在游憩中感受到西南喀斯特湿地蕴含的生机与内涵，走进湿地、探索湿地，进而保护生态环境、爱护自然。

图6-33　玉龙雪山博物馆内部环境

图6-34　阿哈湖湿地科普宣教中心

图6-35　阿哈湖湿地科普宣教中心第一展厅内部

图6-36　阿哈湖湿地科普宣教中心第二展厅内部

展厅内部让访客直观的了解湿地的魅力，阿哈湖湿地科普宣教中心建立了一套视觉系统，包括信息视觉层级构建、色彩系统、标识符号系统、信息地图及特色物种的绘制，令人赏心悦目。

（3）自然教育径

自然教育径是公众体验自然教育最直接的途径，通过整合园区生态景观、动植物、科研成果等资源，打造特色自然教育径。包括自然教育走廊、森林体验步道、观鸟步道等类型。

示例：美国黄石国家公园生态教育小径

美国黄石国家公园生态教育小径，设置在坡度起伏较大的生态敏感区，承载量与可及性较低，满足深度体验自然和具有丰富徒步经验的访客需求（图6-38）。

图6-37　阿哈湖湿地科普宣教中心第三展厅内部

图6-38　美国黄石国家公园生态教育小径

示例：丹霞山世界地质公园观萤小径

丹霞山世界地质公园在萤火虫聚集点建设观萤小径，由自然教育导师带领公众在丹山碧水间了解萤火虫与生态环境间的关系（图6-39）。小径由石板路铺设，宣教内容包括动植物资源、景观资源，周边环绕森林植被，给访客真切的自然体验。

示例：象头山国家级自然保护区生态自然教育径

象头山自然教育径位于广东象头山国家级自然保护区内，全长约8 km，以三堆池科研宣教中心为核心，分为"岭南森林居民""溪畔漫游自然观察""治愈系森林"等不同主题（图6-40）。其中一期全长3.4 km，通过趣味性的解说牌和互动设施，让公众解读人与自然的链接。二期全长800 m，通过沿途动植物展现自然界中的奇特现象。三期全长1.2 km，是一条独具特色的"手工步道"。在建的四期全长2.5 km，为徒步初体验步道。

图6-39　丹霞山世界地质公园观萤小径

图6-40　象头山国家级自然保护区生态自然教育径

示例：车八岭自然教育径

车八岭自然教育径位于广东，其入口由原木搭建，打造成树木年轮的造型，极具生态性（图6-41）。径道两旁遍布着自然生长的中亚热带常绿阔叶林和奇妙多彩的大型真菌，自然教育径内还修建了大量的科普教育设施，如观水台、负氧离子监测台、科普知识展示牌、土壤观察台等等，科普方式生动、简洁、有趣，是开展自然保护宣传及科普教育的绝佳场所。

（4）观鸟屋

观鸟屋是人与鸟类沟通的媒介，在保护鸟类的前提下，为公众提供一个观鸟、识鸟的地方（叶斯华，2016）。

示例：黄河三角洲国家级自然保护区观鸟站

在位于山东黄河三角洲国家级自然保护区湿地恢复区内的"观鸟驿站"，可以通过相机拍摄野生鸟类，也可以通过望远镜近距离观察保护区中的东方白鹳、白骨顶、小䴉鸺、凤头䴙䴘等珍稀鸟类的捕食活动。该驿站在最大限度避免惊扰鸟类的基础上，满足公众的野外观鸟需求。游客可以在驿站里休憩、就餐，购买观鸟商品及租赁望远镜、观鸟服、观鸟帐篷等观鸟设施（图6-42）。

图6-41　车八岭自然教育径

图6-42　黄河三角洲国家级自然保护区观鸟站

示例：荷兰TIJ鸟类观测屋

荷兰TIJ鸟类观测屋（蛋形鸟类观测屋）位于哈灵水道附近的Scheelhoek自然保护区，"TIJ"在荷兰语中是"潮水"的意思，读起来还有"蛋"的意思（图6-43）。TIJ鸟类观测屋不仅可以为鸟类提供繁殖和觅食的栖息，还可以鼓励人们进行自然体验及探索。

为了避免对鸟类形成干扰，游览路线的最后一段被设计为隧道的形式（图6-44），由再利用的系船柱和曾用于制砖业的红铁木板建造而成。隧道的内表面被沙子覆盖，能够为燕鸥或涉禽提供栖息环境，外表面特意为崖沙燕提供了筑巢的凹洞。

图6-43　蛋形鸟类观测屋

图6-44　蛋形鸟类观测屋的游览路径视角

"鸟蛋"顶部以茅草覆盖，极具生态特色；"鸟蛋"上半部分由松木制成，可全年保持干燥状态；"鸟蛋"的下半部分由固雅木（采用木材乙酰化改良技术，一种不怕水、不怕光、耐腐的长寿木材）制成，能够抵御每年数次的淹水。内部的地面选用了复合木材和混凝土，能够加强结构的稳定性（图6-45）。整个建造使用的用料环保，具备循环性和可持续性。

6.2.5 自然保护地安全及导示设施

自然保护地的安全及导示设施对于自然保护地生态旅游发展起着不可忽视的辅助作用，因此本书将两种设施放在一起介绍。自然保护地的安全设施不仅可以应对台风、地震、泥石流等自然灾害带来的威胁，还能为游客的生命安全提供保障；导示设施是自然保护地向公众传递信息的有效途径，便于游客以清晰、简洁地方式理解信息。

图 6-45 蛋形鸟类观测屋内部

(1) 安全设施

安全设施是保障自然保护地生态旅游资源、游客等对象不受危险因素威胁的重要设施。

示例：加拿大贾斯珀国家公园山顶通道

加拿大贾斯珀国家公园山顶通道，由木板搭建，通过木板路不仅可以邂逅贾斯珀国家公园的野生动物，还可以保障游客登顶过程的安全。

示例：法国高山避难屋

避难屋为游客提供休息、避难、简易救助、等待救援等功能的应急防灾设施，建造应考虑耐性和坚固性等因素。法国很多国家公园的山间都会修建避难屋，主要目的是为徒步者提供应对变幻莫测天气的场所。法国高山避难屋采用石材和木材建造，自然且充满野性。

示例：英国利兹火灾观测塔

英国格兰坪国家公园利兹火灾观测塔是森林防火的重要设施，其特殊的结构设计使其能够高处俯瞰，迅速侦测火情（图 6-46）。通过高处俯瞰，观察员能够快速发现火灾，及时报警和采取措施。塔身的坚固结构和支撑系统保证了瞭望塔的稳定性，而安全设施确保了观察员的安全。

示例：加拿大 Yoho 国家公园的 Paget 森林火灾瞭望台

加拿大 Yoho 国家公园的 Paget 森林火灾眺望台是该国家公园自主研发的专业火险监测站（图 6-47），具有先进的生产设备、完善的工艺流程、可靠的质量体系及一流的测试设备。

图 6-46 英国利兹火灾观测塔

图 6-47 加拿大 Yoho 国家公园的 Paget 森林火灾瞭望台

(2) 导示设施

导示设施是向游客传递信息的一种表达载体,具有形象展示、科普教育、标识警示等功能。导示设施主要包括解说系统、公共标识、路边展览牌等,有助于游客定向和自然探索。

保护地旅游解说系统是指一种通过语音或文字对游客进行解说的系统,旨在为游客提供专业、全面、准确的旅游讲解服务,同时让游客更好地了解和保护旅游资源。解说系统具有科学性、美学性、智能性等特点。大多解说系统设在国家公园入口处的游客中心内,既有展览、小书店,又有电影放映、多媒体演示等形式多样的解说,还有免费的资料图供游客在游览途中领取、查看。国家级自然保护区内,游客常常会在游步道沿途看到一些解说牌,了解相关信息。

示例:四川老君山国家级自然保护区山鹧鸪解说牌

老君山国家级自然保护区山鹧鸪解说牌围绕保护区主要保护物种四川山鹧鸪及其伴生生物开展解说,使保护区在开展环境教育、自然研学、自然体验等活动时有了具体承载对象,给游客亲近自然、了解自然、体验人与自然和谐共生环境奠定了坚实的基础。

示例:西班牙加贝内罗斯国家公园环境解说系统

西班牙加贝内罗斯国家公园游客中心内设环境解说系统,旨在通过建立公共对话平台,为游客提供对公园内资源认知以及自身认知的机会,同时通过解说教育达到对资源进行保护宣传的目的(图6-48)。

示例:俄罗斯麋鹿岛国家公园标识导视系统

俄罗斯麋鹿岛国家公园的标识导视系统设计是基于麋鹿岛国家公园的景点,详细的地图信息,为人们清晰定位。标牌采用橙色、黄色和灰色的配色,明亮的色彩具有提示作用。整套导视系统便于人们轻松地访问公园。

公共标识设施有危险警告、方向指示、信息说明等功能,设计要简单、醒目,符合当地环境特点。

示例:美国黄石国家公园入口公共标识

美国黄石国家公园入口处,只用原始木料叠架就构成一个大门,标识牌醒目设计,让人能立刻感知到本人已进入黄石公园旅途(图6-49)。

图6-48 西班牙加贝内罗斯国家公园环境解说系统　　图6-49 美国黄石国家公园入口公共标识

示例：荷兰乌特勒支岭国家公园公共标识

乌特勒支岭国家公园公共标识体现了以人为本的设计理念，图形颜色简单、醒目且与周边秋色融为一体，引导游客游览活动，以提升游客一定的游玩体验。

示例：美国温泉国家公园山顶小径路标

温泉国家公园山顶小径路标，用生态材料做牌面，结合木料和钢材结合，标识的文字和图形设计大小适中，便于游客辨析方向（图 6-50）。

示例：英国塔斯曼国家公园警告标识

英国塔斯曼国家公园警告标识，设计采用黄色背景板及黑色字体标注，提醒游客"请勿靠近悬崖"（图 6-51）。

图 6-50　美国温泉国家公园山顶小径路标　　图 6-51　英国塔斯曼国家公园警告标识

示例：英国塔斯曼国家公园提醒标识

英国塔斯曼国家公园内的直升机投掷标记，提醒游客如果遇到困难，直升机又无法着陆时，救援物资会通过投掷的方式落下，游客通过自取物资实现紧急施救（图 6-52）。

示例：美国岩溪公园路边展览牌

美国岩溪公园有关停车信息的展览牌设置于路边，版面材料以钢板为主，空间设计较大，字体颜色采用黑色+绿色+白色组合，

图 6-52　英国塔斯曼国家公园提醒标识

不仅直观地为游客提供信息，还与背后树林环境相得益彰。

6.2.6　自然保护地环境卫生设施

(1) 生态厕所

生态厕所作为自然保护地环境卫生设施建设与管理的重点，不仅为了保障游客使用，更是自然保护地形象与文化的缩影。厕所要建在隐蔽，但易于寻找，并适于通风排污的地方。设计要符合方便、实用、美观和协调的特点。

示例：英国格洛斯特郡国家植物园"发光"厕所

英国格洛斯特郡国家植物园的一个陡坡上，建有一座"发光"厕所（图6-53）。外观是由黑色的纤维水泥砖构成，门则由红色的聚碳酸酯板制成；内部有一个小型马桶，马桶后面的墙上有一块黑板，黑板上写有厕所的正确使用说明，黑板上方挂有灯泡。所有的材料就地取材，对林地环境起到良好保护的作用。

示例：美国Zion国家公园厕所

美国Zion国家公园厕所，为独立式个体厕所，占地面积小，简洁实用，厕所门口的水是给徒步回来缺水的人准备的。

示例：南非匹林斯堡国家公园厕所

匹林斯堡国家公园是南非的第四大国家公园，主要以观赏斑马、狮子、跳羚、犀牛等野生动物为主。其厕所采用砖、水泥混合结构，并在厕所门口墙上挂有野生动物照片（图6-54）。

图6-53 英国格洛斯特郡国家植物园"发光"厕所　　图6-54 南非匹林斯堡国家公园厕所

（2）废物箱与废物坑

废物箱与废物坑作为垃圾收集的必备设施，是游客在自然保护地内部及周边体验自然活动的基础保障。废物箱与废物坑在具备实用性的同时，外观形象应注重与周围景观相协调，制造应尽量选用利于环境保护的材料，如石材、竹料、木料、铁制等，最好有垃圾分类的入口设计，常常在自然保护地出入口、观景休憩区、步行道等区域设置。

示例：普达措国家森林公园的垃圾桶

普达措国家森林公园内垃圾桶，采用树桩造型设计，开口较大，分为不可回收和可回收两类，色彩贴近自然，与周围环境相协调（图6-55）。

图6-55 普达措国家森林公园的垃圾桶

示例：婺源篁岭景区垃圾桶

婺源篁岭景区别具一格的垃圾桶，采用木材房子造型设计，开口较大，便于垃圾分类、收集和处理，色彩贴近自然，与周围环境相协调(图6-56)。

(3)垃圾焚化炉

垃圾焚化炉的形式很多，普遍都具有合适的容量，一般采用抗热性材料建成，为实现垃圾最大程度的燃烧，在燃烧前应排除堆积的废弃物以实现充分的通风。

示例：贡嘎帕楚建造的焚烧垃圾炉

垃圾焚化炉的建筑形式很多，但最重要细节应有选定一个合适容量，选用抗热性的材料以及为实现垃圾的最大程度燃烧，在燃烧前给堆积的废弃物充分通风是非常重要的(图6-57)。

图6-56 婺源篁岭景区别具一格的垃圾桶

图6-57 贡嘎帕楚建造的焚烧垃圾的石头炉子

6.3 自然保护地生态旅游设施规划管理方法

6.3.1 选址、布局

保护地生态旅游设施的选址，需要充分考虑自然环境、文化资源、社会因素等多方面的因素，以确保其不仅满足游客需求，同时也不会给生态环境和文化遗产带来负面影响。一般情况下，以下几个方面是需要考虑的。

①生态环境。要考虑生态环境因素，如水源、土壤、植被、动植物种群等。在选址时，应特别注意不要影响当地自然生态环境和生态系统的平衡，更不应破坏当地的珍稀濒危物种栖息地等。

②文化资源。保护地内通常会有丰富的文化资源，如文化遗产、传统村落、民俗文化等。在选址时，要尽量保护这些文化资源，利用它们作为旅游吸引点，向游客展示当地的文化内涵和历史风貌。

③交通便利度。要选择交通便利的地方，方便游客前往，但同时也要避免过度开发，对当地交通流量造成负面影响。

④社会经济环境。要考虑当地社会、经济发展水平等因素。在选址时，需要充分考虑

当地社会经济发展状况和人口分布，避免影响到当地社会和经济的健康发展。

⑤环保管理能力。要考虑当地环保管理机构的能力以及其运作状况，确保能够有效监督保护地生态旅游设施的正常运行，并及时处理各种环境问题。

⑥选址费用。在选择保护地生态旅游设施的选址时，要考虑到选址费用和投资成本评估，确保能够综合考虑各个因素，得到最优选址。

6.3.2　市场及用户需求分析

与传统旅游景点相比，保护地生态旅游设施一般位于较为偏远的地区，交通条件相对较差，同时又需要对生态环境进行保护，因此建设和管理费用较高。因此，这类旅游设施面临着较大的经营风险和竞争压力。

由于保护地生态旅游设施具有独特的自然环境和文化资源，因此其目标客户主要是对自然、环保、文化感兴趣的消费者，这一类客户通常具有较高的教育水平和较高的消费水平。同时，也需要考虑到不同年龄、性别和文化背景的客户需求，目标客户需逐步拓宽。

保护地生态旅游设施的核心是其所处的自然环境。游客通常希望通过此类旅游产品能够亲近自然、感受景区的独特自然风貌，尽可能地远离城市喧嚣和工业污染。

①文化内涵。保护地生态旅游设施通常会结合当地的历史文化、民俗风情等元素进行设计和营销。因此，游客还会希望了解和体验当地的文化内涵，包括传统节日、手工艺制作、民俗活动等。

②旅游服务。除了环境和文化因素，保护地生态旅游设施的服务质量也是游客关注的重要问题。游客通常希望获得舒适、便利、高效的旅游服务，如安全可靠的交通、人性化的住宿、优质的餐饮等。

③安全保障。保护地生态旅游设施通常位于偏远地区，环境较为复杂，游客很容易受伤或遇到其他安全问题。因此，游客希望能够获得完善的安全保障，包括提供安全指南、领队陪同等服务。

④体验感受。在享受自然环境和文化内涵的同时，游客更希望通过亲身体验产生情感共鸣。

6.3.3　保护地生态旅游设施管理方法

①资源保护管理。生态旅游设施建设和运营过程中，一定要注重保护生态环境和文化遗产资源。要及时排查污染源，建立保护措施，防止污染；要加大监管力度，对违法违规行为进行及时打击。

②服务质量管理。生态旅游设施作为一种服务行业，需要给游客提供高质量的服务。要从多个方面入手，如提供优质的餐饮服务、完善的住宿设施、清洁卫生的公共设施等。

③意识教育管理。生态旅游设施管理还应当将意识教育贯穿始终。除了在门口摆放倡导绿色旅游和环保的宣传画，还可以向游客播放相关的宣传视频和介绍材料，使其在使用设施的过程中养成环保的好习惯。

④安全管理。对于可能影响到游客安全的因素，如设施安全、交通安全、食品安全等，要采取相应的预防措施，确保游客的人身安全。

⑤监督和改进管理。设立反馈渠道，及时收集游客意见和建议，进行整理和分析，并对不足之处加以改进。

自然保护地生态旅游设施规划管理中只有严格遵守相关管理规定，实施合理化的管理方法，才能够更好地保障生态旅游资源的可持续性发展。

规划案例

《苍山洱海国家级自然保护区生态旅游设施规划》

一、道路交通规划

1. 区外交通

苍山洱海国家级自然保护区生态旅游区外交通依托G56杭瑞高速、G5611大丽高速、楚大（楚雄—大理）、大保（大理—保山）高速，G214国道和G320国道纵贯南北，乡县公路纵横交错，建立了公路交通网络，完善下关、挖色、双廊、洱源等出口，加强与重点旅游项目区衔接公路建设，提高S221省道沿线旅游集散地之间的公路通达能力。

依托大理机场与国内各大航空公司联合，增加航空客运能力；依托大丽（大理—丽江）铁路、昆（明）楚（雄）大（理）城际铁路、大瑞（大理—瑞丽）铁路和大临（大理—临沧）铁路、"旅游直通车"和高速铁路等区外铁路、航空等的公共交通建设，提升省外及国际游客通达性。

2. 区内交通

规划以索道、徒步、换乘保护区环保车辆为苍山片区主要进入方式，自驾、乘船等为洱海片区主要进入方式。规划码头、停车换乘设施、门禁、游步道等共同布局，推进保护区综合立体交通体系建设。通过加强区域合作管理、现状道路提升修缮及智慧交通创新，来构建保护区生态旅游开展必需的完善旅游交通保障体系。

以苍山洱海国家级自然保护区苍山为目的地，打造苍山洱海国家级自然保护区苍山片区内部及外部交通的旅游交通骨干网；以玉带路南北纵线（玉带路国家森林步道）为纽带，结合大理市城市体系规划，统筹并协调各周边区域交通与旅游线路的关系，形成生活交通与旅游交通不互相干扰、生产生活与旅游体验和谐共存的交通网络；以辐射最多景点为目标，建设由多个放射线构成的旅游客运网络，提供邻近景点间的便捷交通服务，扩大公路通达深度，通过多种形式建设景区内部交通系统。在相关专家专项论证的基础上，进一步改造和修缮进入苍山洱海国家级自然保护区的现有道路，合理布局快速交通接入口，满足游客快速进入景区的需要。

以苍山洱海国家级自然保护区洱海为目的地，打造水陆融合环洱海旅游环线；加强沿洱海岸线码头建设，提升水上交通能力，提供更为丰富的夜间游览产品，提供环洱海自驾自助游交通服务，通过改造提升环洱海交通系统条件，满足日益增多游客需求。

根据以上要求，将规划区区内交通规划为：一环一纵多射线的水陆路网体系。

保护区内环洱海水陆交通为"一环"主要提升码头运力，建设和改造洱海沿线码头；保护区内苍山片区交通体系为"一纵多射线"，重点打造玉带路南北大纵线，通过玉带路串联多个交通节点，形成多射线辐射交通体系。

3. "一环"——洱海水陆交通体系规划

（1）码头体系建设（例表6-1）

①提升改造下关码头（大理港），包括新建立体停车场、游客服务中心、滨海游憩区、增设餐饮点、夜游广场设施等。

②规划新建挖色码头，包括游客服务中心、候船大厅、综合管理服务区、游船泊位等服务设施。

③规划在海东南村（原大理市委党校区域）建设海东码头作为预留码头，占地面积 0.04 km²。其中 0.008 km² 用地可建设停车场、候船大厅、综合管理服务区、休闲景观长廊等接待服务设施。

④提升改造桃源码头，码头建设风格应与当地的自然景观和民俗风情相协调，提升改造管理服务区、候船大厅、船舶停靠点、AAA 旅游厕所、游客服务中心及生态停车位 200 个。

⑤提升改造龙龛码头，包括生态停车位（100个）、游船停靠点、游客服务中心、AAA 旅游厕所、架空生态木栈道、值班管理用房等相关设施。

⑥改建磻溪码头，包括游客服务中心、候船大厅、综合管理服务区、游船泊位、AAA 旅游厕所、岸电船舶充电桩等服务设施，修缮街区道路，保留休闲游憩设施。

⑦修缮和维护现有南诏、双廊、小普陀、金梭岛、天镜阁等船舶停靠点，配置视频监控设施，完善港口标识解译系统。

例表6-1　水路码头规划一览表

名称	类型	位置	服务人群	改造措施
下关码头	游船码头	下关	游客	改建
海东码头	预留码头	原大理市委党校区域	游客	新建
金梭岛渡口	渡口	金梭岛	岛上居民	保留
挖色码头	游船码头	挖色	游客	新建
双廊渡口	停靠点	双廊	游客	修缮
桃源码头	游船码头	蝴蝶泉景区	游客、工作人员	改建
喜洲码头	游船码头或者巡护码头	喜洲	游客、工作人员	保留
磻溪码头	游船码头	磻溪	游客、工作人员	改建
才村码头	游船码头	才村	游客、工作人员	保留
龙龛码头	游船码头	龙龛	游客、工作人员	改建

(2) 环洱海公路体系建设

环洱海公路全长 115 km，是大理开发乡村旅游资源、打造环洱海特色旅游村、培育乡村特色休闲度假旅游产品的重要举措，也是以旅游统筹城乡发展、促进新农村建设的成功典范。其中，海东线长 67.4 km，路基宽度为 12 m，贯穿下和、海东罗荃寺、双廊红山庙、上关镇东沙坪村段，接大丽二级公路；海西线全长 46.8 km，路面宽度为 7.5~8.0 m，起点为喜洲镇桃源码头，经过喜洲、湾桥、银桥、大理、下关 5 个镇，终点为下关兴盛大桥西岸。

4. "一纵多射线"——苍山交通体系规划

(1) 玉带路国家森林步道（南北纵线）规划

规划区内游行步道现状主要有七里桥—清碧溪游步道—玉带路—中和寺—三月街，贯穿感通索道、中和索道、苍山大索道，构成苍山东坡中心游览环线的游行步道；苍山西坡人行步道较为分散，主要位于马鹿塘、石门关峡谷和马尾水等区域，目前仅石门关区域完善了步道系统，且对外正式开放。

规划玉带路北至小花甸坝，南至将军洞步道，形成贯穿苍山南北的国家森林步道南北纵线，成为苍山东坡骨干游线，游线全长约 200 km。"十四五"期间，以国家森林步道标准建成从感通索道至将军洞的森林步道。

(2) 辐射线路规划（例表6-2、例表6-3）

①洗马潭片区游步道。规划新建从洗马潭至玉局峰顶 600 m、洗马潭至电视差转台 3 000 m 巡护道。

规划新建从洗马潭至大黑顶景区至烟雨亭 2 000 m 的游步道，对较窄的路段进行拓宽，配套安全护栏 500 m，宽度不小于 1.5 m。新建七龙女池第七潭到索道中站之间游步道，游步道长度约 300 m，宽度约 1.5 m。对清碧溪至桃溪段玉带云游路进行维护，全长约 18 km，并且在桃溪谷修建观景平台、服务中心。对桃溪至梅溪盘山路段进行升级改造，维修护栏，清理塌方等。

②喜花公路（喜洲—花甸坝）段。硬化并拓宽喜花公路喜洲—花甸坝，全长约 21.8 km，从红碑至哨房的 100 m 道路修建为沿溪步道即万花溪亲水步道，根据地形条件设置架空木栈道，设置指示牌和安全设施，进入景区的交通方式以环保观光车为主。规划建设大花甸坝—鸡茨坝—小花甸坝步道，对原有土路改造提升，步行道全长约 8 km，宽约 1.5 m，需考虑抗寒、抗冻、抗风性。

③凤羽镇—小花甸坝段。规划将凤羽镇到小花甸坝、大花甸坝至小花甸坝之间道路改造为弹石铺地的巡护道，规划总长约 30 km。

④苍山西坡。上邑村—官房坪—大花园的道路全长约 10 km，现状道路为坡度大、路面崎岖的土路，规划在满足苍山保护要求的前提下将该路段进行平整，适当拓宽，满足进入西坡大花园景区的游览、森林消防、徒步观光和科考探险的需要。规划连通白乙地—石门关—光明村—马厂村—金牛村—白乙地的道路，全长约 4.5 km；漾江镇—官房坪间道路改扩建为双车道碎石路，全长约 15 km；对道路中段土路段进行硬化，将道路拓宽至 4.5 m，对通达状况差的路段进行安全及环境整治。规划对苍山西坡石钟村至苍山、美禽村至苍山等多条巡护公路进行维修，与规划区外围的公路形成较为完善巡护网络。

例表 6-2　公路规划一览表

公路名称	公路走向	公路状况	功能定位	改造措施	长度(km)
G214 国道—感通寺	G214 国道—感通寺	道路为沥青铺底，路况较好	联通 214 国道与感通寺景区间旅游交通联系	保持现状	3
G214 国道—苍山山腰	G214 国道—苍山山腰	道路为沥青铺底，路况较好	联通 214 国道与大理苍山洗马潭景区间旅游交通联系	保持现状	20
G214 国道—023 乡道（采石场）	G214 国道—采石场	路况一般	联通 214 国道与采石场间交通联系	保持现状	13
环洱海公路	洱海沿线公路	道路为沥青铺底，路况较好	联通洱海沿线各景区、各乡镇间旅游交通联系	保持现状	115
喜花公路	喜洲—花甸坝	道路为土路，路面颠簸	联通喜洲与花甸坝间旅游交通联系	道路改造提升、景观优化	21.8
凤羽—花甸坝公路	凤羽镇—小花甸坝、喜洲—大花甸坝、大花甸坝-小花甸坝	道路沿线景观效果差，路面为土路，路面状况差	联通各景区与花甸坝间旅游交通联系	道路改造提升、景观优化	—
苍山西坡道路	白乙地—石门关—光明村—马厂村—金牛村—白乙地；漾江镇—官房坪	路面状况差，颠簸	联通苍山西坡各景区间旅游交通联系	道路改造提升、景观优化	19.5

例表 6-3　游览步道规划一览表

步道名称	道路现状	功能定位	改造措施	长度(km)
洗马潭—电视差转台；洗马潭—大黑顶—烟雨亭	道路为景区内小路，路面较窄，安全问题难以保障	连接苍山洗马潭景区与附近各景区的通道	道路新建、景观优化	5.6
七龙女池—洗马潭索道中站；玉带云游路	道路为景区内小路，路面较窄，安全问题难以保障	连接玉带云游路与附近各景区的通道	道路新建、景观优化	18
大花甸坝—鸡茨坝—小花甸坝—大花甸坝	道路为景区内小路，路面较窄，安全问题难以保障	连接大、小花甸坝景区的通道	道路改造提升、景观优化	8
上邑村—官房坪—大花园	道路为景区内小路，路面较窄，路面颠簸	连接西坡大花园与县城的通道	道路改造提升、景观优化	10

5. 索道

苍山洗马潭大索道改造提升：大索道全长 5 507 m，现有下站、中站、上站 3 个站点，由于上站海拔较高，气温变化快，极易造成游客的滞留。目前的游客中心为敞开式，候车室为半敞开式，不利于游客疏散、应急，规划对游客服务中心和候车室进行改造，将该两区域改造为室内区域，提高游客的舒适度(例表 6-4)。

例表 6-4　索道规划一览表

名称	类型	位置	改造、新建措施
洗马潭苍山大索道	观光索道	洗马潭景区	规划对游客服务中心和候车室进行改造，将该两区域改造为室内区域提高游客的满意度
中和索道	观光索道	中和寺旁	规划将对中和索道进行提升改造，将索道改建成单线循环脱挂式索道，改造后索道能满足旅游索道客运、疏散、应急、救援、科普科考等的需求
感通索道	观光索道	感通寺旁	规划将对候车房进行改造，将候车房改造为两层候车房，将游客通道与上山车行通道进行架空分离

苍山感通索道改造提升：感通索道下站候车房四边通透，候车区域狭小，容易造成拥堵，索道站位于上山车行通道的交会口，人车混杂，存在较大安全隐患。规划对候车房进行改造，将候车房改造为两层候车房，将游客通道与上山车行通道进行架空分离。

苍山中和索道改造提升：中和索道建成年代久远，部分设施设备陈旧老化，不能满足疏散、应急、救援等需求。规划对中和索道进行提升改造，将索道改建成单线循环脱挂式索道，改造后索道能更大程度满足旅游索道客运、疏散、应急、救援、科普科考等的需求。

6. 停车场

规划在下关码头运用新技术建设立体停车场，内设 800 个车位，以满足游客、当地居民、工作人员的需求(例表 6-5)。规划提升改造桃源码头停车场，新建龙龛码头、磻溪码头、挖色码头停车场，均采用生态停车场的形式，强化停车管理，完善硬件设施，配套停车标志和智慧信息系统。为解决洗马潭苍山大索道下站区域人车混行问题，消除交通安全隐患，拟在索道下站北侧建设 400 个车位的生态停车场及相关管理配套服务设施。规划在感通索道下站现停车场区域新建或提升改造为 200 车位的生态停车场。为满足大理当地市民旅游需求，改造提升将军洞停车场。

例表 6-5　停车场规划一览表

地点	改造、新建措施
下关码头	规划在下关码头运用新技术建设立体停车场，内设 800 个车位
桃源码头	规划改建桃源码头停车场为生态停车场
龙龛码头、磻溪码头、挖色码头	新建龙龛码头、磻溪码头、挖色码头停车场为生态停车场
洗马潭大索道下站北侧	规划在洗马潭大索道下站北侧建设生态停车场，内设 400 个车位
感通索道下站	规划改造现感统索道下站停车场为生态停车场，内设 200 个车位
将军洞	改造提升将军洞停车场

二、接待服务设施规划

1. 住宿服务设施

(1) 住宿服务设施现状分析

根据景区住宿床位现状分析，近期公园床位基本满足需求。其住宿设施主要规划于石门关、凤羽镇、漾濞县城、大理市的各个乡镇，苍山上规划于清源洞、大花甸坝场部、官房坪和马尾水等地。

根据规划目标和客源群体，合理布置住宿服务设施，大量增加特色民宿和郊野营地建设，合理布局农家乐。

(2) 住宿服务设施规划（例表 6-6）

①特色民宿。根据特色民居客栈等级评定的标准，在挖色镇、环洱海路沿线等区域建设特色民宿旅游接待设施。对感通下站感通庄园及周边区域进行升级改造，依山就势建设 20 个特色客栈，打造特色精品民宿客栈群。拟在影视城东侧与苍山大道之间约 0.007 3 km² 的地块上建设特色民居客栈，与影视城形成整体，打造旅游综合服务接待区。规划提升改造苍山西坡三厂局的傈僳族民族村寨，保持整体风貌，民宿外观采用傈僳族元素装饰，打造傈僳族特色旅游接待设施。

②营地规划。郊野营地是伴随旅游业发展出现的，介于观光和度假产品之间，能够为人们提供充分与自然界最紧密接触的同时，为车辆提供停靠，为游人提供休息、住宿、娱乐服务的场所。按照营地功能的不同，可将其分为户外营地、自驾车营地和房车营地；按照资源本底不同，又可分为海滨型营地、海岛型营地、湖畔型营地、森林型营地、乡村型营地、山地型营地等；按照地理位置可分为城市中营地、郊区营地和远山区营地等。规划在大花甸坝发展汽车营地、建设房车营地、集装箱酒店，打造精品旅游住宿群。同时确保旅游住宿多样化，形成具有大理特色的旅游住宿格局。以小花甸坝为核心，随山势海拔，形成高山草甸景观，建设营地，融合信息技术，打造智慧营地，建设多功能生态营地，建设以星空营地为主的产品业态，丰富住宿系统，加强差异性、特色性、主题性。在挖色码头鹿卧山发展汽车旅游营地，满足游客的需求。中和索道下站空地、感通索道上站终点处北侧区域规划建设自驾车房车综合营地、帐篷营地，配套娱乐、餐饮、休闲、文化等多功能，并配置攀岩、徒步等体育健身项目。

③农家乐规划。农家乐是新兴的旅游休闲形式，是农民向城市现代人提供的一种回归自然从而获得身心放松、愉悦精神的休闲旅游方式。一般来说，农家乐的业主利用当地的农产品进行加工，满足客人的需要，成本较低，因此消费就不高。而且农家乐周围一般都是美丽的自然或田园风光，空气清新，环境放松，可以舒缓现代人的精神压力，因此受到很多城市人群的喜爱。根据生态旅游发展需求，在喜洲、双廊、挖色、苍山西坡三厂局村合理规划农家乐，提高服务质量。

2. 餐饮服务设施

(1) 餐饮服务设施现状分析

根据苍山洱海自然规划区现状餐饮服务设施分析，餐饮设施主要规划于挖色镇、近期当地餐饮基本满足需求。中、远期处于大理市旅游高速发展期，必定会促使餐饮需求量更大。根据规划目标和客源群体，布局相配套的餐饮服务设施，大量增加大理特色中餐和大理地方小吃的规划，合理增加西餐及快餐店。其大小花甸坝、将军洞、漾濞县城、大理市等地，苍山上规划于桃溪谷、西坡大花园、官房坪和马尾水等地。

例表 6-6　住宿设施规划一览表

住宿设施	类别	布局
特色民宿	民宿	挖色、感通、影视城东侧、三厂局
郊野营地	汽车营地、集装箱营地、星空营地、帐篷营地、徒步营地	大花甸坝、小花甸坝、西坡大花园、中和索道下站、感通索道下站
农家乐	农家乐	喜洲、双廊、挖色、三厂局

（2）餐饮服务设施规划（例表6-7）

根据规划空间布局美食街3处，度假营地餐厅2处，绿色餐饮多处。

①美食街。规划在挖色开发餐饮街区，以农家乐餐厅、地方特色美食为主形成美食街，为游客提供具有当地特色的农家菜肴，如酸辣鱼、炒田螺、海菜等，突出丰富的历史、文化底蕴和民族特色。规划大理港、西洱河、桃源码头和鹿卧山合理开发夜市美食街4处，吸引游客夜游。

②营地餐厅。在大、小花甸坝设置度假营地餐厅、咖啡厅等设施，以文化经营—品牌经营—网络化经营为发展方向，形成具有特色的高山野营主题餐厅。

③绿色餐饮。在西坡片区建设具有漾濞当地特色的绿色食品餐厅，以特色化、精细化、系列化、品牌化、规范化为核心方向，推出漾濞核桃全宴、石门关烤全羊、"非吃不可"美食系列和创意特色宴。根据将军洞的地方美食特点以及到此烧香礼佛的人群的餐饮需求，提升将军洞内餐饮，建设将军洞养生特色饮食餐厅。

例表 6-7　餐饮设施规划一览表

餐饮设施	类别	布局
美食街	美食街、夜市	挖色镇、西洱河、大理港、鹿卧山
营地餐厅	咖啡厅、小吃	大、小花甸坝
绿色餐饮	养生食品	苍山西坡、将军洞

3. 旅游解说系统

（1）向导式解说系统

向导式解说系统包括交通导引牌、景点介绍牌、禁止警告牌等，应准确标识相关景物、景点、游览线路等信息，完善服务管理部门电话（包括咨询、投诉和救援电话）等，文字规范，位置指向应准确清晰。

①在大、小花甸坝新建研学科普旅游景区景点解说牌示系统、交通道路指示牌。在苍山各景区沿线设计清晰形象的解说牌，设置位置合理，方向明确。

②规划在挖色、磻溪等各水路码头道路交叉口、主要景点设置交通导引牌。

③在桃溪谷、西坡大花园、银甲花甸、三厂局、苍山电视塔、大小花甸坝、万花溪步道等新景区设置景点介绍牌。

④在规划区道路沿线，尤其是在危险地段和易污染区域，设置用石材、竹木料等做成的警示牌，体现安全第一和热爱自然的理念。

⑤在进入苍山洱海自然规划区的道路交叉口的醒目位置设置大型宣传牌15块，并以宣传牌、宣传栏、宣传手册等形式宣传介绍苍山洱海国家级自然规划区；在进入苍山洱海自然规划区入口处设置大型宣传牌，介绍规划区的概况、自然规划区条例、总体平面图、资源情况等，方便游客对苍山洱海国家级自然规划区有深刻的认识和了解。

⑥在苍山洱海自然规划区的主要出入口、核心区和缓冲区禁止进入区域、野生动物出没关键点及险要地段安放指示牌与警示牌150块，以指导方向，介绍规划区的情况、提示告知等。

⑦在苍山洱海自然规划区设置科普教育解说牌120块，尽量图文并茂，介绍地质地貌景观资源和野生动植物资源相应的拉丁名，野生动物的栖息地、生物学特性、生活习性以及自然生态系

统的生态功能与作用等，对规划区的自然生态系统和野生动物资源进行科普宣传。

⑧在苍山洱海自然规划区具有服务功能的场所、建筑物位置设置牌示80块，指示游客服务设施所在地，主要包括休息处、电话亭、垃圾桶、卫生间等，为游客提供旅途中的便利。

(2) 自导式解说系统

制作生态旅游解说电子导览音、视频，供游客免费或租借使用。印刷景区讲解手册、自助游览图册等，向游客免费提供。随着信息化时代的到来，许多人习惯在网络上寻找各种信息，这为苍山洱海自然规划区的宣教展示增加了一个渠道。而且互联网作为一种解说载体，以信息量大、及时为特色。苍山洱海自然规划区需完善和建立起信息量大、连接速度快的官方网站和微信公众平台，并不断进行更新提升，实时发布最新资讯和最新动态，并与其他相关网站建立链接等。

4. 游客中心

(1) 现状分析

苍山洱海自然规划区内现有1处游客服务中心，2处游客服务副中心，5处游客服务站，3处游客服务点，分别是：大理苍山世界地质公园游客服务中心、石门关游客服务副中心、洱海游客服务副中心、双廊古镇游客服务站、蝴蝶泉游客服务站、喜洲古镇游客服务站、大理古城游客服务站、感通索道下站游客服务站、中和索道（上站）游客服务点、洗马潭游客服务点、光明村游客服务点。服务区内包括厕所、临时停车场、垃圾桶、酒店、售票处、检票处等。现状游客服务设施基本满足近期景区需求，规划增设新建景区内游客服务设施（例表6-8）。

例表6-8 综合服务设施一览表

项目	主要功能	主要设备	布局
游客服务站	集散、售票、信息、咨询、游程安排、讲解、休息、医疗急救、投诉、展示、购物等	服务中心、餐饮配套、小镇文化展示、特色旅游商品店、停车场、旅游巴士、换乘中心等	大花甸坝、挖色镇、官房坪、马尾水、西坡大花园
游客服务点	售票、咨询、投诉、救助、换乘、休息等	安全教育室、游客集散、休息室、物品存储、管理办公、咨询室、紧急救援体系等	小花甸坝、玉带路、七龙女池、桃溪谷、海东塔村、银甲花甸、三厂局等

(2) 游客服务站

规划在大花甸坝、挖色镇、官房坪、马尾水、西坡大花园新建生态旅游游客服务站5个，满足规划区的生态旅游接待、咨询及集散等功能。

(3) 旅游咨询服务点

规划在小花甸坝、玉带路、七龙女池、桃溪谷、海东塔村、银甲花甸、三厂局等生态旅游区建设或提升改造服务于各景区景点的旅游咨询服务点7个，为游客提供售票、咨询、讲解等信息和服务。

5. 旅游购物设施

(1) 旅游购物设施现状

根据苍山洱海自然规划区现状旅游购物服务设施分析，现状旅游购物设施主要分布于各码头旁，苍山洗马潭景区和环洱海沿线，近期当地购物设施基本满足需求。随着人们对旅游购物设施的需求和，根据规划目标和客源群体，布局相配套的旅游购物服务设施，合理布局购物设施，合理设计更具吸引力的旅游商品。其购物设施主要规划于挖色镇、大小花甸坝、玉带路等地，苍山上规划于桃溪谷、西坡大花园、官房坪、银甲花甸和马尾水等地。

(2) 购物设施

在大小花甸坝度假营地、玉带路、挖色镇等区域设置特色旅游商品精品店。苍山西镇建设1~2个大型旅游商品购物市场，为旅游者提供各种类型的旅游商品。各景区码头建设旅游日用品超市、旅游纪念品超市等。规划建设西洱河商业街区及购物设施。

三、市政建设配套设施

1. 通信网络

(1) 邮政设施

在花甸坝、苍山西坡、环洱海沿线等各景区增设邮政服务项目，游客中心设邮政代收点，代收代办信函包裹。重视国际邮政服务项目的新增和完善，提高服务水平。

(2) 电讯设施

完善民宿、饭店、度假区的内部通信线路，景区内电信线路全部采用地埋式管道电缆，规划埋地式通信线路14 km，规划埋地式电视线8 km。

按照数字化、综合化、宽带化原则，在花甸坝片区、挖色片区、西坡片区等区域建设旅游新资讯网络中心和传输系统，开发新媒体平台。

2. 给排水设施

(1) 给水工程

①水源选择与供水设施。花甸坝、苍山南部森林休闲康养片区景区规划主要供水水源为山溪水，水量充足，能满足景区用水发展需求。规划结合道路建设敷设给水输配水管，并成网贯通。为保障旅游活动与管理工作所需的基本条件，大理管理分局、洱源管理分局、漾濞管理分局、洱海北区管理分局4个管理分局各1 km，新建的15个保护管理站各0.5 km，15个检查站(哨卡)各0.5 km，共计19 km给水管。管理局和管理分局利用城市(镇)给水系统，不设蓄水池，20个保护管理站(点)各建设6 m^3 蓄水池1个，前期建设的7个检查站各建设6 m^3 蓄水池1座，共27个蓄水池。

②管网建设规划。采用山溪水方式供水，共建3座蓄水池，分别位于花甸坝、玉带路、洗马塘，容量分别为200 m^3、150 m^3、100 m^3。共需管径DN200玻璃钢输水管500 m，DN100PPR给水管4 500 m。从水源处开始组建供水管网，以保证供水安全、可靠。规划在建筑集中区沿道路布置消火栓，消火栓间距不大于120 m，并应尽量靠近路口布置。

(2) 排水工程

①排水方式。区内排水方式采取雨污分流方式。污水导流收集餐饮设施、旅游厕所、度假设施等污水；雨水排放系统主要收集地面降水、消防废水、道路喷洒废水等。污水管道平面布置成枝状，顺地面坡度由高往低处排放。排水管应尽量减少管道埋深，以减少工程费用。

②污水处理。污水排放量按总用水量(除了消防用水)的85%测算。苍山洱海自然规划区内采取雨污分流的排水体制，污水经收集，通过生态滤池处理达准后回收用于道路或林地浇灌。规划区内雨水主要结合道路边沟或随地形自然排往山涧、溪谷等低洼处。大理市、洱源、漾濞苍山保护管理局、洱海管理局北区分局各1 km，新建的15个保护管理站各0.5 km，15个检查站(哨卡)各0.5 km，共计19 km排水沟。大理管理分局、洱源管理分局、漾濞管理分局、洱海北区管理分局各建1座6 m^3 的化粪池，15个保护管理站各建1座4 m^3 的化粪池。区内各分区污水统一收集后引至综合入口服务区，在该分区入口处规划建一套日处理能力为400 m^3 地埋式污水处理装置区，景区共需铺设DN600污水收集排污管道3.0 km，DN300污水排污管道3.0 km。污水处理满足《污水综合排放标准》(GB 8978—2015)一级排放要求，用于农田或者绿化灌溉。

③雨水处理。景区内已形成了自然雨水排放系统，由于森林覆盖率高，植被保护完好，故景区内大部分雨水采用地表漫流方式排放。对新建或改建道路及游览步道的雨水排放，规划依地势在道路一侧设雨水明沟或暗沟，就近排放入沟谷、林地或水体。

3. 电力设施

(1) 电源

根据就近原则，景区内供电电源就近接引市政沿线的10 kV高压输电线路，服务于景区旅游服务、基础设施及居民生活生产用电。

(2) 供电工程

规划花甸坝入口综合服务区、挖色生态休闲区、西坡大花园健康养生区等区域各设置容量为500 kVA的变压器1个，桃溪谷生态体验区设置容量为400 kVA的变压器1个。景区内供电线路全部采用地埋式铺设，共需新铺设埋地低压电缆4 800 m，埋地高压电缆2 800 m。

新建输电线19 km，其中大理市、洱源、漾濞苍山保护管理局、洱海管理局北区分局各1 km，下关、七里桥、银桥等15个保护管理站各0.5 km，15个检查站(哨卡)各0.5 km。大理市、洱源县、漾濞县苍山保护管理局、洱海管理局北区分局各设1台10 kV变压器。

4. 环境卫生设施

(1) 垃圾收集处理

①新建垃圾收集处理设施。游客按每人每日生活垃圾排放量0.5 kg计算，到2018年旅游日产生生活垃圾为16.54 t，到2020年旅游日产生生活垃圾为20.01 t，到2022年旅游日产生生活垃圾为22.48 t，到2025年旅游日产生生活垃圾为25.29 t，到2030年旅游日产生生活垃圾为27.92 t。花甸坝、挖色等新建旅游区的垃圾收集处理设施应从总体布局和设计引导出发，合理预测片区的垃圾量，规划垃圾中转站、垃圾收集点、垃圾桶等环卫设施，统一运出景区处理。在旅游服务中心、副中心、服务站、服务点及游览区内游人集中停留地段和游览道路上，设置垃圾桶，步行道、自行车道上每500 m左右设置一个垃圾桶。垃圾桶外观需整洁美观、数量充足、布局合理。分级设置垃圾中转、收集清理、垃圾桶等设施，各景区逐级转运至生态垃圾处理场进行终端生态处理。根据地埋式垃圾中转系统要求，需购置密封式垃圾转运车辆2台，垃圾收集车3辆。

②提升改造垃圾收集处理设施。对现有垃圾收集点、垃圾中转点等环卫设施应结合旅游区的特色进行美化改造，同时根据游客数量增加清运次数，环洱海沿线景区、码头设置新型环保垃圾箱，主要以改造提升为主。

③度假营地、生态旅游项目区域应加强组织管理，鼓励游客减少垃圾量，带出旅游片区处理。

(2) 旅游厕所

①星级旅游厕所。在景点较集中的位置或者人流量较大的地方规划AAA级或AA级旅游厕所，占地面积为60~90 m²。厕所建设应与周边景观相协调，美观灵活；在旅游旺季根据游人分布情况，临时增设可移动环保旅游厕所。在游客服务中心、副中心、服务站、服务点及游览区内游人集中停留地段，设置旅游公厕，且配备残疾人厕位和第三卫生间，服务半径约500 m，要求达到AAA级旅游厕所标准，游客服务中心公厕设置数量与项目内容相配套。

②环保旅游厕所。加强苍山、环洱海旅游区旅游环保厕所建设管理，建设环保旅游厕所、流动厕所车等设施，做到严格管理和清运。

③途中厕所。提升改造现有道路沿线及码头的旅游厕所，挖色码头、磻溪渡口等区域新建旅游厕所，旅游公厕的废水经处理后排入市政污水管网，严禁污染洱海水体。

5. 旅游安全救援体系

加强完善现有的旅游安全保障服务系统，在新建生态旅游片区内补充构建相应的安全保障系统，开展包括旅游安全监控、旅游救援、协调旅游保险、旅游调解理赔等服务，形成全域一体化的安全保障服务体系。统筹协调、多点布局、分级管理，防范和化解旅游风险，提升生态旅游安全保障服务能力。

(1) 建立安全救援服务中心

建设苍山洱海安全救援服务中心，有效防范和化解旅游风险，保障游客旅游安全。规划在苍山洗马潭大索道、感通索道上站终点北侧区域空地、中和索道下线、洗马潭至大黑顶沿线、玉带路沿线、西坡大花园、马尾水、银甲花甸、百丈岩桥等地建设游客救援中心。

(2) 安全救护

加大对干线交通救援设施的建设、管理和维护，硬件设施应进一步完善，救援通信系统保证畅通。沿途有条件的乡镇应设置急救设备，保证在突发交通事故时具备一定的救援能力。在开展水上活动的环洱海旅游片区组建安全救护队，专门安排处理突发事件的水上救援人员。

(3) 医疗

在苍山南部洗马潭、花甸坝项目区玉带路片区、苍山西坡银甲花甸、西坡大花园等地合理设置医疗救护点，配备专业卫生员，同时在各景区的险要路段设安全救护绿色通道。宣传饮食卫生和安全，对野生菌等有危险的食品更应重视卫生检查和医疗救护等工作的开展。打击假冒行医和制售伪劣中药材的现象。

(4) 防灾救灾

组织水文、环境保护、林业、地质、气象等部门的专业技术人员对全市的旅游区沿线、周边的灾害情况进行调研，建立灾害预警系统和救援系统，开辟救灾专用通道，建设救灾用直升机停机坪等。

四、智慧旅游系统规划

通过智慧旅游建设，很大程度上改变传统的旅游消费方式、旅游经营方式和旅游管理方式，将推动苍山洱海生态旅游向现代化运行模式发展，大幅提升旅游消费附加值，使旅游者在整个旅游过程中都能够轻松地获取旅游咨询、智慧预订票务、接待服务等信息，从而极大地改善游客在苍山洱海的旅游体验。规划建立旅游宣传服务平台和智慧景区系统。

1. 建立旅游宣传服务平台

目前，根据"一部手机游云南"的总体要求，开发大理苍山洱海生态旅游宣传服务平台（App），搭建集旅游信息发布、旅游咨询、旅游投诉、诚信体系、导游评价五位一体的旅游信息平台。完成生态旅游区项目宣传推广、政务发布、行业管理、视频监控、客流统计、停车场管理、呼叫救援、车辆调度等各方面功能，开通苍山洱海生态旅游慢直播平台。

2. 建立智慧景区系统

①官方网站系统。完善苍山洱海规划区的官方网站，详细介绍苍山洱海旅游资源，发布生态旅游信息。

②二维码导览系统。在大理苍山洱海各旅游景区推广二维码导览系统，即将景点简介、游览项目介绍、游览线路、机票、酒店预订等信息集成二维码供游客扫描，并在各标识牌、重要节点处公示，使游客的观光游览更加便捷。

③自助解说系统。完善景区内的自助解说系统，推广便捷式的景区语音导览设备以及自动定位播报设备。此外，在各大旅游景区可根据实际情况推出感应式语音播放系统，为游客实时播报景区内温度、湿度以及负氧离子浓度等。

④停车场智慧管理系统。停车场交通疏导管理系统中的交通引导是在传统独立停车场的基础上增加了联网统一管理功能，交通疏导功能，车位诱导功能的一种综合的引导系统技术，引导车辆进入停车场并寻找到空车位进行停放的智能技术。通过一整套完善的设备对驾驶者进行停车引导，一般由交通疏导大屏对公园交通信息进行播报，由车位探测器对车位状况进行检测，由LED车位引导屏显示实时的剩余空车位信息，再由每个车位设置的车位指示灯指示实时的车位状态，由停车场后台管理软件联网实现停车场资源统一管理调度。

⑤游船智慧管理系统。建立车船管控系统，对景区内部缆车、旅游车辆及游船等进行视频监控，并对车船的行进轨迹及GPS定位信息进行电子地图实时及历史信息展示，当遇到紧急情况时，监控中心可与游船等现场进行实时视频、语音对讲。并且大理港下关码头、龙龛生态园、桃源码头和各游船安装了高清视频声频监控系统，设立了视频监控系统指挥中心，全天候、全方位对游船和港区码头进行视频监控，用技术手段确保了安全环保和游客的管理工作。全面应用"互联网+游船"的管理手段，通过网络进行有效的游客量管控和调配，实行人脸、身份证识别等系统进行管控，确保游客量在核定载客范围内，确保洱海游船的安全运营。

⑥智慧化体育指导互动森林步道。提升改造现有玉带路国家森林步道，打造智慧化体育指导互动森林步道，通过DARTFISH为底层软件开发，结合沿途设置摄像头。为游客提供徒步姿态分析、运动健身耗氧分析、徒步速度、徒步热量消耗等体育数据，通过手机App为游客提供运动信息，并可针对游客提出指导性健身意见，以及商业健身计划等。打造"同地分时赛"，即一场地，游客在不同时段均可参加竞赛。

慕课学习

1.《足尖上的森林——森林生态旅游学》（杨晓云，西南林业大学）：第12讲 森林生态旅游设施。

2.《风景园林景观规划设计基本原理》（刘滨谊，同济大学）：第1讲 景观规划设计的概念、特征与设计流程（上）——景观规划设计的概念与特征；第1讲 景观规划设计的概念、特征与流程(下)——景观规划设计的流程。

3.《风景园林景观规划原理》(刘滨谊，同济大学)：第4讲 游憩行为分析；第5讲 旅游与游憩规划。

延伸阅读

1. 巴侬，安德拉什，2017. 旅游基础设施[M]. 张安凤，译. 桂林：广西师范大学出版社.

2. 吕雪蕾，蔡芳，孙鸿雁，等，2022. 国家公园设施绿色营建[M]. 北京：中国林业出版社.

3. GOODA H，2018. 国家公园设施系统与风景设计[M]. 吴承照，姚雪艳，严诣青，译. 北京：中国建筑工业出版社.

4. 洪剑明，冉东亚，2006. 生态旅游规划设计[M]. 北京：中国林业出版社.

课外作业

1. 自然保护地生态旅游设施的特点是什么？主要体现在哪些方面？

2. 自然保护地生态旅游设施具有教育、科研、保护以及游憩等多项功能，在设施建造设计过程中，如何更好地体现生态旅游设施功能？有哪些需要注意的事项？

参 考 文 献

白光润, 2002. 生态旅游[M]. 福州：福建人民出版社.
曹越, 杨锐, 2017. 美国国家荒野保护体系的建立与发展[J]. 风景园林(7)：30-36.
陈玲玲, 严伟, 潘鸿雷, 2012. 生态旅游理论与实践[M]. 上海：复旦大学出版社.
陈明霞, 孙旭伟, 巩娟霄, 2019. 森林型国家生态旅游示范区生态价值评估与保护研究[J]. 上海环境科学, 38(5)：193-198, 213.
陈秋华, 2017. 生态旅游[M]. 北京：中国农业出版社.
陈仇英, 陈江妹, 肖胜和, 2011. 城市湿地公园的休闲游憩产品创新研究[J]. 现代园艺(5)：43-45, 47.
丛丽, 吴必虎, 李炯华, 2012. 国外野生动物旅游研究综述[J]. 旅游学刊, 27(5)：57-65.
邓小辉, 李雪芬, 2021. 生态康养旅游产品开发策略研究[J]. 现代农业(3)：21-23.
高俊, 2007. 旅游资源规划与开发[M]. 北京：清华大学出版社.
高峻, 孙瑞红, 2010. 生态旅游学[M]. 北京：高等教育出版社.
古德, 2018. 国家公园设施系统与风景设计[M]. 吴承照, 姚雪艳, 严诣青, 译. 北京：中国建筑工业出版社.
郭来喜, 1997. 中国生态旅游——可持续发展的基石[J]. 地理科学进展, 16(4)：15-16.
郭新春, 2018. 建设新疆沙湾国家沙漠公园总体规划构想[J]. 农业开发与装备(2)：79-80.
韩莹, 2008. 社区生态旅游管理模式研究[D]. 成都：四川师范大学.
洪剑明, 冉东亚, 2005. 生态旅游规划设计[M]. 北京：中国林业出版社.
黄向, 保继刚, 杰弗里, 2006. 中国生态旅游机会图谱(CECOS)的构建[J]. 地理科学(5)：5629-5634.
黄耀丽, 李凡, 郑坚强, 2006. "旅游体验"视角下的特色旅游开发与管理问题探讨——以我国北方沙漠旅游为例[J]. 人文地理(4)：94-97.
贾忆, 1993. 首届东亚国家公园与保护区会议在京召开——地质遗迹保护受到重视[J]. 陕西地质(2)：86-87.
晋秀龙, 陆林, 2017. 旅游生态学理论与实践[M]. 北京：科学出版社.
李梦瑶, 2020. 湖南省南山风景名胜区风景资源评价与保护发展研究[D]. 长沙：湖南大学.
李佩佳, 张琼, 2017. 水利风景区生态旅游产品的设计构想[J]. 报刊荟萃(11)：2.
李文明, 钟永德, 2010. 生态旅游环境教育[M]. 北京：中国林业出版社.
李筱泖, 2020. 基于社区的生态旅游管理研究[J]. 智慧中国, (11)：62-63.
李绪萌, 1995. 话说生态旅游[J]. 中国旅游杂志(2)：36-37.
刘胡蓉, 2019. 基于生态旅游的自然保护区保护性开发——评《自然保护区旅游地学资源保护性开发研究》[J]. 世界林业研究(6)：104.
刘明丽, 张玉钧, 2008. 游憩机会谱(ROS)在游憩资源管理中的应用[J]. 世界林业研究(3)：28-33.
刘秀青, 2012. 基于居民感知的社区生态旅游管理模式比较研究[D]. 广州：广州大学.
卢宏升, 卢云亭, 吴殿廷, 2004. 中国生态旅游的类型[J]. 桂林旅游高等专科学校学报(2)：82-85.
卢云亭, 1996. 生态旅游与可持续旅游发展[J]. 经济地理(1)：106-112.
吕雪蕾, 蔡芳, 孙鸿雁, 等, 2022. 国家公园设施绿色营建[M]. 北京：中国林业出版社.

马扬梅, 2010. 游憩机会谱与生态旅游的整合研究——生态游憩机会谱的构建[J]. 经济研究导刊(15): 166-167.

沈高洁, 2021. 从道家的传统哲学思想看当代生态旅游的发展[J]. 延边教育学院学报, 35(5): 112-114.

覃建雄, 2018. 现代生态旅游学——理论进展与实践探索[M]. 北京: 科学出版社.

唐芳林, 2021. 国家公园在中国[M]. 北京: 中国林业出版社.

唐小平, 2016. 中国自然保护区: 从历史走向未来[J]. 森林与人类(11): 24-35.

王宪礼, 朴正吉, 孙永平, 等, 1999. 长白山生物圈保护区旅游的环境影响研究[J]. 生态学杂志(3): 47-54, 46.

王献溥, 1989. 自然保护区的理论与实践[M]. 北京: 中国环境科学出版社.

王艳辉, 2020. 自然保护区资源保护与管理创新[J]. 现代园艺(6): 208-209.

王永安, 2003. 森林生态旅游新趋势[J]. 中南林业调查规划(3): 44-47.

王玉山, 李昊翔, 2003. 中国自然保护区的布局问题[J]. 环境保护(5): 19-21.

WEAVER D B, 2004. 生态旅游[M]. 杨桂华, 王跃华, 肖朝霞, 等, 译. 天津: 南开大学出版社.

吴必虎, 1998. 旅游系统: 对旅游活动与旅游科学的一种解释[J]. 旅游学刊(1): 20-24.

吴必虎, 谢冶凤, 张玉钧, 2021. 自然保护地游憩和旅游: 生态系统服务、法定义务与社会责任[J]. 旅游科学, 35(5): 1-10.

吴必虎, 盈斌, 杨秋风, 2022. 中国自然保护地体系建设: 红线管控、旅游发展与文化表征[J]. 中国生态旅游, 12(2): 208-219.

吴必虎, 俞曦, 2010. 旅游规划原理[M]. 北京: 中国旅游出版社.

吴伟光, 赵明水, 刘微, 等, 2006. 基于SWOT分析构建天目山国家级自然保护区管理策略[J]. 浙江林学院学报(1): 13-18.

吴章文, 文首文, 2013. 生态旅游学[M]. 北京: 中国林业出版社.

吴章文, 张应扬, 钟象景, 等, 2001. 广东象头山自然保护区的综合价值分析[J]. 林业资源管理(5): 49-52.

谢冶凤, 吴必虎, 张玉钧, 等, 2021. 中国自然保护地旅游产品类型及其特征[J]. 地域研究与开发, 40(3): 69-74.

杨桂华, 钟林生, 明庆忠, 等, 2017. 生态旅游[M]. 3版. 北京: 高等教育出版社.

杨立彬, 2018. 沙漠公园生态旅游产品体系规划思路——以河北丰宁小坝子国家沙漠公园为例[J]. 林业经济, 40(7): 60-62.

杨倩, 2012. 在生态旅游中保护生物多样性的非洲经验[J]. 环境保护(15): 75-77.

杨蓉, 2015. 浅议水利风景资源的开发保护及水利风景区建设与管理[J]. 商(3): 89-90.

杨锐, 2019. 论中国国家公园体制建设的六项特征[J]. 环境保护, 47(Z1): 24-27.

杨振之, 1996. 旅游资源开发[M]. 成都: 四川人民出版社.

姚斌, 尹思琴, 2017. 强化湿地公园资源管理实现保护开发利用并重——以重庆巴南区温泉湿地公园为例[J]. 吉林农业(18): 100.

姚海燕, 2024. 论生态旅游环境教育的内涵、诉求与实践[J]. 环境教育(4): 24-26.

叶斯华, 张晓勉, 刘宝权, 2016. 香港米埔湿地的"保护经"[J]. 浙江林业(2): 12-13.

印开蒲, 鄢和琳, 2003. 生态旅游与可持续发展[M]. 成都: 四川大学出版社.

袁新华, 2009. 区域生态旅游营销管理——基于旅游者环境态度与行为差异的研究[M]. 北京: 中国旅游出版社.

袁新华, 2009. 区域生态旅游营销管理——基于旅游者环境态度与行为差异的研究[M]. 北京: 中国旅游出版社.

张佳, 李东辉, 2019. 日本自然教育发展现状及对我国的启示[J]. 文化创新比较研究, 3(30): 155-158.

张建萍, 2001. 生态旅游理论与实践[M]. 北京: 旅游教育出版社.

张建萍, 2017. 生态旅游[M]. 北京: 中国旅游出版社.

张凌云, 2002. 大众的"新旅游", 还是新的"大众旅游"? ——普恩新旅游论批判[J]. 旅游学刊(6): 64-70.

张蓉, 陈胜科, 2017. 湖南水府庙旅游产品开发策略[J]. 合作经济与科技(21): 80-81.

张延毅, 董观志, 1997. 生态旅游及其可持续发展对策[J]. 经济地理(2): 108-112.

张玉钧, 薛冰洁, 2018. 国家公园开展生态旅游和游憩活动的适宜性探讨[J]. 旅游学刊, 33(8): 14-16.

章锦河, 苏杨, 钟林生, 等, 2022. 国家公园科学保护与生态旅游高质量发展——理论思考与创新实践[J]. 中国生态旅游, 12(2): 189-207.

赵晓丽, 2021. 落基山国家公园旅游地质资源保护开发模式与借鉴研究[D]. 昆明: 昆明理工大学.

植草益, 朱绍文, 1992. 微观规制经济学[M]. 北京: 中国发展出版社.

钟林生, 2018. 设施生态化: 国家公园绿色发展重要保障[J]. 旅游学刊, 33(8): 8-9.

钟林生, 马向远, 曾瑜皙, 2016. 中国生态旅游研究进展与展望[J]. 地理科学进展, 35(6): 679-690.

周岩, 2019. 关于国家公园基础设施体系构建的思考[J]. 林产工业, 56(10): 59-62.

BOO E, 1990. Ecotourism: the potentials and pitfalls[J]. Ecotourism the Potentials & Pitfalls(1): 33-36.

BOYD S W, BUTLER R W, 1996. Managing ecotourism: An opportunity spectrum approach[J]. Tourism Management, 17(8): 557-556.

BUDOWSKI G, 1977. Tourism and conservation: Conflict, coexistence and symbiosis[J]. Parks, 1: 3-6.

CARSON R T, FLORES N E, MARTIN K M, et al., 1996. Contingent valuation and revealed preference methodologies: Comparing the estimates for quasi-public goods[J]. Land Economics, 72(1): 80-99.

CEBARLOS-LASCURAIN H, 1987. The future of ecotourism[J]. Mexico Journal(1): 13-14.

CLARK R N, STANKEY G H, 1979. The Recreation opportunity spectrum: A framework for planning, management, and research[R]. Washington: United States Department of Agriculture.

KRUTILLA J V, 1967. Conservation reconsidered[J]. American Economic Review, 7(4): 777-786.

LINDBERG K, 1991. Policies for maximizing nature tourism's ecological and economic benefits[M]. Washington: World Resources Institute.

MANKIW N G, 2015. Principles of Economics[M]. Stamford: Cengage Learning.

ORAMS M B, 1995. Towards a more desirable form of ecotourism[J]. Tourism Management, 16(1): 3-8.

PAGE S J, BENTLEY T A, WALKER L, 2005. Scoping the Nature and Extent of Adventure Tourism Operations in Scot-land: How Safe are They?[J]. Tourism Management, 26(3): 381-397.

WEAVER D B, LAWTON L J, 2017. A new visitation paradigm for protected areas[J]. Tourism Management, 60: 140-146.

XU H, CUI Q, BALLANTYNE R, et al., 2013. Effective Environmental Interpretation at Chinese Natural Attractions: The Need for An Aesthetic Approach[J]. Journal of Sustainable Tourism, 21(1): 117-133.

ZHONG L, BUCKLEY R C, WARDLE C, et al., 2015. Environmental and Visitor Management in A Thousand Protected Areas in China[J]. Biological Conservation, 181: 219-225.